기업 윤리와 경영성과

유성은 지음

기업 윤리와 경영성과

한국학술정보[주]

머리말

과거 산업화 과정에서 기업의 도덕성은 매출을 향상하거나 수익을 내는 데 아무런 도움이 안 되는 것으로 인식되어 왔으나, 최근 우리 사회는 과거의 급속한 산업화 과정에서 소홀히 하였던 기업의 윤리성에 대한 고객의 요구수준은 개인의 도덕성과 마찬가지로 기업의 신뢰 및 이미지 제고 그리고 의사결정의 주요 척도가 되었습니다.

건강한 사회가 되기 위한 기업의 투명성과 대고객 신뢰관계는 기업생존의 기반으로 인식되었고, 그 기반을 잃은 기업은 장수기업으로의 발전은커녕 곧장 사회로부터 퇴출 명령을 받게 된다는 사회적 인식이 확산되고 있습니다.

또한 본 연구를 통하여 더 높은 차원의 도덕적 책무를 느끼고 「노블리스 오블리제」를 실천하여야겠다는 다짐을 해봅니다. 이는 2006년 6월 빌 멜린다 게이츠 재단에 자신의 전 재산 가운데 85%인 37조 원을 기부한 세계 2위의 부자 워렌 버핏의 "잘못된 의사결정 때문에 많은 돈을 잃어도 괜찮지만, 작은 평판(명성)도 잃어서는 안 된다"는 철학을 되새기는 계기가 되었습니다.

우리가 부러워하는 몇 백 년씩 장수한 수많은 기업들의 경영철학 속에는 공통적으로 이익을 계산하기 전에 고객을 우선하는 철학이 담겨져 있었습니다. 이는 기업의 발전을 추구하는 경영수완보다 더 중요한 경영철학이 기업문화로 녹아 있어야 함을 의미합니다.

따라서 이 책을 읽은 많은 독자들이 기업 활동을 함에 있어서 각종 부패로부터 자유로운 것은 물론이고, 윤리 경쟁력 제고와 신뢰를 바탕으로 하는 글로벌 경쟁력의 기반을 다짐으로써 장기적으로 수백 년을 이어온 장수기업들로 발전하는 철학적 초석을 마련하기를 기대합니다. 나아가 우리 사회가 인간의 말을 믿을 신으로 쓴 뜻글자 '신(信)'의 의미를 자연스럽게 받아들이는 신뢰문화가 정착되기를 바랍니다.

마무리되기까지 참으로 많은 분들께 많은 도움을 받았습니다. 우선 오늘의 내가 있도록 정신적 육체적 바탕이 되어주신 부모님, 그리고 지칠 때마다 힘을 준 사랑하는 나의 가족들, 또 논문 작성에 폭넓은 식견으로 지도하여 주시고 힘을 보태 주신 지도교수님과 심사교수님들 그리고 일일이 열거하지 못하는 이루 말할 수 없을 만큼 많은 고마운 분들이 마음으로 지원하셨습니다.

또한 논문이 책으로 출간될 수 있도록 수고를 아끼지 않은 한국학술정보(주)의 채종준 대표와 출판사업부 박주선 선생께도 감사드립니다.

변함없이 우직하게 산을 지키는 소나무처럼, 거짓 없이 최선을 다하는 사랑하는 팬덤들과 함께 아름다운 미래를 멋지게 열고자 합니다.

제 1 장

1. 연구의 배경과 목적

1) 연구의 배경

최근 글로벌 시장의 경쟁 심화와 더불어 소비자들의 관심은 환경 친화적인 제품 구매성향과 기업의 윤리수준 향상요구 등 사회적 책임의 실천 여부에 모아지고 있다. 특히 기업 윤리경영의 핵심요소로서 신뢰와 투명성, 정직성, 인권 등이 인간의 삶의 질을 향상시키고, 지속적으로 강화시켜 나가야 할 요소라는 윤리지침이 강한 공감을 얻고 있다. 더욱이 21세기 생존과 번영을 추구하는 기업들에게 윤리경영은 사회적 책임뿐만 아니라 생존의 전략으로 인식하여야 함은 이미 필수 사안이 되었다.

지난 1980년대 후반 국내 기업들은 사회적 비판에 대응, 장기적 투자, 인류사회에의 공헌 등 다양한 목적으로 사회공헌활동에 관심을 보이기 시작하였으며, 1990년대 하반기 이후부터 기업의 윤리경영에 대한 관심이 고조되고 있다.

이러한 시대적 요청에도 불구하고 전 세계 기업들로부터 추앙받던 미국 재계 7위의 초우량 기업 엔론(Enron)사가 2001년 회계부정 사건으로 시장에서 퇴출된 사건이나 초대형 통신사 월드컴(Worldcom)의

40억 달러 회계부정 사건은 윤리경영과 정도(正道)경영이 1등 기업의 필수 조건이라는 인식이 확산되는 계기가 되었다. 이로 인하여 2004년 초, 「비즈니스 위크」가 CEO를 '최고 윤리책임자(Chief Ethical Officer)'로 표현한 것은 경쟁력의 원천으로 '윤리경영'을 실천해야 할 기업의 최고경영자(CEO, Chief Executive Officer)의 역할을 상징적으로 표현한 것이다.

또 Hyman & Curran(2000)은 "사람에게서 기업 경쟁력을 찾자"는 주장이 대두되던 1980년대 전후에 제기되었던 리엔지니어링(reengineering), 핵심역량(core competency), 가치창조(value creation)와 같은 전략기업들이 기업의 단기적 성과를 강조함으로써 궁극적으로 고객과 종업원 만족에 실패하였다고 지적하면서, 윤리적 기업 환경을 통한 구성원들의 참여적 경영을 강조하고 있다. 또 21세기 경쟁우위라는 측면에서 기업경영의 투명성, 환경보호정책이나 지역 사회 봉사와 같은 기업의 이미지 제고에 노력을 기울이는 현상들은 기업의 경제활동에서 윤리라는 영역이 결코 배제될 수 없는 시대가 왔다는 사실을 보여 준다(Miles & Covin, 2000). 또한 오늘날 시장이 원하는 것은 거대기업(Big company)을 추구하던 과거의 경영관행을 토대로 "무조건 1등 하겠다"라는 과도한 의욕이 아니라 "정당한 방법으로 시장에서 살아남고, 그 시장의 요구에 맞는 상품으로 고객에게 보답하겠다."는 구체적인 행동이다. 이는 2000년대 글로벌 사회는 기업에게 상생(win-win)과 장수를 키워드로 존경받는 위대한 기업(Great company)으로 거듭나기를 요구하는 셈이다. 따라서 윤리경영(ethical management)을 핵심가치와 연계하여 기업의 철학으로 승화시킨 기업만이 존경받는 장수기업으로 지속적인 성장을 이룰 수 있을 것이다. 이제 기업의 존재목적을 '이윤추구'에서 '장기생존'으로 재인식하고 이윤추구와 위험관리를 동격으로 다루는 새로운 경영패러다임이 필요하다. 특히 오늘날 기업경영의 투명성이나 환경보호 및 사회봉사활동 등을 통한 기업이미지 제고에 관심이 커지고 있는 것은 윤리가 기업 경제활동의 핵심적 역할을 하는 시대가 되었음을 보여 준다.

이와 같이 윤리경영을 도입하고 실천하는 선도기업(先導企業)들에게는 ① CEO의 강력한 실천의지 ② 윤리경영 실천을 위한 인프라 구축 ③ 윤리경영 실천에 대한 제도 및 윤리경영 실천 프로그램 ④ 지속적인 윤리 교육 실시 ⑤ 경영성과에 대한 확고한 믿음 ⑥ 모니터링 수행 및 평가 강화 ⑦ 협력회사들의 적극적 동참 유도 등의 7가지 공통점이 있었다. 특히 전경련이 2003년 11월 공기업을 포함한 500대 기업을 대상으로 실시한 국내 기업의 윤리경영 실태조사에서 윤리경영의 성공요인으로 'CEO 의지'가 가장 중요하다는 응답이 64.0%이었다.[1]

또한 전경련(2005) 조사 "CEO가 본 윤리경영 추진 현황과 과제"에 의하면 CEO들이 윤리경영을 강조하는 이유는 '기업 경쟁력 강화에 기여할 것'이라고 생각하기 때문이라는 응답이 83%로 나타났다. 이는 기업경쟁력 강화를 위한 윤리경영의 중요성과 CEO의 윤리의식 및 가치관이 절대적으로 중요한 요인임을 단적으로 보여 준 결과이다.

이와 같은 흐름은 윤리경영의 중요성과 CEO의 윤리의식 및 가치관이 기업의 경제활동뿐만 아니라 사회 전반에서 절대적 요인으로 인식되고 있음을 보여 준다.

또한 본 연구의 대상 지역인 대전·충청 지역 중소기업을 중심으로 한 윤리경영 성과와 관련된 주제로 이루어진 연구는 찾아보기 어려운

---

1) 정대순, CEO의 강력한 실천의지가 중요 전제조건, 전경련 통권 제476호 (2004. 7. 10), pp.64−65.

수준이므로, 본 연구가 기존 상장기업 및 대기업 위주의 연구와 차이가 있는지 살펴보고자 한다. 또 기업 역량 측면에서 보더라도 지역의 중소기업들이 글로벌 기업 또는 대기업에 비하여 기업 최고경영자의 윤리수준이나 윤리경영의 중요성 인지 정도가 상대적으로 약할 수 있으리라는 예상 때문이다. 따라서 상대적으로 관심에서 소외되었던 기업을 표본으로 연구하는 것은 의미가 있을 것으로 판단된다.

2) 연구의 목적

앞서 제기한 연구배경 및 필요성에서 제기한 바와 같이 본 연구목적은 기업의 윤리수준이 경영성과에 미치는 영향을 규명하는 것이다.

이러한 본 연구의 세부목적은 다음과 같다.

첫째, 점차 중요성이 강조되고 있는 기업의 윤리수준에 가장 큰 영향을 주는 CEO의 윤리수준 및 가치관 등 CEO의 개인적 특성과 CEO가 속한 조직적 차원의 특성 그리고 그 기업이 속한 사회적 차원의 환경 등 기업의 윤리수준이 기업의 재무적 성과와 조직적 성과 그리고 사회적 성과에 영향을 미치는지 살펴보았다.

둘째, 기업의 윤리수준이 경영성과에 영향을 미치는 과정에서 기업의 윤리수준을 통제한 상태에서 기업의 업종, 업력, 기업의 성장단계, 산업 신생성, CEO의 성격, CEO의 리더십 유형 그리고 투자형태에 따라 윤리성과에 차이가 있는지 살펴보았다.

2. 연구의 범위와 방법

1) 연구의 범위

연구의 목적을 달성하기 위한 본 연구범위는 다음과 같다. 공간적 범위는 대전·충청 지역을 대상으로 하였다. 그 이유는 그동안 윤리 선진국에 비하여 부족하지만 국내의 기업 윤리경영 연구에서 대기업 위주의 연구가 활발히 이루어졌으며, 중소기업을 대상으로 하는 연구 가 상대적으로 미흡한 실정이기 때문이다.

시간적 범위는 2005년도 말을 기준연도로 하였으며, 내용적 범위는 대전·충청 지역 상공회의소에서 등록되어 있는 제조, 건설, 도소매, 음식, 서비스 등 1,300개의 중소기업을 대상으로 하였다.

2) 연구의 방법

본 연구는 문헌연구와 실증연구를 병행하여 실시하였다. 문헌연구는 기업윤리에 대한 개념적 연구, 부패에 대한 인식과 환경, 국내·외 윤 리경영의 동향, 기업의 윤리수준, 기업의 윤리경영 성과 등에 관하여 국내·외 여러 학자들과 연구기관에서 발표한 논문과 단행본 그리고 각종 언론자료 및 관련 사이트를 통하여 이론적 배경을 고찰하였다. 문헌연구 자료의 출처로는 국내외 각 학회, 학교, 윤리전문기관, 국제 기구, 정부기관, 기업 등의 인터넷 사이트 검색을 통해 연구주제와 관 련한 자료, 선행연구 논문, 관련서적, 정부정책자료 등을 수집하여 분 석하였다. 한편 기업의 윤리수준으로 CEO의 개인적 특성, 조직적 특 성, 사회적 환경 등을 그리고 윤리수준과 경영(재무적, 조직적, 사회적)성과에 미치는 영향에 대하여 실증분석하였다.

본 연구의 특징은 선정된 기업 CEO의 윤리에 대한 인식, 윤리경영 실태와 윤리수준 등 보다 객관적인 자료를 수집하기 위하여 설문에 응한 응답자를 기업의 중간관리자로 하였으며, 설문지는 연구모형에 근거하여 각 변수들을 측정할 수 있도록 작성하였다. 설문의 내용은 기업의 일반현황, 최고경영자의 윤리적 가치관 및 윤리경영현황, 기업의 재무적·조직적·사회적 성과, 기업의 특성 등 4부분으로 구분하여 5점 리커트를 사용하여 측정하였다.

또한 통계분석의 도구는 SPSS 12.0을 사용하였으며, 기본적으로 설문항목에 대한 신뢰성 분석(reliability analysis)과 측정치가 의도한 것을 실제로 측정하고 있는지를 확인하는 타당성(validity) 검증을 위하여 요인분석(factor analysis)을 실시하였다. 또 가설검증을 위하여 다중 회귀분석(multi regression analysis), 더미 회귀분석(dummy regression analysis) 등의 통계기법을 이용하여 검증하였다.

3) 연구의 구성

본 연구의 구성은 다음과 같다. 제1장은 서론으로 연구의 배경과 연구의 목적 그리고 연구의 범위와 방법 및 연구의 구성이 포함되었다.

제2장은 선행연구 부분으로 기업의 윤리수준과 영향요인, 기업의 윤리경영 성과 그리고 윤리경영 성과 간의 관계에 대한 선행연구들을 살펴보았다.

제3장은 윤리경영에 대한 이론적 배경으로 기업 윤리경영과 부패, 기업 윤리경영 (재무적, 조직적, 사회적) 성과 측정 등을 살펴보았다.

제4장에서는 실증분석을 위한 연구설계 및 연구가설의 설정과 그에

따른 실증분석 부분이며, 연구모형에 따른 변수의 측정방법 등이 포함된다. 본 연구모형의 독립변수인 CEO의 기업 윤리적 수준과 그 영향요인들 그리고 기업 윤리수준과 기업의 경영성과(재무적 성과, 조직적 성과, 사회적 성과) 등 조작적 정의가 포함되었다.

제5장 실증연구에서는 대전·충청 지역 중소기업의 CEO를 대상으로 CEO의 기업 윤리수준에 영향을 미치는 요인들과, 기업의 윤리수준이 기업의 재무적 성과와 조직적 성과(기업 내부성과) 그리고 사회적 성과(기업 외부성과)에 어떠한 영향을 미치는가에 대하여 분석하였다. 또 실증분석 결과는 신뢰성과 타당성 그리고 본 연구모형에 포함된 변수들의 기술통계량은 빈도분석을 통해 살펴보았다.

또한 윤리수준과 기업성과 간의 관계에 대한 가설을 검정하기 위해 다중회귀분석(multiple regression analysis)을 실시하였고, 집단 간 차이를 살펴보기 위하여 더미 회귀분석을 실시하였다.

제6장은 결론 및 제언 부분으로, 본 연구의 요약과 결론 및 시사점 그리고 연구의 한계와 향후 연구방향을 제시하였다.

전체적인 연구의 구성을 그림으로 나타내면 다음 [그림 1-1]과 같다.

[그림 1 – 1] 연구의 구성

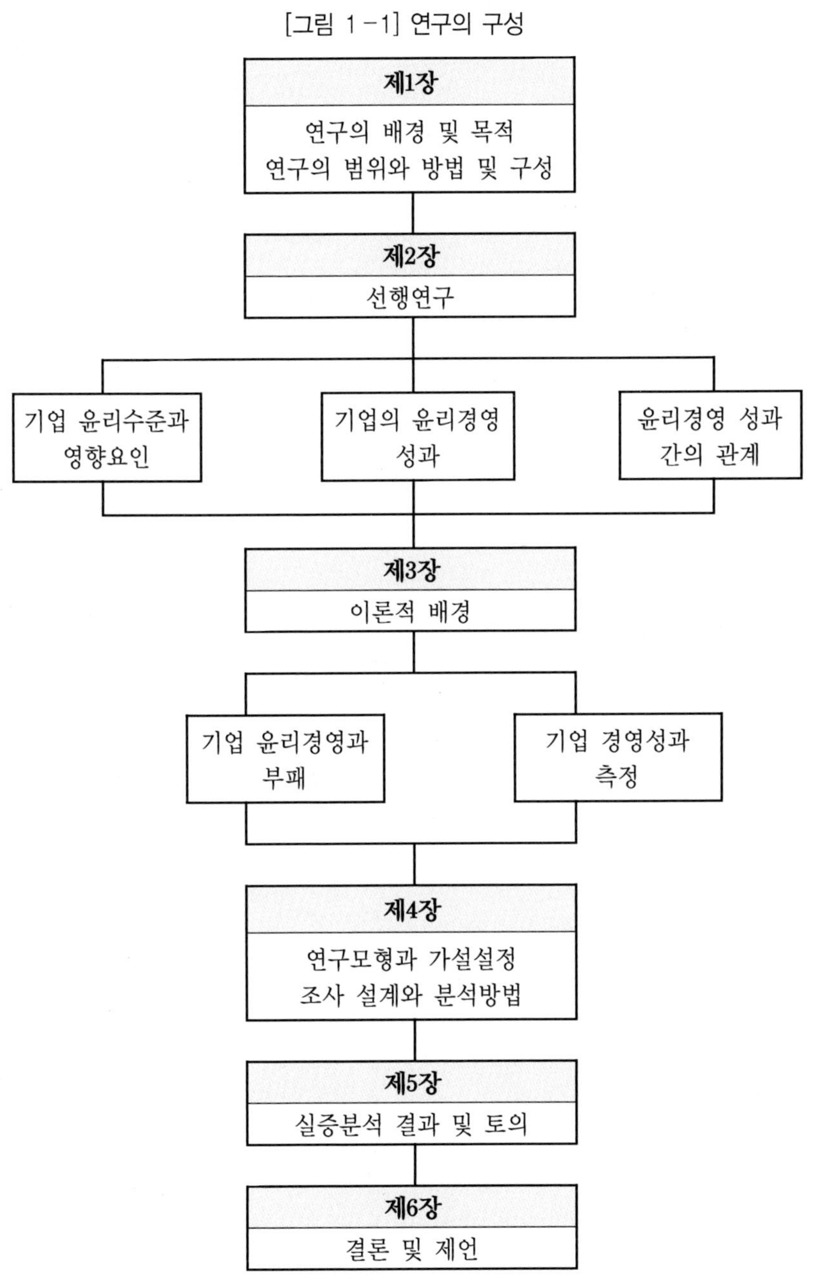

제1장
연구의 배경 및 목적
연구의 범위와 방법 및 구성
제2장
선행연구
기업 윤리수준과
영향요인
기업의 윤리경영
성과
윤리경영 성과
간의 관계
제3장
이론적 배경
기업 윤리경영과
부패
기업 경영성과
측정
제4장
연구모형과 가설설정
조사 설계와 분석방법
제5장
실증분석 결과 및 토의
제6장
결론 및 제언

기업의 윤리수준과 성과에 관한 선행연구

1. 기업 윤리수준 이론

1) 기업 윤리경영과 사회적 책임

ⅰ) 기업윤리(Business Ethics)의 개념

윤리(倫理)란 사전적인 의미로 "사람이 마땅히 지켜야 할 도리"[2] 로서 '사람들이 지켜야 할 행위의 규범 또는 그 규범 체계'를 말한 다.[3] 따라서 "어떤 일을 올바르게 행한다."는 뜻의 윤리는 "인간사회 에 있어서 인간과 인간이 서로 공존하기 위하여 필요한 질서를 준수 하는 인간 행동의 원리로서 사회를 단위로 한 공동체의 존립 근거이 다."[4] 또 윤리는 사회 구성원들이 사회적 행동의 옳고 그름을 판단하 게 하는 최소한의 도덕적 기준이다.

철학자 솔로몬(Solomon, 1991)은 윤리(ethics)란 '성격이나 습관을 의미'하는 희랍어의 'ethos'에서 유래되어, 오늘날 특정인물이나 문화

---

2) 한글학회, 우리말 큰 사전, 어문각. 2000.
3) 김태길, 인간의 존엄성과 성실, 삼육출판사, 1986, p.200.
4) 이기동, 전통윤리 강화의 제도적 방안, 전통윤리의 현대적 조명, 정신문화 연구원, p.45.

및 집단의 성향이나 성격 또는 태도를 식별하는 개념으로 쓰이고 있다고 주장한다.5)

또 윤리를 사전적 의미로 살펴보면, ① 정사선악(正邪善惡)과 도덕적 의무를 다루는 규율 ② 개인과 집단행동의 도덕적 원리 ③ 사람들에 의하여 드러나는 품성으로 이해된다(김해천, 2003). 윤리의 개념정의에 대한 국내 학자는 김성수(2001), 전수일(2001), 김태정(2003), 박정근(2003) 그리고 외국학자는 Joseph Fletcher(1966), Schollhammer(1975), Hellriegel & Slocum(1992), Crane & Matten(2004) 등의 정의를 살펴보았다. 이를 종합하여 본 연구자는 '윤리'란 인격의 원초적 도리로, 옳고 그름과 선과 악(정사선악, 正邪善惡) 등 도덕적 의무를 판단하는 행위의 기준이다"라고 정의한다.

또한 기업은 경제적 가치를 창출함으로써 기업을 둘러싼 이해관계자 집단뿐만 아니라, 넓은 의미에서 사회 전반의 생활의 질(Quality of Life)을 향상시켜 주는 조직체라고 정의할 수 있다.6) 또 경영의 경(經)은 성인의 가르침이나 사물의 이치와 윤리적 의미를 내포하는 원리를 의미하며, 영(營)은 다스리고 실천한다는 의미이다. 따라서 경영이란 윤리성을 바탕으로 생활원리를 실천한다는 의미이다.7) 또 레위스(Lewis, 1985)는 경영을 도덕적으로 올바른 행위가 특정상황에서 진실성을 제시하는 규칙, 기준, 강령 혹은 원리임을 밝히고 있다.8)

---

5) Robert C. Solomon(1991), Morality and the Good Life(McGraw-Hill, 1984), p.3; William H. Shaw, Business Ethics(Wadsworth Pub). p.5.
6) 김용찬, 기업윤리 요인에 관한 실증적 연구에서 재인용, 숭실대, 1989. pp.8-11.
7) 이정훈, 경영성과를 위한 윤리경영의 방향. 한국기업윤리학회 기업윤리연구 제5집. 2002. p9.
8) P. V. Lewis. Defining Business; Like Nailing Jello to a wall, *Journal of Business Ethics(JBE)*, 4(1985), pp.370-383.

또한 기업윤리는 기업의 태도 행동의 옳고 그름이나, 선과 악을 체계적으로 판단하는 기준으로 기업경영에서 발생하는 도덕적 문제들을 해결하거나 최소한 이를 규명하는 역할을 하게 된다. 이러한 기업윤리는 모든 사람들이 윤리적이라고 인정하는 규범을 따라야만 정당성을 가질 수 있기 때문에 다양한 이해관계자와 사회에 이익이나 해(害)를 줄 수 있는 기업행동의 의사를 결정하는 기준이 된다. 또 윤리경영은 일반적으로 기업의 사회적 책임 개념의 틀 속에서 분류되고 있다(Carroll, 1991).

유가(儒家)가 인간 욕망을 제한하면서 극기복례(克己復禮)를 강조하였던 것과는 달리 다산(茶山)은 인간의 욕망을 긍정하여 인간이 자기존재 밖으로 향한 행동의 원동력을 확인해 주고 있다.9) 다산이 욕심이 큰 사람은 반드시 청렴하다고 언급한 것은 사람이 청렴하지 못한 것은 지혜가 짧기 때문이며, 청렴해야 큰일을 도모하고 큰 거래를 한다는 의미이다.

또 이덕훈(2000)은 기업윤리란 기업경영 중에 나타나는 규범적 가치판단과 경영자의 의사결정에 따라 나타나는 기업행동의 정당성이라고 설명하였다. 한편 푸셀(Purcell, 1983)은 기업 내에서 결합된 사람들 전체로서 기업이 인간행위의 옳고 그름과 인간의 존엄성과 자유를 발전시키고 보호하는 것에 대하여 관심 갖는 것으로 인식하였다.10) 또 기업윤리는 이해관계자들의 권리와 책임을 명확히 해 주고, 조정하는 기능으로서 경영상의 역할이 중요하고, 기업윤리가 그 기반이 되는 준거의 틀로서 존재하기 때문에 필요한 것이다(Phillips & Reichart, 2000; Gibson, 2000).

---

9) 금장태, 정약용, 성균관대학교 출판부. 2002.
10) Purcell. T. V(1983), ethics committee on board of director? The Norton experience in Hoffman, W. J. & Fedo, D. A.(eds), Corporate Governance and Institutionalizing Ethics, Lexington Books, pp.193-204.

기업윤리에 대한 개념을 규명하기 위하여 Baumhart(1961), Furman (1987), Ganz and Hayes(1988), Donaldson(1989), Goodpaster(1990), Richard(1991), Wessling(1992), Nash(1993), Aguilar(1994), Carrol & Buchholtz(2000) 등의 정의를 살펴보았다. 한편 국내학자로는 신유근 (1994), 김성수(1999), 신유근(1992), 김성수(2001), 신유근(2001), 이종 영(2003), 박헌준·권인수(2004), 한국기업윤리경영연구원(www.kbei.org) 등의 정의를 살펴보았다.

이를 종합하여 본 연구자는 기업윤리(business ethics)란 성실성 (Integrity)과 공정성(fairness) 그리고 정직성(Integrity)을 바탕으로 기업 활동에서 요구되는 상품의 질, 고객만족, 직원의 급여 및 복지, 지역사회와 환경에 대한 책임 등 기업의 이해관계자(stakeholder)들과의 관계에서 장기적 상생(win-win)을 목표로 하는 올바른 행위의 판단기준이라고 정의한다.

[표 2-1] 기업윤리의 개념

연구자	정 의
Baumhart (1961)	주주, 종업원, 타 기업, 소비자 등 이해관계자 집단과 밀접하게 연관된 기업의 의사결정에 있어 옳고 그름 또는 선하고 악함을 구별하기 위한 문제이며, 아울러 의사결정의 과정과 그 결과 모두에 관련된 것
Furman(1987)	윤리경영은 모든 상황에서 보편적으로 적용되는 규범적 일반적 윤리라기보다는 기업경영이라는 특수한 상황에서 적용되는 응용적 윤리
Ganz and Hayes (1988)	기업경영 상황에서 다양한 이해관계자 또는 광범위한 사회에 이익을 주거나 피해를 끼칠 수 있는 행동을 취하는 것과 관련된 의사결정 과정
Donaldson (1989)	기업이 부담해야 하는 도덕적 책임 또는 기업이 도덕적 행위를 하기 위한 최소한의 기준 내지 도덕적 역할을 수행하기 위한 책임의 체계

24

연구자	정 의
Wessling(1992)	기업의 구성원들이 기업의 내부·외부적 업무 범위 내에서 개인적으로 합당할 뿐 아니라 사회적·환경적으로 적절한 행위를 보장할 수 있도록 법적 도덕적인 규칙을 준수하는 것
Nash (1993)	개인의 도덕적 가치관을 윤리와 관련된 기업 활동과 목표에 적용시키는 원리 또는 기술
Aguilar(1994)	기업 활동에 관한 의사결정과 실천과정에서 이해관계자의 권익과 기업의 경제적 이익의 균형을 취함으로써 종업원, 고객, 공급업자, 주주들의 존경과 신임을 얻는 경영활동
신 유 근 (1994)	일반적 윤리의 기본원칙을 기업이라는 특수한 상황에 적용하여 행동이나 태도의 옳고, 그름(right or wrong)이나 선악(善惡)을 구분하는 기준
김 성 수 (1999)	기업경영이라는 상황에서 나타나는 행동 양식의 태도로서 옳고 그름이나 선과 악을 구분해 주는 판단기준과 도덕적 가치와 관련된 기업경영의 의사결정 과정
Goodpaster(1990), Richard(1991), 신유근(1992), 김성수(2001)	기업경영이라는 특수한 상황에서 나타나는 행동이나 태도의 옳고(right), 그름(wrong)이나 선(善)과 악(惡)을 체계적으로 구분하는 판단기준 또는 연구
Carrol & Buchholtz, 2000; 신유근(2001), 박헌준·권인수 (2004)	기업경영이라는 상황에서 나타나는 행동이나 태도의 옳고 그름이나 선악을 구분해 주는 규범적 판단기준과 도덕적 가치와 관련된 기업행동과 의사결정의 기준
Velasquez, Manuel(2002)	도덕적 기준을 연구하고, 어떻게 하면 이 기준을 기업체계와 조직 그리고 기업에서 일하는 개인들에게 잘 적용할 수 있는지 모색하는 것
이종영(2003)	개인의 도덕적 가치관을 윤리에 관련된 기업 활동과 목표에 적용시키는 원리 또는 기술
한국기업윤리 경영연구원 (www.kbei.org)	기업의 의사결정이나 행위에 영향을 받는 이해관계자(stakeholder)들이 추구하는 가치이념에 대하여 기업이 어떤 의사결정과 행위를 취할 것인가를 체계적으로 판단하는 기준

자료: 연구자 작성

ii) 기업윤리(business ethics)의 분류 이론

윤리적 문제를 다루는 데 있어서 경영자는 윤리적 문제를 철저히 파악하고, 윤리적 기준을 선정하고, 그 결과를 적응시켜 나가는 일련의 과정인 윤리적 추론(ethical reasoning)을 할 수 있어야 한다(Laczniak & Murphy 1993. pp27-28). 이러한 윤리적 선택과 적용은 최종적으로 의사결정자의 개인적 윤리철학 또는 이론에 기초하게 된다.

드 죠지(De George, 1987)는 기업윤리를 5단계로 구분한다.[11] 또 보우샴프와 보위(Beauchamp & Bowie)에 의하면 의무론은 행위의 정당성을 행위자의 동기 여하에 따라 평가한다. 따라서 어느 상품이 인기가 있어 상품이 부족하게 되었을 경우 누구보다도 단골 고객에게 그 상품을 판매하여야 한다고 설명한다.[12] 이는 과거 지향적이며, 비즈니스의 필수 조건인 계약(contract)을 중시하며, 또 어떤 행위의 목적과 결과를 중시하는 공리주의적 목적론은 미래지향적이다.

기업윤리 이론은 의무론과 공리론으로 나눈 2분류론(Hunt & Vitell 1986; Robin & Reidenbach, 1987), 의무론, 목적론, 상대주의로 구분하는 3분류론(신유근, 1995; Reidenbach & Robin, 1991; 나지홍, 1998), 관리적 이기론, 공리론, 의무론, 덕목론이란 4분류론(Laczniak & Murphy 1993), 이기주의, 공리주의, 의무론, 공정성 이론 등으로 분류하는 주 규범이론(Crane & Matten, 2004), 의무론, 공리론, 상대주의론, 관리적 이기론, 정의론으로 된 5분류론(이종영 1999)이 있다.

또한 자기이익을 최우선으로 하는 이기론(egoism), 개인이나 조직의

---

11) De George M(1987), The Status of business, Journal of business ethics april.
12) Beauchamp. T. L. & Bowie N. E(1979), Ethics Theory & business prentice hall.

행동이 다수에게 최선의 이익이 되면 윤리적으로 보는 공리론(utilitaranism), 어떤 행동이든 기본적 의무에서 출발하므로 항상 정당해야 윤리적으로 볼 수 있다는 의무론(duty-based), 어떤 행동이든 개인이나 조직의 선(善)추구에 따라 행해지는 것을 윤리적이라고 보는 덕목론(virtue ethics), 도덕적 가치는 다른 사람이나 조직과 비슷한 수준에서 행동하면 윤리적으로 여기는 문화적 상대론(cultural relativism)으로 분류할 수 있는 5분류론 그리고 공리론, 권리의무론, 정의 공평론, 관심의 윤리론, 종합이론, 덕목론으로 된 6분류론(Velasquez 2002) 등 다양하게 분류되고 있다.

본 연구에서는 이 가운데 기업윤리의 실증적 관점이라는 도덕적 이상주의와 공리주의라는 2분류론과, 의무론, 목적론, 상대주의로 구분하는 3분류론 그리고 이기주의, 공리주의, 의무론, 공정성 이론 등으로 분류하는 주 규범이론을 중심으로 검토하였다.

(1) 2분류론

헌트와 바이텔(Hunt & Vitell, 1986) 그리고 로빈과 레이든바흐(Robin & Reidenbach, 1987)는 윤리적 의사결정의 판단기준을 의무론(deontology)과 목적론(teleology)으로 분류하였다.

도덕적 이상주의(moral idealism)는 올바른 의사결정은 좋은 결과를 기대하고 행하는 것이 아니라 경영자로서 의무이기 때문에 당연히 그런 행위를 하는 경우이므로 행위의 결과적 '선(善)'보다는 과정적 '선(善)'을 중시한다. Kant의 절대적 의무론(Categorical Imperatives)을 기반으로 하는 보편적 법칙(universal law)의 준수를 요구하는 '의무론(deontology)'이 여기에 해당한다. 이 경우 기업의 권리와 의무는 그 결과와 관계없이 보편적이어야 하므로 소비자 주권 선언이나 소비자

단체행동은 당연하다고 본다.

또한 공리주의(utilitarianism)는 경영자의 행동결과가 최대다수의 최대이익을 초래한다면 그런 행동은 윤리적이라고 보는 시각으로서 행동이 낳은 결과에 따라 윤리성 여부를 판단하기 때문에 '목적론(teleology)'에 해당한다. 이때 윤리적 행동은 그 결과에 대한 사회적 비용과 편익을 평가하여 결정하므로 자본주의 경제의 교리로 보고 있다(Wilson 1989). 이기주의적인 행동은 행위의 옳고 그름의 기준을 행위 당사자 자신에게 미치는 결과에 따라 결정하지만, 공리주의적 행동은 행위의 옳고 그름의 기준을 행위 당사자뿐 아니라 행위에 따라 영향을 받는 모든 사람들에게 미치는 결과를 고려하여 결정함을 의미한다. 따라서 가장 많은 사람에게 가장 많은 혜택을 주거나, 어떤 집단이 얻는 순 혜택이 다른 모든 집단이 얻는 혜택보다 큰 경우 그리고 각 개인에게 돌아가는 장·단기적 직·간접적 혜택이 다른 방법을 선택했을 때보다 큰 결과를 가져오면 도덕적으로 옳다고 할 수 있다.

(2) 3분류론

레이든 바흐와 로빈(Reidenbach & Robin, 1991), 신유근(1995), 나지홍(1998)은 윤리적 의사결정의 판단기준을 의무론과 목적론 그리고 상대주의 등 3가지로 구분하였다.

28

[표 2-2] 윤리적 의사결정에 사용되는 윤리철학과 판단기준

구 분	종 류	윤리적 기준
의무론	공정성이론(justice)	공정성(분배적, 절차적, 처벌적)
	권리이론(rights)	개인의 권리 보호/보장
	사회적 계약(contractualism)	구성원들 간의 암묵적인 사회적 계약 준수 여부
목적론	이기주의(egoism)	자신의 이익 극대화
	공리주의(utilitarianism)	최대다수의 최대행복 (효율성, 비용/효익 분석)
상대주의	가치 상대주의	법률적 합법성, 전통 문화적 특수성, 사회 전반적 가치의식

자료: 연구자 재구성

의무론(deontological theory) 또는 동기론은 수단 자체에 윤리적 판단의 근거를 두고 있다. 의무론을 주장한 대표적인 학자인 칸트(Kant)는 의무라는 개념은 결과의 효익(效益)과는 독립된 별개의 것이라고 한다(Barry, 1983). 의무론은 공정성 이론과 권리이론 그리고 사회적 계약으로 구분할 수 있다. 공정성 이론(theory of justice)은 사회의 혜택과 부담은 공평하게 분배되어야 하고, 규칙과 법률은 공정하게 적용되어 공정한 경쟁이 이루어져야 한다는 원칙에 근거한다(Velasquez, 1988). 또 권리이론(theory of right)에서는 개인 또는 집단이 의무에 상응하여 자신의 이익을 추구할 자유롭고 평등한 선택권을 갖고 있다고 본다. 이러한 권리의 존재는 자신의 행위와 타인으로부터의 보호나 지원을 요청하는 행위에 정당성을 제공한다(Wood, 1990). 또 사회적 계약(contractualism) 이론은 기본적으로 칸트의 의무론을 라울스(Rawls)가 변형시킨 것으로, 이 이론에서 사용하고 있는 기본적인 개념은 바로 사회적 계약이다(Reidenbach & Robin, 1991).

또 목적론(teleological theory)이란 눈에 보이지 않는 행위의 윤리적 정당성을 눈에 보이는 결과로써 판단하려는 입장이다. 즉 행위의 윤리성을 행위의 객관적 결과에 의해 판단하려는 입장인 것이다(Barry, 1983). 또 목적론은 이기주의와 공리주의로 구분할 수 있다. 이기주의(egoism)는 여러 가지 행위의 대안들 중에서 자신의 이익을 장기적으로 최대가 되게 하는 행위를 선택한다는 원칙이다. 장기적 안목에서 자기 기업이나 자신의 이익을 최대로 하는 정책을 선택한다는 판단의 기초를 제공하며, 윤리적인 문제에 대해서는 결과의 유효성에 의해 정태적인 원칙에 얽매이지 않고 보다 탄력적인 결정을 내릴 수 있게 해 준다. 공리주의는 관련되는 모든 사람의 행복이 최대가 되게 하는, 즉 일반선(general good)을 지향하는 행위를 선택한다는 입장이라고 할 수 있다.

또한 상대주의(relativism)는 기본적으로 규범적인 신념은 문화나 개인의 함수이기 때문에 모두에게 적용할 수 있는 어떠한 보편적인 윤리적 규칙도 있을 수 없다는 관점이다(Reidenbach & Robin, 1991). 윤리적 기준은 특정 문화에 상대적인 것이며, 한 문화권에서의 사람들의 가치나 행위는 다른 문화권에 속한 사람들의 행위의 기준이 될 수 없다는 것이다.

(3) 주 규범이론

크란과 마텐(Crane & Matten, 2004)은 윤리적 의사결정의 판단기준을 목적론(teleological), 의무론(deontology)으로 분류하고, 목적론은 다시 이기주의와 공리주의라는 두 가지 개념을 바탕으로, 이기주의는 개인의 최대 선을 따라야 한다는 이론으로 분류하였다.

전통적 윤리이론은 세계의 본질에 대한 가정과 인간본질에 대한 특정가정에서 시작하기 때문에 규범적(normative)이다. 기업윤리에 적용되는 주 규범이론은 그리스어 '목표(goal)'에 해당하는 단어로 간주되

는 목적론(teleological)과 그리스어 '의무(duty)'에 해당하는 단어로
간주되는 의무론(deontology)으로 분류된다. 목적론은 만약 행동에 대
한 결과(outcome)가 바람직한 것이면 행동은 옳은 것이며, 행동에 대
한 결과가 바람직하지 못하면 행동은 도덕적으로 잘못된 것이라고 판
단한다. 반면, 의무론은 행위의 옳고 그름에 대한 판단이 발생된 결론
에 의해서가 아니라 원칙이 도덕적으로 옳은가에 의해 결정하는데, 이
러한 두 전통적 규범이론은 조직의 윤리풍토를 이해하기 위한 철학적
윤리적 기반을 형성한다.

[표 2-3] 기업윤리의 주 규범이론

구분	이기주의	공리주의	의무론	공정성 이론
공헌자	Adam Smith	Jeremy Bentham John Stuart Mill	Immanuel Kant	John Locke John Rawls
초점	개인적 욕망과 이득	전체적 복지	의무	정의
규칙	욕망과 개인이득의 최대화	공리주의 act/rule	분류적 의무 (책무)	인간존재에 대한 경의
인간 존재 개념	인간은 한정된 지식과 목적을 지닌 행동가이다.	인간은 고통을 피하고 즐거움을 얻는 것에 의해 조정된다.	인간은 이성적 도덕적 행동가이다.	인간은 존엄에 의해 구별되는 존재이다.
타입	결과론주의자(teleology-goal)		비결과론주의자(deontology-duty)	

자료: Crane, A & Matten, D(2004), *Business ethics*. New York; Oxford University
Press. p.80.

목적론의 일반적인 개념은 이기주의와 공리주의라는 두 가지 개념
을 바탕으로 하고 있으며, 이기주의는 개인이 최대 선을 따라야 한다
는 이론이다. 따라서 행동이 윤리적일 때는 선보다는 악을 생성하게

하는 다른 윤리적 대안에 대하여 개인을 위한 선(善)의 최대 조화를 촉진시킨다.13) 또 공리주의는 관련되는 모든 사람의 행복이 최대가 되게 하는 일반 선(善)을 지향하는 행위를 선택한다는 이론이다. 이는 장기적 안목에서 기업이나 자신의 이익을 최대로 하는 정책을 선택할 때, 판단의 기초를 제공하며, 윤리적인 문제에 대해서는 결과의 유효성에 의해 정태적인 원칙에 얽매이지 않는 보다 탄력적인 결정을 내릴 수 있게 한다.

의무론은 규칙의무론(rule deontology)과 공정성이론(justice theory)이라는 두 가지 개념을 바탕으로 하고 있는데, 규칙의무론은 규칙(원칙, principle)에 토대를 두고 의사결정을 제안하는 이론이다. 이는 결과 혹은 행동은 규칙의 장점에 토대를 두며, 규칙준수의 결과가 규칙위반의 결과보다 더 크다는 것을 의미한다.

의무론은 의사결정에 영향을 미치는 수단에 초점을 둔 반면, 목적론은 의사결정의 결과에 초점을 맞추고 있으며, 공정성 이론은 행동이 공평하고 최대의 선을 추구할 수 있는 것에 토대를 두며 공정 분배규칙을 따른다고 하였다.14)

iii) 기업 윤리경영의 국내외 동향

(1) 국내 기업윤리 의식과 동향

폴 크루만(Paul Krugman)은 1997년 동아시아를 휩쓴 경제위기 IMF의 가장 근본적인 원인 또한 아시아적 가치라고 주장한다. 아시아

---

13) 김난영, 호텔·관광산업의 조직윤리풍토 인과모형에 관한 연구, 한양대 박사학위논문, 2005, pp.16-18.
14) 상게서, pp.16-18.

적 가치(Asian value)란 행인정사상(行仁政思想, 어진정치를 베푼다), 가족주의, 정실주의, 인치주의, 권위주의, 민족주의, 공동체의식, 교육열, 근면성, 근검절약, 낙천주의 등 유교사상에서 나온 동양의 특유한 가치를 의미한다. 특히 서열중심의 가부장적 권위를 중시하는 가족주의는 가족형 기업을 만들어 협의적 경영보다는 경영자의 일방적 톱다운(Top-down) 방식이 그 중심을 이루게 되었다. 또 Paul Krugman은 공동체의식에서 초래된 비합리적 연대성은 경제시스템을 정실자본주의(Crony Capitalism)로 변질시켜 국제경쟁력을 떨어뜨렸으며, 이러한 비합리적인 연대성은 개인주의적 비합리성으로 변질되어 정부나 기업에 정실인사의 원인이 됨으로써 결국 족벌주의(Nepotism)가 기업의 국제경쟁력을 붕괴시켜 경제적 펀더멘탈을 약화시켰기 때문에 금융위기를 맞게 되었다고 주장한다.

1960년대와 70년대의 한국경제는 정부주도의 고도 경제성장 전략에 치중함에 따라 기업의 사회적 책임에는 관심이 적었으며, 여러 분야에서 발생한 사회적 무책임이 비난받으면서 윤리경영의 중요성이 싹트기 시작하였다. 80년대는 경제단체를 중심으로 기업 윤리강령과 실천의지를 채택하였고, 81년에는 새 기업사회 헌장을 선포하여 새로운 결의를 다졌으며, 그 후 경영자총협회에서는 1991년 기업인이 나아갈 길과 고용 윤리강령을 채택하였다. 그러나 큰 실효를 보지 못하다가 1993년 포항제철이 기업단위 최초로 기업 윤리강령을 제정하였고, 1994년에는 LG그룹이, 1995년에는 현대그룹이, 1996년에는 한국 전력이 기업 윤리강령을 발표하였고, 1996년에 전국 경제인 연합회에서 기업윤리헌장을 발표하였다. 또한 1996년 2월 OECD(Organizational for Economic Cooperation and Development, 경제협력 개발기구)의 국제상거래 뇌물 방지법 시행을 전후하여 통상과제로 부각된 뇌물 행위

방지와 관련하여 기업 윤리강령의 제정을 비롯한 윤리경영 실천에 관심을 갖기 시작하였으나, 아직도 세계적인 기업윤리 동향에 변화에 대응하는 측면에서 보면 크게 미흡한 실정이다.

특히 국내 기업들은 IMF 이후 기업 구조조정 과정을 통해 투명하고 윤리적인 경영이 기업 경쟁력과 직결된다는 인식이 확산되고 있다. 이는 윤리적으로 경영하지 않는 기업은 국제 신임도 저하로 대외경쟁력 약화는 물론 무역 해외투자 및 각종 공공계약 등에서 불리한 상황을 맞게 되기 때문이다. 따라서 기업의 사회적 책임에 대한 전향적 사고를 갖고 윤리경영을 경영의 필수로 인식하는 마인드가 필요하다. 또 90년대 중반 이후 선진국들을 중심으로 윤리라운드가 추진되고 있는 상황에서 WTO, OECD, TI 등 국제기구의 반부패 움직임이 강화되고 있다. 특히 WTO는 정부 조달의 투명성 협정을 체결한 후 이를 구속력 있는 다자간 협정으로 전환하고, OECD는 뇌물방지 협약 체결 등 윤리경영의 국제 규범화를 추진하고 있다. 우리나라도 1998년 12월 국제상거래에 있어서 외국 공무원에 대한 뇌물방지협약을 제정하여 세계적 추세에 맞추고 있다.

또한 미국 기업개혁법의 국내 수용과 부패 등 비윤리기업에 대한 엄격한 처벌 분위기하에서 건전한 시장 경제 확립과 기업의 투명성 강화를 위하여 기업 지배구조 개선, 회계제도의 투명성증대, 부패 방지법, 자금 세탁 방지 관련법 등 제도적 장치를 마련하는 등 부패방지와 투명성 제고를 위한 노력을 기울이고 있다. 이와 관련한 감사위원회, 사외이사, 준법감시인 제도 도입 및 소액 주주권 행사요건 완화, 기업 회계기준의 국제수준화, 결합 재무제표 작성 의무화, 외부감사인 선임위원회제도 도입, 접대비 투명화 및 기밀비 폐지 그리고 금융기관 준법 감시인 설치 의무화 부패방지위원회 출범, 공정거래위원회 자율 준수 프로그램 제정, 산업자원부 윤리경영 평가지표 개발 등에 따라

반부패 의식이 고조되고 투명경영과 높은 수준의 사회적 책임을 요구하는 사회적 분위기 형성되고 있다.

(2) 기업윤리 의식의 국제적 동향

세계는 미국의 주도로 새로운 경제 질서를 구축하는 움직임을 추진하며 '세계 기업윤리 표준안'을 세우는 작업을 추진하고 있다. 특히 국제경제기구와 선진국들이 국제상거래에서 뇌물제공과 같은 부패한 거래를 추방하고, 공정하며 깨끗한 자유경쟁을 추진하는 '부패방지 라운드'와 OECD회원국을 중심으로 정부 차원에서 부패척결 작업을 추진하는 '윤리인프라구축' 작업이 이루어지고 있다(이민호, 1999).

특히 국제적으로는 국제 표준화 기구(ISO) 산하 소비자 정책위원회가 '기업의 사회적 책임(Corporate social responsibility)'에 관한 표준화 작업을 승인함으로써 윤리경영을 ISO9000(품질인증) ISO14000(환경보호인증)과 같은 범주에 포함시키려 하고 있다. 이처럼 국제경제사회에서 '기업윤리'가 21세기에 기업들이 갖추어야 할 기업경쟁력으로 대두되어 윤리경영의 필요성이 높아짐에 따라 국내기업들도 윤리경영 전담부서를 설치하는 등 윤리경영을 도입하고 있다. 또 국제시장의 개방화와 세계화, 정보통신기술의 발전에 의한 급속한 사회변화, 다국적 기업의 기업세력화에 의한 국제사회에 영향력 증대 등으로 인류복지 증진과 새로운 세계질서에 기여할 수 있는 '기업철학과 기업윤리'의 정립이 필수적이라는 인식을 지닌 윤리학자, 기업인, 비정부단체 등에 의해 '범세계 윤리(Global Ethics)'에 대해 논의하기 시작하였다.

국제사회에서는 1990년대부터 세계경제기구(WTO, ICC, OECD 등)뿐 아니라 세계은행(World Bank)에서도 부패문제를 중요하게 다루며 TI와 연계하여 국제 간 거래에서 외국 공무원에게 뇌물을 제공하는 부패를 방지하기 위하여 '부패방지라운드'를 강력히 추진하고 있는 상황이다. 또한 각종 비(非)정부 기구들도 반부패 운동과 윤리준법 강화 활동을 활발히 전개하고 있다. OECD에서는 경제 분야뿐 아니라 '공직사회 윤리인프라(Ethics Infrastructure)' 구축과 '기업 지배구조 개선'을 채택하여 회원국에게 권고하였다. 이에 따라 정부에서도 '부패방지 종합대책'과 '기업 지배구조 개선작업'을 진행하고 있다.

미국의 시장 중심 기업 지배구조의 핵심은 '주주가치 극대화'이기 때문에 미국의 윤리경영은 주주(Shareholder)의 이익을 보장하기 위한 투명한 경영 방식이나 회계제도를 강조한다. 이에 따라 미국 정부는 90년대에 들어와 강력한 부패척결 관련정책을 추진하였고, 미국기업의 90% 이상이 철저한 '기업윤리시스템'과 '내부감시 장치'를 구축하고 세계에 대하여 미국과 같은 부패방지체계를 갖추라고 요구하고 있다.

또 유럽 기업에서는 기업의 구성원 · 고객 · 투자자 · 협력회사 · 정부 · 사회단체 · 지역 사회 등 기업의 이해관계자들이 공히 중시하며 기업의 자발적인 책임을 강조하는 문화가 형성되었다. 이에 따라 1995년 유럽연합(EU)집행 위원장이던 자크 들로프가 유럽의 대표기업들과 경제 단체들로부터 '사회적 배제에 반대하는 유럽 기업 선언'을 이끌어 내면서 기업의 사회적 책임에 대한 논의가 가속화되었다. 1996년 유럽연합(EU)의 지원을 받은 윤리경영추진단체 'CSR(Corporate Social Responsibility)유럽'이 출범하였다. 이러한 기업 윤리경영의 최근 동향을 살펴보면 미국에서는 구성원 간의 인격적 대우나 지역 사회에 대한 기업의 책임 등 유럽식 윤리경영에 관심을 갖게 되었고, 유럽에서는 기업의 투자자 이익을 중시하는 미국식 윤리경영이 확산되는 등 양 대륙의 시각 차이가 좁혀지고 있다.[15]

---

15) 최창명, 윤리경영의 운영과 리더에 대한 신뢰가 조직몰입에 미치는 영향,

국제부흥개발은행(IBRD)은 부패척결을 최우선 과제로 삼고 90년대 중반부터 꾸준히 반부패 활동을 벌여 왔다. 이에 따라 세계은행은 "반부패지식 자료센터"를 설치하고, "세계 부패 보고서"를 작성해 왔는데 그중의 하나가 "부패집단 블랙리스트" 작성이다. 이를 통해 세계은행은 뇌물공여, 횡령 등 범죄를 저지른 100여 개 기업과 개인이 망라된 블랙리스트를 작성 발표하며, 그 기간은 일정 시기까지 또는 영구적으로 제한하기도 한다. 세계은행은 조달지침 등에 따라 자체의 심의위원회에서 발표된 기업과 개인들을 부정부패 관련 부적격자로 지정하여 세계은행이 지원하는 사업에 참여하지 못하도록 봉쇄하거나 이들이 속한 국가에 대한 지원을 중단하고 있다.

또한 세계최대의 회계 및 컨설팅 그룹인 미국의 Price waterhouse Coopers(PwC)는 2001년 1월 25일 세계 주요 35개국을 대상으로 시장의 불투명성 정도를 지수화한 불투명지수(Opacity Index)를 산정 발표하였다(www.opacityindex.com). PwC가 처음 공개한 불투명지수는 각국 자본시장의 부패 정도, 법률시스템, 경제정책, 회계기준, 규제제도 등의 5가지 요소를 기준으로 측정되었다. 이 조사에서 한국의 불투명지수는 시장 환경이 매우 불투명한 5위로서 중국, 러시아, 인도네시아, 터키 다음인 순위였다

최근 윤리경영의 국제동향은 표준화와 의무화로 요약할 수 있다. 국제표준화 협회(ISO)는 소비자정책위원회(COPOLCO)와 미국윤리임원협회(EOA: Ethics Officer Association)에 의하여 주도하고 있다. ISO는 표준화인증기구로서 기술적 인증이 아닌 윤리경영의 표준화에 있어서 최소한의 기준을 선정, 이를 표준화하려고 하고 있고, EOA는 미국의 600여 개 기업이 참가한 경제단체로서 미국기업의 이해와 요

경희대 박사학위논문, 2005.

구를 대변한다. EOA가 추진하는 기업윤리 표준안은 1991년에 마련된 미국연방판결지침과 매우 흡사하다. 연방판결지침은 종업원의 행동강령이 있고 준법담당임원을 두고 이사회에서 사외이사가 영향력을 행사할 수 있고 평소에 기업윤리 교육을 실시하고 있고 수시 또는 정기적으로 준법감사를 실시하고 비윤리적행위는 철저히 처벌하고 재발방지를 위한 구체적 조치를 취하는 회사에 대해 같은 수준의 범죄라도 형량을 가볍게 해 준다. 이에 따라 미국 기업들은 해외 부패방지법을 준수하기 위하여 구축한 내부 통제체제의 우수성이 세계 제일의 경쟁력이라 강조하며, 국제 경제 기구들을 통하여 경쟁국 기업에 미국과 같은 부패 방지 시스템의 도입을 강요하고 있다.

한국기업의 윤리경영이 전통적 사상과 문화에 따라 내면을 지향하는 인륜적·자율적 실천을 강조하는 유교적이며, 이상(Utopia)적 기업윤리라면, 미국의 윤리경영은 단일하고 결과를 중시하며 강력한 실천을 요구한다. 따라서 개인의 자율적 의지에 의한 윤리적 판단이나 반성이 무시된 채 타율적(他律的)이며, 획일적(劃一的)인 행위기준을 강제하는 비인간적인 기업윤리라는 측면이 있으나, 칸트의 '정언명령(Kategorische Imperative)'처럼 언제든지 지위고하(地位高下)를 막론하고 이를 준수하라는 강력한 실천의지를 담고 있다(김태정, 2003).

iv) 기업의 사회적 책임

기업의 사회적 책임16)이란 기업 활동으로 인하여 발생하는 사회 경

---

16) CSR(Corporate Social Responsibility)은 환경, 인권 등 사회적 문제에 대한 기업의 책임을 의미.
기업 활동에서 사회적 책임에 직접 대응함으로써 이윤추구에 열중하는 기업이미지를 탈피하고, 사회적 책임을 다하겠다는 이미지를 제고하는

제적 문제를 해결함으로써 기업의 이해관계자와 사회일반의 요구나 기대를 충족시켜 주어야 하는 기업행동의 규범체계이다(신유근, 1994). 기업의 사회적 책임에 대한 가장 보편적인 용어는 CSR(Corporate Social Responsibility)이지만 OECD나 ICC(국제상공회의소)에서는 사회적(social)이라는 단어를 사용하면 기업의 사회적 책임이 사회문제에 국한될 수 있기 때문에 CR(Corporate Responsibility)이라는 용어를 사용하고 있다.[17]

영국의 재무장관 고든브라운(Gordon Brown)은 "오늘날 기업의 사회적 책임은 기부 위주의 박애주의 범위를 벗어나, 보다 나은 작업 관행과 지역 사회에의 참여 그리고 브랜드 이름이 품질, 가격, 독창성뿐만 아니라 회사의 근무인력, 지역 공동체, 환경과 총체적으로 서로 작용한다는 것을 인식하기 위해서, 기업이 자신을 둘러싼 환경으로부터 받아들여야 하는 지속적인 책임이 되었다."라고 설명하였다.[18] 이는 기업이 사회의 일원으로서 사회적 영향력이 커지는 만큼 일류의 삶의 질 향상을 위하여 보다 적극적이고 능동적인 역할을 수행하여야 하는 시대의 도래를 의미한다.

이처럼 사회적 책임이 증대되고 다양한 논의가 진행되는 과정에서 학자들의 견해에 따라 그 의견을 달리하고 있다. 사회적 책임은 기업의 활동으로 인해 발생하는 문제의 관점 및 기업과 사회의 관계를 지배하는 윤리원칙의 관점에서 생각될 수 있으며, 이러한 문제의 해결과 윤리의 준수로 보는 견해[19]와 기업의 사회에 대한 경제적 및 법률적

경영전략으로 보급되기 시작하였다.

17) 고동수, 기업의 사회적 책임(CSR), 국제 논의 동향 및 우리의 대응방안, 산업연구원 issue paper 2006-198호.

18) Department of Trade & Industry(2004), Corporate Social Responsibility; A Government Update.

의무뿐만 아니라, 이러한 의무를 넘어서서 전체 사회에 대한 책임으로 보는 견해[20] 등의 소극적 책임론과 주어진 특정 시점에서 사회가 기업에 대하여 가지고 있는 경제적·법률적·윤리적 및 재량적 기대를 모두 포함하는 견해[21]와 경제적·법률적인 필요 요건을 넘어서 사회로부터 정당성을 인정받을 수 있는 기업 활동을 의미하는 견해[22]의 적극적 책임론으로 구분된다.

위와 같이 다양한 사회적 책임의 의미가 그 현상을 분석하는 학자에 따라 그 의미가 다르다지만 중요한 것은 기업이 사회적 책임에 기초하는 활동에 관여할 것인가가 아니고 오히려 기업이 사회적 책임에 기초한 활동에 어떻게 깊게 관여할 것인가의 문제이다.[23]

경제 활동 초기에는 보이지 않는 손(Invisible hand)에 의해 사회전체의 균형이 이루어지면서 자본가 이익의 극대화라는 목적이 정당성을 부여받았다. 그러나 20세기에 들어오면서 기업 이해관계자들도 자신의 권리에 대해 자각하게 되었으며, 기업목적을 위해 자신들의 희생을 강요하는 기업행위에 대하여 적극적이고 비판적인 입장을 취하기 시작하였다. 또한 기업이 이윤추구의 조직체로서가 아니고 사회적 기관(social institution)으로서 인식되면서 단순히 사적 이익의 추구만이 아니라 사회적 책임을 고려한 행동이 요구되었는데 이러한 요청이 사

---

19) Eells & Walton(1961), Conceptual Foundation of Business, Homewood : Richard D. Irwin, Inc.
20) McGuire(1963), Business and society, McGraw-Hill.
21) Carroll, A. B, A(1982), Three-dimension Conceptual Model of Corporate Performance, Academy of Management Review, Vol.4, No.4, pp.497-505.
22) Murray, K. B. & Montanari, J. R.(1986), strategic Management of the Socially Responsible Firm : Integrating Management and Marketing Theory, Academy of Management Review, Vol.11, No.4, pp.815-827.
23) Jerry w. Anderson Jr.(1989), Corporate Social Responsibility.

회적 책임론을 발전시켰다.

특히 이러한 비판적 태도가 개인적인 차원에서 집단적 차원으로 변화됨으로써 기업의 의사결정에까지 큰 영향력을 행사하고 있는 실정이다. 따라서 오늘날에 있어서는 기업의 자유방임적 이윤추구 행위는 그 정당성을 잃어 가고 있으며, 대신 기업을 둘러싸고 있는 사회와 기업의 이해관계자에 대해 경제적, 사회적 및 윤리적 책임을 수행해야한다는 적극적인 사회적 책임론이 강하게 대두되고 있다. 이러한 상황에서 기업의 사회적 책임은 최고경영자의 가치관에 따라 가장 큰 영향을 받는 요인으로 알려져 왔다.

또 드러커는 그의 저서 '혁신과 기업가 정신'에서 "기업가란 그들이 공급하는 제품은 반드시 수요를 창출한다고 자신하는 사람들로서, 경제성장을 위해서는 소비자보다 훨씬 더 중요한 역할을 하는 사람들"이라고 설명하였다.[24] 이처럼 기업가의 역할을 개척자 정신으로 표현한 것은 기업이 사회적 책임을 실현하는 데 결정적인 역할을 하기 때문이다. 또 리간(Reagan, 1963)은 대기업의 영향력을 경제적인 것과 사회적인 것으로 나누어 대기업의 영향력의 비중이 더욱 커감에 따라 권력이 커지는 형태로 사회적 책임론을 강조하였다. 즉 그는 ① 부와 자산의 지배 ② 기업에의 여러 관계자와의 의존 ③ 복합 기업적인 합병과 독과점 ④ 규모의 거대성과 그 자체 ⑤ 자금의 자력조달 가능성 ⑥ 사회의 공업화 ⑦ 사회에 대한 사업가의 발언중시 ⑧ 정부와 기업과의 관계 등을 들고 있다.[25]

또 데이비스(Davis, 1960)는 기업에 대한 사회적 책임이 강조되게된 이유로서 다음 6가지[26] ① 사회의 복잡화와 그 부문들의 상호의존

---

24) Drucker, P.(1985), Innovation and Entrepreneurship Practice and Principle(New York, Haper & Row, p.17).
25) Michael D. Reagan(1963), The Managed Economy, pp.981－983.
26) Keith, Davis(1960), Can Business Afford to Ignore Social Responsibilities

성의 증대 ② 사회의 부와 문화의 증대 및 그 유지를 위한 사회의 요
구 ③ 기업 외부의 사회시스템에의 기업의 영향에 대한 새로운 지식
을 사회과학에 의해 제공한 점 ④ 정부권력의 증대와 기업에의 정부
간섭의 가능성 ⑤ 사회이념의 변화와 사업가들에 대한 그 이념의 공
유 ⑥ 소유와 지배의 분리 및 경영자의 전문화 등을 들고 있다.

(1) 사회적 책임에 대한 논쟁

경영자의 사회적 책임에 대해서 논할 때 이에 대한 찬반론이 대립
되고 있다. 이는 기업이 사회에서 수행하는 기능과 역할을 어떻게 보
느냐에 따라, 긍정과 부정론으로 생각하는 사람들로 나누어져 있다.

① 사회적 책임의 부정론

기업은 그 본래의 사회적 기능인 생산적 행동범위, 즉 경제활동에
한정시키고 그 이상의 과업환경주체의 요청은 정부나 기타의 제도에
맡겨야 된다는 견해이다. 이러한 부정론자의 가상적 근거에 바탕을 제
공한 학자는 엘스(Eells)이다. 그는 기업경영의 목적을 이윤추구로 간
주하고 주주이익에 봉사로 한정하고 이것으로부터 일탈하는 것은 주
주이익을 경시, 제한하는 것이라고 주장하였다.[27] 이러한 논지를 이어
받은 대표적인 학자는 프리드먼(Friedman, 1970)[28]이다. 그들은 자유
시장 경제 체제에서 기업의 유일한 책임은 게임의 규칙 내에서 법적·

California Management Review, Spring, p.70.

27) Eells, Richard(1960), The Meaning of Modern Business.

28) 1969년 말 "기업 책임을 위한 프로젝트"로 불리는 단체가 GM을 목표로
   "제너럴 모터스의 책임을 묻는 캠페인", 속칭 "캠페인 GM"을 전개하였
   으며, 프리드먼은 1970년 9월 기업의 사회적 책임은 이윤을 감소시킨다
   는 논문을 발표하여 이 캠페인을 엄하게 비판하였다.

경제적 책임, 즉 이윤추구만 있을 뿐이며, 공개적으로 자유로운 경쟁에 참가하는 페어플레이만이 윤리적으로 요구될 뿐이라고 하였다. 그의 주요한 논거를 종합해 보면 다음과 같다.

(1) 기업이 이윤극대화를 위해 능률향상과 원가절감에 노력할 때 시장 기구를 통해 사회에 최대의 이익을 가져다준다. 사회적 책임은 이윤극대화를 방해하며 이는 타 제도에 맡겨야 한다. (2) 사회적 문제에 관여하는 기업은 궁극적으로 많은 비용(기업비용과 사회비용)을 부담시키기 때문에 비용절감을 위해 종업원이 해고될 가능성이 있으며, 투자자원의 부족으로 투자를 하지 못하는 경우가 발생한다.

즉 기업이 사회적 책임을 준수하다보면 이윤극대화의 한계와 비용의 증대로 인하여 기업의 생산 활동에 지장을 주는 경우가 발생한다. 그러므로 이러한 이유 때문에 경제적 목표와 사회적 목표 중 어느 쪽도 달성하지 못할 수가 있다고 주장한다.

한편 레비트(Levit, 1958)도 대기업 경영자가 사회적 책임을 스스로의 신념으로 이해하고 행동하는 것은 다원화사회(A pluralistic society)에서 단원사회(A mono polithicssociety)의 위험한 전략이며, 새로운 봉건주의(A New Feudalism)의 발생이라고 경고하고 있다. 즉 레비트는 "다원사회의 붕괴, 단원 사회의 출현이라는 변화의 주체는 기업가이므로 만약 기업이 사회적 부당, 종업원 복지, 정치적 활동에 과도하게 개입하면 결국은 단원적 영향을 끼치는 것이다"라고 하였다.[29] 즉 레비트는 개별의 기능(separate functions)이라는 표현을 사용하였는데, 기업은 사회가 요구하는 모든 것을 담당해야 하는 것이 아니고, 자기 기능에만 한정해야 한다고 주장한다.

---

29) Levit(1958), The Danger of Social Responsibility, Harvard Business Review, sep-oct, pp.941-949.

또 그는 다원사회의 사고방식에 대하여, "복지사회는 기업의 임무가 아니며, 노조의 관심사는 빵과 버터와 직무상의 권리이다" 또 "정부의 직무는 기업적 활동이 아니고, 기업의 직무는 정부적 활동이 아니다."(Government's job is not business, and business's job is not government)고 주장하였다. 또 그는 기업이 사회적 책임 이름하에 활동 영역을 넓혀 기업에 힘의 집중되면 위험한 일이 되어 다원사회를 붕괴시키므로 이윤추구의 원칙을 고수하여야 하며 이윤추구야말로 현대 자본주의의 핵심이라 하였다.

② 사회적 책임의 긍정론

사회적 책임을 찬성하는 사람들은 기업의 책임수행이 장기적인 이익과 관계가 있다고 보고 있다. 오늘날 대규모 기업들이 정치적·사회적으로 큰 영향력을 행사하고 있고, 이를 견제하는 방법이 필요하기 때문에, 기업이 개별기업의 이익 극대화를 중심으로 수단을 정당화하기보다는 사회적 공익을 목표로 자율적으로 기업 특유의 윤리적 행위규범을 선택하고 실천하는 것이 필요하다(Clarkson, 1992).

재코비(Jacoby)는 기업목표를 장기적 이윤극대화(Long-run Profit Maximization)로 규정하고, 계몽된 사적 이익(enlightened self-interest)[30]을 기초로 사회적 책임론을 일종의 수단론으로 전개하고 있다.[31] 즉 보다 좋은 사회가 기업에게 보다 좋은 환경을 제공해 줌으로써 기업

---

30) 계몽된 사적 이익이란 주주의 이익 기대와 사회적·환경적 이유에 관련된 집단들의 요구와 기대를 균형시키는 접근법으로 기업이 지속적으로 생존 발전시키기 위한 논거가 되고 있다.
31) Jacoby, Neil H(1937), Corporate Power and Social Responsibility. 이덕훈, 기업윤리와 사회적 책임, 한남대학교 경영연구소, 산업경영 연구, 2000, pp.299-322.

의 장기적 이익극대화를 가능케 하여 사회개선 프로그램을 위한 비용 지출은 장기적 이익을 위한 투자로 보는 견해이다.

이는 기업이 적극적·자발적으로 과업환경 주체(이해자 집단)의 요청을 받아들여 이에 대응하는 것이 기업 자체의 존속·성장에 있어 필요하다는 견해이다. 대표적인 학자는 데이비스(Davis)와 블룸스톰(Blomstrom)이며, 그들은 주장의 근거로서 (1) 기업에 대한 공공기대 (2) 대중의 이미지 (3) 책임과 권력의 균형 등을 들었다.

즉 기업은 많은 사회적 권력을 가지고 있으며 생태, 사회적 약자, 기타의 문제에 영향력을 가지고 있다. 따라서 이에 상응한 사회적 책임도 부과되어야 한다는 것이다.

따라서 사회적 책임의 찬반논쟁의 차이에도 불구하고 현대기업에서는 사회적 책임을 져야 한다는 전체적인 흐름에 있어서는 이의가 없다고 하겠다. 즉 데이비스 등이 주장하는 책임철칙의 법칙(the iron law of responsibility)은 실제로 권력과 책임에 관련된, 보다 일반적인 법칙의 특수한 적용인데 이는 대기업이 확대됨에 따라 사회적 권력을 갖게 되었고, 사회적 권력은 사회적 책임을 동반한다는 것으로 권력과 책임의 크기는 같다는 논지이다. 또한 드러커(Drucker)도 기업의 기능에는 경제적, 사회적, 정치적 기능이 존재하며, 그중 사회적 기능이 가장 중요하다고 주장하였다.

(2) 사회적 책임의 관점과 차원

기업의 사회적 책임은 경제적, 법적, 윤리적, 자발(자선)적 책임을 포괄한다(Carroll & Buchholtz, 2000). 경제적 책임은 기업이 사회가 필요로 하는 제품이나 서비스를 적정한 가격에 제공하는 것을 의미하고, 법적 책임은 기업이 준수해야 할 법적 의무를 의미한다. 또 윤리적 책임은 법적으로 명시되어 있지 않지만 사회가 지향하는 가치체계에 따라 기업에 기대하는 활동에 관련되어 있는 것이며, 자발(자선)적 책임은 사회가 바라고 기업 자체의 판단에 근거해 가치를 두는 활동을 의미한다.

[표 2-4] 기업의 사회적 책임 구조

구 분	자발적 책임	윤리적 책임	법적 책임	경제적 책임
목 적	훌륭한 기업 시민이 되는 것	윤리적으로 되는 것	법을 준수하는 것	이익을 내는 것
활 동	지역 사회에 자원을 기부, 삶의 질 향상	해를 피하면서 옳고 정당한 일을 할 의무	정해진 옳고 그름의 규칙을 따름	다른 모든 책임의 기초
사회적 기대	사회가 희망	사회가 기대	사회가 의무화	사회가 요구
윤리원칙	사회적 약자의 최대복지	보편적 의무, 인권	최대다수의 최대행복	자기이익의 극대화, 적자생존
윤리학설	정의론	의무론	공리론	윤리적 이기주의 자유방임주의
사 례	기부, 자선, 헌금, 사회공헌	투명성, 법 존중, 인권, 환경보호, 문화존중	공정거래, 뇌물, 담합, 각종규제, 행정지도	이익극대화, M/S확대, 기술혁신, 경영전략, 고용보장, 배당금

자료: Archie. B. Carroll, The Pyramid of Corporate Social Responsibility: Toward the Moral Management of Organizational Stakeholders, Business Horizons(July-August, 1991); 이종영(2006) p.117. 피라미드 형태의 그림(a)과 표(b) 참조, 연구자 재작성.

Carroll(1979)은 기업의 사회적 책임에 대한 관점을 보다 다양하게 9가지로 구분하였다. ① 오직 수익성 달성(Friedman). ② 수익성 달성 이상의 활동(Davis & Backman). ③ 경제적·법적 요구 이외의 활동(MaGuire). ④ 자발적 활동(Mannne). ⑤ 경제적·법적·자발적 활동

(Steiner). ⑥ 지속적으로 확장하는 중심원(Davis & Blomsrom). ⑦ 보다 확장된 사회 시스템에의 관심(Eells & Walton). ⑧ 다양한 사회적 문제 영역에서의 책임(Hay Gray & Gates). ⑨ 사회적 반응에의 주어진 방안(Ackerman, Bauer & Sethi) 등으로 구분하였다.

(3) 사회적 책임과 사회감사

기업이 사회적 책임을 수행하기 위하여 기업경영자는 먼저 사회적 책임을 다한다는 긍정적인 의식에 입각하여 경영이념으로서 자각하고, 경영목표로서 제시하여야만 한다. 그러나 경영자와 그를 둘러싼 환경 주체와의 사이에는 신념, 가치관, 철학, 이데올로기 등의 차이가 존재하며, 이들은 시간에 따라 변화하며 구체화하는 요청도 변화한다. 따라서 사회적 책임의 실시 항목은 사회적 책임의 수행에 관한 경영전략으로서 개별기업의 상황에 따라 달라진다. 결국은 결과의 측정과 평가의 문제가 야기된다. 이것은 기업이 스스로의 사회적 책임의 수행 상황(social performance)을 측정·평가하여 정보화하는 기업 사회감사(corporate social audit) 또는 책임회계(social responsibility accounting)의 문제가 된다.

기업의 사회적 감사내용은 ① 기업의 정상적 활동, ② 소비자 보호, ③ 지역 사회에 대한 서비스, ④ 환경, ⑤ 공평한 교육, ⑥ 사회적 업적을 위해 기업에 부과된 책임 등에 대한 감사이다. 감사 결과는 경영자가 기업의 사회적 책임을 수행하기 위한 정보로서 제공되거나 외부 환경주체에 대한 기업의 의사결정 정보로서 활용할 수 있어야 한다.

사회감사의 대상은 해당기업의 사회업적이지만, 그것은 기업의 사회적 책임의 실시과정과 그 결과를 나타내는 것이다. 따라서 감사주체는 해당기업 자체이고, 그 내용은 기업의 사회적 책임에 관한 업적과 기업의 경제적 책임에 관한 업적에서 이루어진다. 기업의 사회감사의 제창자로 알려진 크렙스(Kreps)는 정부기관에 의한 기업의 업적감사를 주장하였는데, 오늘날의 학자들은 모두 해당기업 자신을 감사주체로 간주하고 있다.[32) 또 기업이 자주적으로 외부전문가를 이용하는 것은 사회업적의 측정, 평가의 신뢰성과 객관성을 높이는 것이므로 많은 학자들은 이를 찬성한다.

사회감사 결과의 용도에 대한 견해로는 두 가지가 있다. 보웬 이래의 하나의 흐름으로 형성된 것으로 경영자가 사회적 책임을 수행하기 위한 정보로서 도움이 되도록 이용하자는 의사결정 지향적 기업의 사회감사라고도 한다. 다른 하나는 1950년 고이더(Goyder)의 주장에서 비롯되는 것으로 외부환경 주체에 대하여 그것이 해당기업에 관한 의사결정을 행하는 정보로서 제공되어야 한다는 것이다. 이것을 보고공시 지향적 기업의 사회감사라고도 한다. 이러한 기업의 사회감사 방법은 에브트 방식과 리노우즈 방식으로 구분되며, 에브트 방식은 사회대차대조표를 이용하는 방식이며, 리노우즈 방식은 사회경제활동을 통해 평가하는 것이다.

2) 부패(Corruption)의 개념과 동향

ⅰ) 부패의 개념

부패의 사전적 의미는 유기물과 단백질이 세균에 분해 되는 현상을 지칭하는 화학용어이며, 인류역사와 그 궤적을 같이한 사회 병으로서, 관찰이나 진찰하기 어려운 특성을 갖는다. 부패의 어원은 '함께'와 '파

---

32) 이덕훈, 기업과 환경, 학문사, 1996.

멸하다'의 합성어이다. 즉 "부패는 결국 공멸을 초래한다."는 의미처럼 그 폐해가 엄청나기 때문에 부패는 반역(叛逆)과 함께 가장 경계해야 할 양대 죄악으로 손꼽힌다.[33] 또 부패란 라틴어 'rumpere(무엇을 부수는 행위)'에서 유래된 것으로 무엇이 깨진 상태를 의미한다(Tanzi, 1995). 부패의 기원은 BC 3000년경 이집트와 바빌로니아에서는 합법적 지불행위와 뇌물수수 행위 간의 구분을 명확하게 했으며, 바람직하지 못한 교환행위에 대해서 이를 처벌하는 조치를 취한 기록이 있다.[34] 또한 기원전 2300년경 인도 찬드라굽타(Chandragupta) 지방의 브라만수상은 정부 관리들이 공금을 착복하는 40가지의 방법을 열거하고 있으며, 일본서기에는 기원전 관리들의 뇌물수수에 관한 기록이 남아 있다(박재완, 1997, p.96).

부패를 광의로 해석할 경우 "자기 또는 제3자의 이익을 위하여 자기에게 주어진 권한이나 권위를 오용 및 남용하는 일체의 행위"를 의미한다(신봉호, 2000). 또 부패란 예부터 부정, 비리, 부조리 등의 개념으로 사용된 용어로서, 아래 표와 같이 부패에 관한 다양한 정의들은 주로 공직자들의 부패행위와 연관되어 개념화되고 초점이 맞추어져 있었다.

오늘날 부패는 경제성장을 저해하고 민주주의와 배치된다는 인식이 확장되고 있는 가운데, 국제적인 거래와 계약에서 만연된 부패는 자유롭고 투명한 공정경쟁을 헤치고, 자원배분의 왜곡을 불러와 궁극적으

---

33) 미국헌법은 뇌물죄와 반역죄를 2대 죄악으로 명시하고 있다. 임웅(1998) 은 내란죄와 외환죄, 군형법상의 반란죄와 이적죄에 대하여 형사소송법상의 공소시효의 적용을 배제하기 위하여, 뇌물죄에 대하여도 1995년 제정된 '헌정질서 파괴범죄의 공소시효에 관한 특별법'을 확대 적용할 것을 주장하였다.

34) 박영수, 제3세계에서의 부패에 관한 연구, 한국국민경제 학회, 경제연구 제21권 제1호, 2003. 3. pp.151－182.

로 세계경제에 지속적인 발전을 어렵게 한다는 논리가 지배적이다. 이처럼 정직[35]한 투명경영의 실천이 주는 최고의 혜택을 '신뢰'라고 보면, 부패가 초래하는 최대의 해악은 바로 '불신(不信)'이라고 볼 수 있다. 부패구조는 사람이나 사회구조의 이중성을 부정적으로 심화시킨다. 신뢰를 오랫동안 생활문화로 자리 잡아 온 부패라는 나무는 시민이 공급하는 뇌물과 유인의 토양과 물에서 성장한다.[36]

부패에 대한 개념 정의에 대하여 국내학자로는 신봉호(2000), 이서행(2001)의 정의를 살펴보았고, 국외 학자로는 Huntington(1968), Heidenheimer(1970), Nye(1978), Myrdal(1980), Tanzi(1995), Sell(1993), World Bank(1997), Kindra & Rick(1998), World Bank, 1997), 반부패국제회의(1997 Lima선언), CPI(2000), Wiehen(2001), 국제투명성기구(TI, 2004) 등의 정의를 살펴보았다.

이를 종합하여 본 연구자는 "권력을 가진 사람이 사적 이익을 위하여 영향력을 악용하는 것으로, 공존의 울타리가 깨지는 원인"이라고 정의한다.

---

35) Leonard Abramson(President, U. S. Healthcare) 정직의 정의: "정직이란 진실 청렴, 거짓 없음, 공정, 공평하면서도 솔직한 것이다. 또한 사기나 기만, 책략이나 속임수의 부재를 말한다. 상황에 따른 정직이란 없다. 정직은 곧 정직일 뿐이다." -"Honest is truth, integrity, being genuine, equitable, fair and frank. It implies an absence of fraud, deceit, artifice and deception. There is no situational honesty. Honesty is honesty"
36) 김 택, 반부패제도의 국제적 동향 및 비교연구, 한국 부패학회보, 제9권 1호, 2004. 3.

[표 2-5] 부패의 개념

연구자	정 의
Huntington (1968)	개인적 목적을 위하여 일반적으로 인정된 규범을 어기는 공직자의 일탈행위이며, 경직된 행정기관의 삐걱거리는 바퀴에 절실히 요구되는 윤활유와 같은 역할을 하고 있는 것.
A. J. Heidenheimer (1970)	'직책중심, 시장중심 그리고 공익중심'의 세 가지로 분류하여 관료들의 부패를 중심의 분석틀 제시.(Heidenheimer, 1970, 5-6)
Nye(1978)	사익(私益)을 위해 공적 의무로부터 벗어나는 행위.
Myrdal(1980)	충성심을 야기하기 위한 수단으로 선물 및 공물이 투입되는 전자본주의적 전통적 사회의 잔재물.(Myrdal, 1980, 201-202)
Tanzi(1995)	국가공무원이나 준 공공기관들이 상거래에서 사적 이익에 기반한 제반 렌트(quasirents)를 추구하기 위하여 공권력을 잘못 사용한 것.
Sell(1993); World Bank(1997)	"물질적 또는 비물질적 부당(不當)이익을 위한 목적으로 투입되는 공직자의 공권력 남용(濫用)."
(Kindra and Rick, 1998; Tanzi, 1994; World Bank, 1997)	사익(私益)을 위한 공권력의 남용.
반부패국제회의 (1997 Lima선언)	"공권력에서 소외된 빈민층을 가장 잔인하게 억압하는 범죄" 규정(IACC; international anti-corruption Conference, 1997))
CPI (2000)	부패란 공공 분야의 부패에 초점을 맞추고 있으며, 부패를 "사적(私的) 이익을 위한 공직의 악용(惡用)"이다.
신봉호(2000)	자기 또는 제3자의 이익을 위하여 자기에게 주어진 권한이나 권위를 오용 및 남용하는 일체의 행위.
이서행(2001)	부패는 순수한 상태에서 변질되어 버린 상태로, 이는 법규나 제도 등이 문란해진 혼탁한 사회상황
Michael H. Wiehen(2001)	부패란 자기 자신의 이익을 위해서 권력적 위치를 이용한 것.
국제투명성기구 (TI, 2004)	부패란 사(私)적인 욕심 때문에 권력을 오용할 때 생기는 것으로, 이를 통제하지 못하면 민주주의와 시장경제가 죽게 된다.

ii) 한국사회의 부패 의식과 부패 수준

(1) 한국사회의 부패 의식

한국기업의 경우 종업원들은 가족처럼 기업에 헌신하면서 열정으로 일을 함으로써 외국기업들이 상상하지 못할 기적을 만들어 내기도 하였다. 또한 혈연, 지연 및 학연 등 연고 위주의 인간관계는 배타적인 집단 특성을 형성하고, 사람됨을 바탕으로 하는 인간중심적 리더십이 바탕이 된 연공서열식 인사가 자연스런 풍토로 정착하였다. 이러한 문화는 의리와 정의적 인간관계를 중시하는 전통과, 가부장적인 가족제도 및 가족주의, 연고주의 행태문화로 전통적 한국사회의 인간관계의 기본이 되었다.[37] 이는 가치나 이념보다는 개인적 인연을 더 중히 여기는 것으로 한국 사회에서는 연고를 매개로 공사의 모든 영역을 포함한 사회관계가 지배하게 됨을 의미한다. 경제활동, 지역 사회, 노동운동 그리고 시민운동에 이르기까지 연고적 네트워크 아래에 있고, 우리사회의 부패는 한국인의 모든 일상생활을 지배하는 인연을 중시하는 연고 중심적 생활방식과 밀접한 관계가 있다.

한국사회의 부패는 자본주의 적응과정에서 합리성보다는 결과에 의한 외형성 중시의 경영풍토에 의하여 구조적이고 종합적으로 형성되었고, 그 중심은 부정부패에 의한 정실자본주의(crony capitalism)로 불려 왔다. 이것은 공적(公的)인 면과 사적(私的)인 면의 구별이 모호한 도덕적 헤이(Moral Hazard)로 규정한 폴 크루그만(Paul Krugman)의 견해와 비슷하다(국회윤리특별위원회, 2004).

특히 유교문화권인 우리나라에서 흔히 거론되는 '정실 자본주의'라

---

37) 이서행, 반부패의식과 제도로서 청백리의 규범문화, 한국 부패학회보.

는 말은 권력층이 자기의 지위를 이용하여 기업을 돕고 그 대가로 뇌물을 받는 정경유착의 자본주의를 일컫는다. 이러한 부패상황은 정치인들과 관리들이 기업을 지원하고, 기업은 그 대가를 지불하는 관계로 정착되어 오랜 기간 부패관행이 유지된 것이 오늘날 한국사회에 고질병으로 남아 있다. 특히 정치 후진국의 경우 고위 관료의 재량권에는 합법과 불법의 한계가 모호하여 재량권이 많다.

다음 [표 2-6]은 국제투명성기구가 발표한 우리나라의 부패지수(CPI) 추이(1995-2006)를 보여 준다. 12년간의 추이를 살펴보면 10점 만점 기준, 4점에서 약 5점 사이의 범위로 오르내리는 형태를 보이고 있다.

[표 2-6] 한국의 부패지수(CPI) 추이(1995-2006)

연 도	점 수	순 위	조사대상국 수
1995	4.29	27위	41개국
1996	5.02	27위	54개국
1997	4.29	34위	52개국
1998	4.20	43위	85개국
1999	3.8	50위	99개국
2000	4.0	48위	101개국
2001	4.2	42위	91개국
2002	4.5	40위	102개국
2003	4.3	50위	133개국
2004	4.5	47위	146개국
2005	5.0	40위	159개국
2006	5.1	42위	163개국

자료: 국제투명성기구 2006년도 부패인식지수(CPI), 반부패국민연대, 2006. 10. 6.

(2) 한국사회의 부패 수준

① 부패 인식지수(CPI; Corruption Perceptions Index)[38]

국제투명성기구(TI; Transparency International)[39]에서 각국의 공무원이나 정치인이 얼마나 부패를 조장하는지에 대한 인식을 나타내는 부패인식지수(CPI; Corruption Perceptions Index)와 뇌물공여지수(Bribe Payers Perceptions Index)를 산출하여 매년 발표하고 있다.

괴팅겐대학교의 요한 람스도르프 교수와 국제투명성기구가 공동 개발하여 1995년부터 발표하는 국가별 부패인식지수(CPI; Corruption Perceptions Index)[40]는 국제투명성기구(TI), 국제부흥개발은행(IBRD), 스위스 국제경영개발원(IMD)과 세계경제포럼(WEF) 등 12개 국제 독립 연구기관이 국가별 부패 정도에 관한 설문조사 결과 18개를 종합 분석해 산출하고 있다.

부패인식지수(CPI)는 10점 만점의 CPI수치와 상대적인 등위가 발

---

38) 국제투명성기구 부패인식지수 2004의 전체 자료 「www.transparency.org/surveys/#cpi」

39) 국제투명성기구(TI) 한국지부인 (사)반부패국민연대(회장: 김상근, www.transparancy.org/)
1999년 창립되어 2000년 6월 29일 국제투명성기구와 협약을 체결하고, 국제투명성기구 한국본부로 인준되어 국제투명성기구의 한국본부(National Chapter)로 활동을 시작하였다.

40) CPI는 배를린에 본부를 둔 국제투명성기구와 프리덤 하우스(Freedom House), 스위스 국제 경영개발원(IMD), 세계경제포럼, 세계은행(World Bank) 등 12개의 국제기구가 1995년부터 매년 1회씩, 뇌물수수 정도나 외국 업체들의 기업 환경, 정치인, 공무원의 부패 정도, 수출입 통관 시 불법비용 요구 등 여러 항목에 대해, 각국 국민들과 기업인, 경제 분석가를 상대로 실시한 18개의 설문조사 결과를 종합하여 분석한 것으로, 가장 청렴한 국가를 10점 만점으로 한다. CPI의 순위가 떨어지고 지수가 낮을수록 부패 정도가 심한 국가라는 의미이다.

표된다. CPI는 종합 지수이며, 이 지수는 지역과 국외의 현지 거주자들을 포함하여 기업인들과 애널리스트들 속에서 수행된다. 이 지수(CPI)는 각 나라의 공무원과 정치가들 사이에 부패가 얼마나 상존하는가를 평가하고 지수화하기 위하여 조사하며, 기존에 조사한 다른 지수를 이용하여 만든 집계지수이다. 2006년도 국가별 부패인식지수(CPI)에서는 163개 국가 가운데 5.1점으로 국가이름도 생소한 모리셔스와 동률 42위에 랭크되었다. 다음 [표 2-7]은 2006년 국가별 부패인식지수(CPI, Corruption Perceptions Index) 순위이다.

[표 2-7] 2006년도 국가별 부패인식지수(CPI) 순위

국가 순위	국가. 영토	2006 CPI	신뢰 구간	국가 순위	국가. 영토	2006 CPI	신뢰 구간
1	핀란드	9.6	9.4 - 9.7	42	모리셔스	5.1	4.1 - 6.3
	아이슬란드	9.6	9.5 - 9.7		**대한민국**	**5.1**	**4.7 - 5.5**
	뉴질랜드	9.6	9.4 - 9.6	44	말레이시아	5.0	4.5 - 5.5
4	덴마크	9.5	9.4 - 9.6	45	이탈리아	4.9	4.4 - 5.4
5	싱가포르	9.4	9.2 - 9.5	46	체코	4.8	4.4 - 5.2
6	스웨덴	9.2	9.0 - 9.3		쿠웨이트	4.8	4.0 - 5.4
7	스위스	9.1	8.9 - 9.2		리투아니아	4.8	4.2 - 5.6
8	노르웨이	8.8	8.4 - 9.1	49	라트비아	4.7	4.0 - 5.5
9	호주	8.7	8.3 - 9.0		슬로바키아	4.7	4.3 - 5.2
	네덜란드	8.7	8.3 - 9.0	51	남아프리카	4.6	4.1 - 5.1
11	오스트리아	8.6	8.2 - 8.9		튀니지	4.6	3.9 - 5.6
	룩셈부르크	8.6	8.1 - 9.0	53	도미니카	4.5	3.5 - 5.3
	영국	8.6	8.2 - 8.9	54	그리스	4.4	3.9 - 5.0
14	캐나다	8.5	8.0 - 8.9	55	코스타리카	4.1	3.3 - 4.8
15	홍콩	8.3	7.7 - 8.8		나미비아	4.1	3.6 - 4.9
16	독일	8.0	7.8 - 8.4	57	불가리아	4.0	3.4 - 4.8
17	일본	7.6	7.0 - 8.1		엘살바도르	4.0	3.2 - 4.8
18	프랑스	7.4	6.7 - 7.8	59	콜롬비아	3.9	3.5 - 4.7
	아일랜드	7.4	6.7 - 7.9	60	터키	3.8	3.3 - 4.2
20	벨기에	7.3	6.6 - 7.9	61	자메이카	3.7	3.4 - 4.0

국가 순위	국가, 영토	2006 CPI	신뢰 구간	국가 순위	국가, 영토	2006 CPI	신뢰 구간
20	칠레	7.3	6.6 - 7.6	61	폴란드	3.7	3.2 - 4.4
	미국	7.3	6.6 - 7.8		레바논	3.6	3.2 - 3.8
23	스페인	6.8	6.3 - 7.2	63	세이셸	3.6	3.2 - 3.8
24	바베이도스	6.7	6.0 - 7.2		태국	3.6	3.2 - 3.9
	에스토니아	6.7	6.1 - 7.4		벨리즈	3.5	2.3 - 4.0
26	마카오	6.6	5.4 - 7.1	66	쿠바	3.5	1.8 - 4.7
	포르투갈	6.6	5.9 - 7.3		그레나다	3.5	2.3 - 4.1
28	몰타	6.4	5.4 - 7.3	69	크로아티아	3.4	3.1 - 3.7
	슬로베니아	6.4	5.7 - 7.0		브라질	3.3	3.1 - 3.6
	우루과이	6.4	5.9 - 7.0		중국	3.3	3.0 - 3.6
31	아랍에미리트	6.2	5.6 - 6.9		이집트	3.3	3.0 - 3.7
32	부탄	6.0	4.1 - 7.3		가나	3.3	3.0 - 3.6
	카타르	6.0	5.6 - 6.5	70	인도	3.3	3.1 - 3.6
34	이스라엘	5.9	5.2 - 6.5		멕시코	3.3	3.1 - 3.4
	대만	5.9	5.6 - 6.2		페루	3.3	2.8 - 3.8
36	바레인	5.7	5.3 - 6.2		사우디아라비아	3.3	2.2 - 3.7
37	보츠와나	5.6	4.8 - 6.6		세네갈	3.3	2.8 - 3.7
	사이프러스	5.6	5.2 - 5.9		부르키나파소	3.2	2.8 - 3.6
39	오만	5.4	4.1 - 6.2	79	레소토	3.2	2.9 - 3.6
40	요르단	5.3	4.5 - 5.7		몰도바	3.2	2.7 - 3.8
41	헝가리	5.2	5.0 - 5.4		모로코	3.2	2.8 - 3.5

자료: 국제투명성기구(TI), 2006년도 CPI(부패인식지수), 2006. 10. 6.

② 글로벌 부패척도(GCB; Global Corruption Barometer)

국제투명성기구(TI)는 부패인식지수(CPI)와 별도로 2003년 7월 3
일 글로벌부패척도(GCB; Global Corruption Barometer)를 발표하였
다. 이는 각국의 부패 관련 지수(Index)로 부패인식지수(CPI)가 국가
와 국가 간 부패의 개략적인 수준을 보여 주는 데 반해, 글로벌 부패
척도(GCB)는 부패에 대한 경험과 태도를 수치로 나타내며, 구체적이
고 다면적인 모습으로 제시한다.

[표 2-8] 대표적인 국제기관의 부패지수 평가항목[41]

기 관	지 표		설 문 내 용	차원
WEF (WCY)	공적기관지수	계약과법	· 논쟁점에 있어 정부나 정치적 당으로부터 사법부가 독립되어 있는가? · 금융자산과 부는 법에 의한 윤곽이 있으며 명확한 보호를 받는가? · 공공계약을 결정할 때, 정부는 입찰자 사이에 중립적인가? · 조직화된 범죄는 비즈니스에 중요 비용을 수반하는가?	정부차원
		부패	· 뇌물은 얼마나 흔히 수출입 허가에 관련하여 지불하는가? · 뇌물은 얼마나 흔히 관련된 공공기관에 지불되는가? · 뇌물은 얼마나 흔히 연 세금과 관련하여 지불되는가?	공공기관차원
IMD (GCI)	정부효율	법정책	· 법과 제도의 틀이 당신나라의 경쟁력을 해지지 않는 정도 · 새로운 법률제정이 기업의 경쟁력을 촉진하는 정도 · 정부의 정책방향에 대한 공감대가 매우 높은 정도 · 정부의 정책결정이 효과적으로 집행되는 정도 · 정부의 투명성이 충분한 정도 · 관료주의가 사업 활동을 방해하지 않는 정도	정부차원
		정치건전성	· 정당들이 현재 직면한 경제적 도전을 잘 이해하는 정도 · 공공서비스가 정치적 간섭으로부터 독립적인 정도 · 뇌물비리와 부패비리가 경제에 존재하지 않는 정도	정치차원
IMD (GCI)	정부효율	기업윤리	· 기업 윤리강령이 회사 안에서 실천되는 정도 · 경영진에 대한 신뢰감이 경제전반에 인정되고 있는 정도 · 기업 이사진이 기업관련 부당한 관행을 막아 주는 정도 · 경영자들이 그들의 사회에 대해 책임감이 높은 정도	기업차원
TI (BPI)	국가간 상대적인 부패인지		· 당신이 가장 친숙한 비즈니스 영역에서 다음의 국가 중, 비즈니스를 유지하기 위하여 뇌물을 지불 또는 제공할 가능성을 평가해 주십시오.(15개 선도시장의 835명을 대상으로 한 Gallup 조사에 따라 - 하나의 질문에 대해 기업인, 변호사, 회계사 등에게 질문하여 다수의 국가를 평가)	기업차원

출처: John W. Mcarthur and Jeffery D. Sachs(2002), Global Competitiveness Report]-The Growth Competitiveness Index: Measuring Technological Advancement and the Stages of Development, Center for International Development at Harvard University.: IMD(2003), World Competitiveness Yearbook 2003.: TI(2002), The Supply-Side and Demand-Side of Corruption. IMD(2003)와 BPI의 내용을 연구자가 정리 재작성.

③ 뇌물 공여자 지수(BPI; Bribe Payers Perceptions Index)

국제투명성기구(TI)는 1995년부터 발표해 오던 부패 인지지수(CPI)와는 별도로 1999년부터는 뇌물 공여자 지수(BPI)를 발표하기 시작하였다. BPI는 주요 수출국들의 기업들이 외국에서 활동할 때 외국의 공무원들에게 뇌물을 제공할 것인가에 대한 인지도를 조사하여 그 결과를 지수화한 것이다. 뇌물 공여자 지수(BPI) 조사는 1999년 OECD 뇌물 방지 협약 발효 이후, 이에 대한 인식제고와 협약 준수에 대한 감시 목적으로 실시하고 있다. 1999년부터는 뇌물을 주는 기업을 대상으로 설문조사를 통해 주요 수출국들의 순위를 표시하는 뇌물 공여자 지수(BPI; Bribe Payers Perceptions Index)를 산출해 발표하는 것이다.

1999년 뇌물공여지수(BPI) 조사에서 한국은 3.4점으로 19개국 중에서 18위를 기록하였고, 2002년 5월 14일에 발표된 조사에서 한국의 뇌물 공여자 지수(BPI)는 10점 만점(뇌물을 지불할 가능성이 전혀 없음)에 3.9점을 얻어 21개국 중 18위를 차지하였다. 이 뇌물 공여자 지수 순위는 한국기업들이 조사대상 국가들 중에서 두 번째로 국제상거래에서 뇌물에 의존하여 거래를 하는 나라임을 나타내는 것이다.

다음 표는 국제투명성기구(TI; Transparency International)가 2006년 발표한 세계 수출주도 30개국 국가별 뇌물 공여자 지수(BPI; Bribe Payers Perceptions Index)[42]이다. BPI는 30개 수출주도국

---

41) 국회윤리특별위원회. 각국의 윤리정책 비교. 2004. 2.

42) 뇌물 공여자 지수(Bribe Payers Index); TI의 BPI는 각자의 나라에 본 거지를 둔 국제적 기업들이 과연 핵심 신흥시장 국들의 고위 공무원들에게 어느 정도까지 뇌물을 사용할 가능성이 있는가에 대하여 주도적인 수출국들의 순위를 부여한 것이다. 그러한 의미에서 BPI는 뇌물이 제공되는 나라에서 뇌물의 공급자 측면을 측정하는 것이다. 국가들은 "당신이 가장 친숙한 비즈니스 분야에서 당신이 거주하고 있는 나라의 사업을 획득하거나 또는 유지하기 위하여 다음 중 어떤 나라 회사들이 뇌물

에 대하여, 그 나라의 기업들이 외국에서 일할 때 뇌물을 줄 경향 (propensity)에 따라 순위를 매긴 것이다.

[표 2-9] 2006년 수출주도 30개국 뇌물 공여자 지수(BPI)

순위	국가/영토	응답자 수	평균점수 (0-10)	표준편차	오차범위 (95%)
1	스위스	1,744	7.81	2.65	0.12
2	스웨덴	1,451	7.62	2.66	0.14
3	호주	1,447	7.59	2.62	0.14
4	오스트리아	1,560	7.50	2.60	0.13
5	캐나다	1,870	7.46	2.70	0.12
6	영국	3,442	7.39	2.67	0.09
7	독일	3,873	7.34	2.74	0.09
8	네덜란드	1,821	7.28	2.69	0.12
9	벨기에	1,329	7.22	2.70	0.15
9	미국	5,401	7.22	2.77	0.07
11	일본	3,279	7.10	2.87	0.10
12	싱가포르	1,297	6.78	3.04	0.17
13	스페인	2,111	6.63	2.73	0.12
14	아랍에미리트	1,928	6.62	3.09	0.14
15	프랑스	3,085	6.50	3.00	0.11
16	포르투갈	973	6.47	2.79	0.18
17	멕시코	1,765	6.45	3.17	0.15
18	홍콩	1,556	6.01	3.13	0.16
18	이스라엘	1,482	6.01	3.14	0.16
20	이탈리아	2,525	5.94	2.99	0.12
21	한국	1,930	5.83	2.93	0.13

을 지불하거나 제공할 가능성이 높다고 생각하십니까?"라는 질문에 대한 응답자들에 의하여 주어진 답변에 기초해 순위가 정해진다. 조사는 또한 다양한 분야에서 외국기업들에 의한 뇌물 사용 정도, OECD 뇌물방지협약의 인지수준 및 협약으로부터 제기되는 법을 실행하기 위한 회사의 정책 등의 질문들을 포함하고 있다.

순위	국가/영토	응답자 수	평균점수 (0-10)	표준편차	오차범위 (95%)
22	사우디아라비아	1,302	5.75	3.17	0.17
23	브라질	1,317	5.65	3.02	0.16
24	남아프리카공화국	1,488	5.61	3.11	0.16
25	말레이시아	1,319	5.59	3.07	0.17
26	대만	1,731	5.41	3.08	0.15
27	터키	1,755	5.23	3.14	0.15
28	러시아	2,203	5.16	3.34	0.14
29	중국	3,448	4.94	3.29	0.11
30	인도	2,145	4.62	3.28	0.14

2006년 BPI에 올라온 30개국은 국제적 혹은 지역적 수출주도국으로, 이들 국가의 수출 총합은 2005년 기준으로 전 세계의 82%에 이른다.[43] 위 [표 2-9]는 2006년 BPI의 결과를 보여 준다. 표준편차가 작을수록 실제와의 일치도가 높아진다. 국가별로 순위는 다르지만, 점수는 근접해 있다. 높은 점수는 어떤 기업이 외국에서 사업을 할 때 비자금을 조성하거나 뇌물을 줄 경향이 적다는 것을 뜻한다.

2006년 10월 4일 발표된 국제투명성기구(TI; Transparency International)의 뇌물공여지수(BPI; Bribe Payers Index)에서는 상당수 주요 산업국들이 자국 내에서는 외국 공무원에 대한 뇌물공여가 범죄라고 규정되어 있음에도 개발도상국에서는 심각한 뇌물공여 행위를 저지르고 있다. 2006년에 발표된 우리나라 기업들의 뇌물공여지수(BPI)는 10점 만점에 5.83점으로 30개 국가 가운데 21위로 나타났다.

---

43) IMF 2005년 국제금융통계, http://ifs.apdi.net/imf/output/93B496BD-DCF8-41F8-B0F5-31C7A0A0793C/IFS_Table_36789.701535.xls

iii) 글로벌 반부패 동향

1990년대 이래 경제협력개발기구(OECD) 등 국제기구들을 중심으로 국제적 상거래에 있어서 뇌물거래방지 등 반부패논의와 부패방지를 위한 국제적인 다자간 노력을 추진하였다. 특히 WTO는 부패에 대한 심각성을 인식, 이를 해결하기 위해 반부패라운드(Anti-Corruption Round)[44] 결성을 추진하였고, 현재 부패방지를 위한 논의[45]는 OECD 외에 WTO, UN, World Bank, IMF 등에서도 활발하게 전개되고 있지만, 지금까지 OECD가 주도적인 역할을 하여 왔다.

1999년 2월 15일 OECD의 '해외 공무원에 대한 뇌물 방지 협약'이 발효되고 국내 '해외 뇌물거래 방지법' 제정으로 국제 상거래에서 외국공무원에 대한 뇌물 제공 행위는 형사처벌 대상이 되었다. 따라서 선진국들은 자국기업의 이익을 옹호하기 위하여 부패문제를 쟁점화할 것으로 예상되며, 해외사업 비중이 높은 국내 기업들은 활동의 제약이 있을 것이다. 세계적 기구들이 추진하고 있는 부패라운드 향후 전개방향은 [표 2-10]에 나타나 있다.

---

44) '반부패라운드(Anti-Corruption Round)'란 세계무역기구(WTO)체제하에서 '기술라운드', '블루라운드', '그린라운드' 등과 함께 제시된 새로운 방향으로 뇌물수수 및 부정부패도 다자간 무역체제 내의 공정한 경쟁을 왜곡함으로써 일종의 무역장벽으로 작용하게 된다는 관점에서 제기되고 있는 협상이다.

45) 당양한 부패행위를 접하고 이러한 부패관행의 척결에 대하여 관심을 갖는 사람들의 모임이라 할 수 있다. 1997년 세계 93개국에서 1000여 명의 대표들이 참석한 리마회의에서 채택된 리마선언(Lima Declaration)과, 1999년 더반회의에서 채택된 더반서약(The Durban Commitment to Effective Action Against Corruption) 등은 국제반부패 활동의 지침의 역할을 하고 있다.

[표 2-10] 부패라운드 향후 전개방향

기구명	주 요 활 동 계 획
경제협력 개발 기구(OECD)	적용범위 확대/감시체제 확립 뇌물방지 협약체결(1997. 12) 공직사회 윤리 인프라구축 - 참가국이 협약을 준수하도록 강력한 감시체제 구축
국제 상공회의소 (ICC)	국제 상거래상 금품강요와 뇌물수수방지에 관한 행동규칙 발표(1997. 6)
세계무역기구 (WTO)	「정부조달 투명성 협정」을 구속력 있는 투명협정(1996. 1)으로 발전 - 현재 소수 국가만이 서명에 참여하여 구속력이 없는 협정에서 구속력 있는 다자간 협정으로 전환
국제연합(UN)	국제상거래에서 부패와 뇌물에 관한 선언문 채택(1996. 12)
국제부흥개발 은행(IBRD)	개도국의 반부패제도 개선 - 반부패법 제정 운동 강화 - 지원자금 사용의 투명성 제고
세계은행 (World Bank)	반부패연구센터 건립, 부패기업 불랙리스트 작성
국제투명성기구 (TI)	BPI지수 작성 - 기존의 부패지수(CPI) 외에 뇌물성향 지수(BPI) 개발
윤리담당관협회 (EOA)	국제표준화 기구(ISO)와 기업윤리 세계표준화 추진

자료: 연구자 재구성.

국제적으로는 오래 전부터 반부패 활동에 대하여 국제기구 및 민간 기구에 의하여 광범위하게 추진되고 있었다. 그 과정은 아래 [표 2-11]에 나타나 있다.

또 국가별 반부패 활동에 대한 동향에 대하여 다양한 각국의 반부패 법제로부터 다음 3가지 시사점을 추출할 수 있다.

첫째, 부패의 수준이 상대적으로 높은 개발도상국가와 이태리 등은 반부패법제가 엄격하며, 반대로 부패가 심각하지 않은 선진국의 경우

법제 자체는 비교적 유연한 편이다. 부패가 심각할수록 반부패법체를 강화한 측면도 있겠지만, 법제 자체만으로는 부패의 해결에 한계가 있으며 부패에 대한 통제의 강화가 곧 투명성을 보장하는 것은 아님을 시사하는 대목이다. 다만 전술한 것처럼 견제와 균형의 전통에 의해 '낮은 길'을 선택한 미국의 경우는 이러한 경향의 명백한 예외에 해당한다.

둘째, 영연방 및 동남아 국가들은 대체로 부패방지법을 지니고 있으며, 특히 동남아 국가들은 행정수반 직속 또는 행정부로부터 독립된 합의제 형태의 부패방지위원회를 설치하여 부패혐의자에 대한 수사권 등 강력한 권한을 부여하고 있다.

셋째, 러시아의 경우를 제외하면, 선·후진국을 막론하고 후술하는 것처럼 반부패법제는 강화되는 추세이다. 1980년대 이후 풍미한 신자유주의의 사조와 '작은 정부'의 열풍에 따른 전반적인 규제개혁에도 불구하고, 반부패 규제는 오히려 강화되고 있는 것이다. 구체적으로 반부패 법제는 ① 미국 워터게이트 사건과 록히드사건, 일본의 다나까 비자금 사건 등 대형 스캔들에 대응, ② 1970년대 후반부터 필리핀의 마르코스, 이란의 팔레비, 칠레의 피노체트, 우간다의 이디아민, 한국의 전두환 등 개발도상국의 도재정권 붕괴와 민주주의의 발전 ③ 1980년대 이후 NPM의 확산과 신뢰적자에 대한 경계 ④ 아시아의 외환위기에 따른 연고자본주의에 대한 반성, ⑤ 인터넷으로 대표되는 정보기술의 정부 부문에 대한 응용, ⑥ OECD 및 TI 등에 의한 반부패 국제협력의 본격화 등에 따라 강화되고 있다.

반부패 라운드의 형성과정은 아래 [표 2-11]에 나타나 있다.

[표 2-11] 반부패 라운드 형성과정

년도	주요내용
1977	미국, 해외 부패관행법(FCPA) 제정
1977	국제상공회의소(ICC), 국제거래에서의 뇌물 및 금품강요 근절에 관한 권고 채택
1993	국제투명성협회(TI) 창설 - 민간단체로 설립되어 부패지수(CPI) 발표, 국제적 네트워크로 반부패 운동 전개
1994	OECD, 국제거래상 뇌물에 관한 권고안 채택
1994	WTO, 정부조달협약 체결
1996	OAS(미주기구), 반부패 미주협약 체결(23개국 서명)
1996	OECD, 외국공무원에 대한 뇌물의 세금공제 배제에 관한 권고안 채택
1996	UN, 국제상거래상의 부패와 뇌물에 관한 선언 채택
1997	OECD, 국제상거래에서의 뇌물퇴치에 관한 개정 권고 채택
1997	국제반부패회의, 부패방지 리마선언 발표
1998	OECD, 국제상거래에서의 해외공무원에 대한 뇌물방지협약 제정
1999	OECD, 국제상거래에서의 해외공무원에 대한 뇌물방지협약 발효 (29개 회원국과 5개 비회원국)

자료: 연구자 재구성

2. 윤리수준과 기업 경영성과 측정 이론

1) 기업의 윤리수준 요인측정

기업 윤리수준을 결정하는 영향요인으로 셔머혼과 스테이너(Schermerhorn & Steiner, 1982)의 연구와 신유근(1990)에 의하여 제시된 CEO의 개인적 영향요인, 조직적 영향요인, 사회적 영향요인과 해당

64

기업의 윤리정책을 바탕으로 기업 윤리수준을 측정하였다. 신유근
(1990)은 CEO 개인 차원의 요인으로 연령, 학력, 지위, 소유관계, 담
당 분야, 금전적 욕구, 조직에 대한 내면화 정도, 조직 및 사회에 대한
영향력, 조직문화와의 갈등 등을 설명하였다. 또 조직 차원의 요인으
로 규모, 업종, 성과에 대한 압력, 상사나 동료의 행위, 최고경영자의
태도 등을 설명하였다. 그리고 사회 차원의 요인으로 사회의 가치관,
사회적 기대, 정부의 규제, 사회·문화적 풍토 등 세 차원으로 분류하
였다.46) 이에 따라 본 연구에서 채택한 최고경영자의 윤리적 가치관
영향요인으로 개인적 요인, 조직적 요인 및 사회적 요인 등 기본적으
로 3가지 요인으로 구분하여 분석하였다.

이를 세부적 질문 항목으로 살펴보면 CEO의 기업 윤리수준 결정의
개인적 요인을 개인의 가정교육과 성장과정에서의 경험, 교육 정도,
종교적 신념, 개인의 신념, 목표, 이윤동기, 물질주의 성향, 정직성, 책
임감, CEO 개인의 윤리적 가치관, 경제적 풍요 정도, 경제적 욕구,
CEO개인의 신뢰성, 도덕성, 가족주의 성향, 이타성(alturism), 마키아
벨리즘, 연령, 근무연수 등 다양한 요인들이 있었다.

본 연구에서는 위의 다양한 영향요인 가운데 셔머혼과 스테이너
(Schermerhorn & Steiner, 1982)의 연구와 신유근의 연구(1990)를 중
심으로 공통적 요소인 CEO의 개인적 신념, CEO 가족의 영향, CEO의
경제(금전)적 욕구 특성과 본 연구자가 CEO의 윤리수준에 영향을 미
칠 것이라고 생각되는 요인으로 CEO 개인 차원의 신뢰를 포함하였다.

또 다른 윤리수준에 영향을 미치는 요인으로 윤리경영 인프라를 강
화 여부, 윤리전담 부서 및 담당자 지정 등 윤리경영을 실천 여부, 일
상적인 임직원 교육 실시 여부, 윤리경영의 운영 실태를 인사고과에

---

46) 신유근, 기업윤리와 경영교육, 한국 경영학회, 1992.

반영 여부, 윤리경영 평가체제 구축 여부, 기업윤리 가이드북을 발간 여부, 단기적 재무성과와 장기적 경영성과의 우선순위, 거래처와 관계에서 정직, 완전무결, 공정성의 원칙을 준수 여부 등 8개의 기업윤리 분야 정책과 윤리경영 실천 여부를 측정하였다.

또 셔머혼 등의 연구(1982)에서는 조직 구성원, 중간관리자, 대리인 등이 포함된 표본을 대상으로 분석하였으나, 본 연구에서는 최고경영자(CEO)의 여러 차원의 윤리수준에 따라 기업 윤리수준이 영향을 받게 될 것이라는 전제 아래 이를 더욱 객관적인 자료를 얻기 위하여 그 기업의 중간관리자를 응답자로 하여 분석하였다.

[표 2-12] CEO의 기업 윤리수준 개인적 영향요인

연구자	연구변수
Schermerhorn & Steiner(1982)	· 경제(금전)적 욕구, 가정환경, 가정교육, 종교적 신념, · 개인의 신념(자아의 강도), 조직에 대한 내면화 · 조직에 대한 영향력, 직무종속성, 조직목표와의 갈등 · 직위, 연령, 학력, 근무분야, 근무연수.
Schermerhorn (1990)	· 가족의 영향, 종교적 가치, 개인적 신념, 개인적 욕구.
김용찬(1989)	· 개인의 신념, 가족의 영향, 조직에서의 영향력.
신유근(1990) 윤대혁(2004)	· 금전적 욕구, 가족의 영향, 종교적 신념, 자아의 강도. · 조직에 대한 내면화, 조직에 대한 영향, 직무종속성. · 조직목표와의 갈등 직위, 연령, 학력.
신유근(1992)	· 연령, 학력, 지위, 소유관계, 담당분야, 금전적 욕구. · 조직에 대한 내면화 정도, 조직이나 사회에 대한 영향력. · 조직목표와의 갈등.
산업자원부 (2003)	- 윤리경영 평가지수 CEO 분야 항목별 평가내용 · CEO의 윤리경영 의지, CEO의 솔선수범. · 사회적 책임 준수 여부, 부정행위 여부, 윤리경영 포상

자료: 연구자 정리

ⅰ) CEO의 개인적 특성요인 측정

(1) CEO의 개인적 신념

CEO의 개인적 신념은 CEO의 가치관과 CEO의 도덕성(conscience)을 기업 윤리수준 영향요인의 주요 개념을 구성하는 변수로 한정하고자 한다.

첫째, CEO의 가치관에 대하여 살펴보면, 로케치(Rokeach, 1973)는 가치관을 특정 행동양식이 다른 행동양식보다 좋다고 생각하는 개인의 근본적인 확신으로 정의하였다. 또 그는 가치관을 목적적 가치관과 수단적 가치관으로 구분하였다. 목적적 가치관이란 일생에 달성해야 할 최종 목적에 대한 신념체계를 의미하는바 성공, 행복, 자유, 건강, 가정 등에 대한 선호도로 이해할 수 있다. 수단적 가치관이란 목적을 달성하기 위하여 어떻게 행동하며 무엇을 하여야 하는지에 대한 신념체계로서 정직, 용기, 봉사, 책임감 등을 의미한다. 윤리경영의 기초가 되는 최고경영자의 가치관이란 목적적 가치관으로 이윤동기, 종교적 성향 등을 들 수 있으며, 수단적 가치관으로는 책임감, 정직성, 물질주의 등을 들 수 있다.[47]

윤리적 판단의 대상을 기준으로 살펴보면, 기업의 본질에 대한 가치판단, 인생의 궁극적 목적에 대한 가치판단, 경제적 활동(직업, 소비, 생산 등)에 대한 가치판단 등으로 구분하여 최고경영자의 윤리적 판단기준으로 구분할 수 있다. 최고경영자의 윤리적 가치관은 직업, 소비, 생산 등 제반 경제활동에 영향을 미치는 개인의 특성 요인으로 정의한다.

---

47) 이인석 이형석, 성과척도로서 기업윤리에 관한 연구, 서강대학교 경영학연구원, 서강 경영논총 13권 -2호, 2002, pp.251 -252.

둘째, CEO의 도덕성(conscience)에 대하여 살펴보면, 도덕은 '사람이 마땅히 해야 할 일'로서 우리 사회를 이루는 근간(根幹)으로, 인간의 도리를 다한다는 도덕성이란 일반사회에서 받아들여지고 선악에 관한 원리나 표준에 일치함과 더불어 도덕적 원리에 합치하는 것을 의미한다. 따라서 도덕의 기준은 사회적 유용성이나 쾌락이 아니고, 인간본연의 품성으로서의 선(善)이다. 따라서 도덕성을 갖추었다는 말은 가치와 행동이 일치하고, 매사에 정직하고 윤리적이며, 신뢰할 수 있다는 것을 의미한다. 또한 기업 차원에서 도덕성을 갖춘 기업이란 인간미, 도덕성 회복운동을 전개하고, 정당한 자가 존경받는 사회를 구현하며, 사회질서, 준법정신을 함양함을 뜻한다. 따라서 도덕적인 기업은 도덕성을 지불하고 이기기 위해서 속여서는 안 된다는 것이다. 또 존경받는 기업, 사랑받는 기업의 이미지를 구현하고, 베풂을 통한 정신적 만족을 촉구하며, 조직과 개인 간의 정(情)이 통하는 분위기를 조성하는 기업이라 할 수 있다.[48]

본 연구에서는 이와 같은 선행연구를 기초로 CEO의 윤리수준 영향요인 가운데 「CEO의 개인적 특성요인」에 대한 세부항목 측정요인을 측정하였다.

(2) CEO 가족의 영향

가족의 영향은 CEO가 성장과정 또는 현재 가족으로부터 영향을 받는 정도를 의미한다. 김용찬(1990)은 윤리적 의사결정 영향요인에 대한 실증분석을 통하여 CEO가 윤리적 의사결정을 하는 데 가장 큰 영향을 준 사람을 묻는 질문에 부모가 46.8%로 가장 높게 나타났다. 그

---

48) 한한수, 기업윤리경영이 생산성에 미치는 영향, 한국생산성학회, 생산성 논집, 제17권 3호. 2003, p.3.

다음이 상사 그리고 동료라고 응답하였다. 또 부인의 영향도 9.5%로 나타나 가정에서는 부모와 부인 그리고 회사에서는 상사와 동료의 영향요인이 높은 것으로 나타났다. 이는 CEO가 의사결정을 할 경우 가족의 영향이 매우 큰 비중을 차지함을 알 수 있는 것이다.

본 연구에서는 이러한 선행연구를 기초로 CEO의 가족의 영향에 대한 세부 측정 항목요인을 측정하였다.

(3) CEO의 경제적 욕구

바움하트(1961)의 연구에 따르면 기업의 비윤리적 의사결정에 영향을 주는 요인은 회사 내에서 상사의 행동, 산업의 윤리풍토, 회사 내 동료의 행동, 회사정책의 결여, 개인의 금전적 욕구 등의 순으로 나타나고 있다.[49] 이는 금전적 욕구가 강하면 비윤리적인 행동을 할 가능성이 높다는 의미로 해석될 수 있는 것이므로 CEO의 윤리수준을 결정짓는 주요 요인으로 볼 수 있다. 또 김용찬(1990)은 금전적 욕구가 클수록 기업재산을 사용(私用)하는 경향을 보인다고 밝혔다.

본 연구에서는 이러한 선행연구를 기초로 「CEO의 경제적 욕구」에 대한 세부항목 측정요인을 선정하였다.

(4) CEO 개인 차원의 신뢰(trust)

신뢰는 대인 간, 조직 간, 개인과 조직 간, 개인과 사회 제도 간에 발생할 수 있다. 특히 대인간 신뢰는 다음의 세 가지 일반적인 요소를 포함하고 있다. 첫째 신뢰를 신뢰주체(예, 부하구성원)와 신뢰객

---

49) Baumhart, R. C(1961), How Ethics are Business men, *Harvard Business Review*, Jul-Aug, p.41.

[표 2-13] CEO의 기업 윤리수준 조직적 영향요인

연구자	연구변수
Schermerhorn & Steiner(1982)	· 상사의 행동, 성과에 대한 압력, 재무건전도 · 기업문화, 직무특성, 조직의 공식적 정책 · 도덕적 갈등 동료의 행동, 최고경영자의 경영이념(태도) · 윤리실천을 위한 윤리강령과 규칙.
Schermerhorn (1990)	· 회사의 공식적인 정책. · 상사의 행동, 동료의 행동.
김용찬(1989)	· 성과에 대한 압력, 공식적인 정책, 동료의 행동
신유근(1990) 윤대혁(2004)	· 상사의 행동, 성과에 대한 압력, 규모, 업종 · 기업문화, 직무 특성, 공식적 정책 · 도덕적 갈등 경영자의 태도, 동료의 행동
신유근(1992)	· 규모, 업종, 성과에 대한 압력, 상사나 동료의 행위 · 기업정책, 최고경영자의 태도

자료: 연구자 정리

본 연구에서는 위의 영향요인 가운데 셔머혼과 스테이너(Schermerhorn & Steiner, 1982)의 연구와 신유근의 연구(1990)를 중심으로 검토하여 공통적 요소인 기업의 정책, 경영성과에 대한 압력, 기업문화, 구성원의 태도를, 기업의 규모나 업종 그리고 현업경력 등을 조직 특성요인으로 선정하였다.

iii) CEO의 기업 윤리수준 사회적 영향요인

CEO의 기업 윤리수준 결정의 사회적 특성요인으로는 정부의 규제, 사회적 기대, 경쟁자와의 관계, 업계의 윤리적 관행, 기업이미지, 사회적 규범과 가치관, 문화적 풍토, 전반적 경쟁, 지역 사회 공헌, 산업사회의 윤리풍토, 경쟁자와 사회의 기대, 지역 사회 공헌, 지역 시민과의

관계 등 다양한 요인들을 통하여 분석하였다.

본 연구에서는 셔머혼과 스테이너(Schermerhorn & Steiner, 1982)의 연구와 신유근(1990)의 연구를 중심으로 검토하여 측정항목을 선정하였다.

[표 2-14] CEO의 기업 윤리수준 사회적 영향요인

연구자	연구변수
Schermerhorn & Steiner(1982)	· 경쟁자와 동 업종의 관행, 정치윤리풍토, 사회의 기대 · 정부의 법규에 의한 규제, 사회적 규범과 가치관 · 문화적 풍토, 전반적 경쟁, 산업사회의 윤리풍토
Schermerhorn (1990)	· 경쟁자, 정부의 규제, 사회적 규범과 가치관 · 사회의 윤리풍토
김용찬(1989)	· 사회적 규범과 가치관, 사회의 윤리풍토, 사회의 기대.
신유근(1990) 윤대혁(2004)	· 정치윤리풍토, 사회의 기대, 정부의 규제, 사회적 규범 · 문화적 풍토, 전반적 경쟁, 사회적 풍토
신유근(1992)	· 사회의 가치관, 사회적 기대, 정부의 규제, 사회의 문화적 풍토.
산업자원부 (2003)	− 윤리경영 평가지수 항목별 평가내용 · 지역 사회 공헌, 환경경영의지 및 실천도 · 정부와의 관계, 지역 시민과의 관계

자료: 연구자 정리

2) 기업 경영성과의 개념과 성과 측정

전통적 경제이론에 따른 기업의 경영성과는 '투자자 관점에서 수익이나 주주의 부(富)관점의 재무적 성과'로 정의(최종태, 1989)되며, 기업의 재무적 성과는 일반적으로 자산 이익률(ROA: Return on Asset), 자기자본 이익률(ROE: Return on Equity), 매출액 이익률(ROS: Return on Sales) 등의 세 변수로 측정한다. 기업을 경제적 가치와 사회적 가치를 창출하는 경제·사회적 존재의 관점으로 보면, 성과도 경제적 성과와 사회적 성과로 구분할 수 있다.

기업의 경제적 성과란 기업이 창출한 경제적 가치를 의미하는 재무적 성과와 사회적 성과를 포함하는 개념이다. 또 기업의 사회적 성과란 기업이 창출한 사회적 가치로서, 내부 사회적 성과(종업원 등 경영공동체에 대한 책임완수)와 외부 사회적 성과(사외공동체에 대한 책임완수)를 포함하는 개념으로 설명할 수 있다(Venkatraman & Ramanujam; 최종태, 1989).

과거 산업사회에서 자본이 중요한 생산요소이던 때는 ROA, ROE, ROI 등의 지표가 기업의 성과를 측정하는 지표로 쓰여 왔다. 그러나 금융시장과 정보기술의 발전으로 점점 자본의 중요성보다는 경영진과 그 경영진의 경영역량이나 윤리경영 또는 환경경영이 더욱 중요해지면서 경영수익률(Return on Management)의 개념과 함께 윤리경영의 중요성을 강조하는 윤리경영수익률의 개념의 중요성이 부상하고 있다. 또한 최근에 초우량기업에서 활용되기 시작한 균형성과 지표(BSC; Balanced Scorecard)는 이러한 새로운 경영수익률과 윤리경영수익률의 개념을 포괄하기 시작하고 있다. 최근 시장에서 신뢰를 받는 기업은 자금조달 규모와 자본시장 접근 가능성 등에서 차별적 우위를 누릴 수 있지만 시장에서 신뢰를 상실하면 자금조달에 차질을 빚을 수 있고 파산할 가능성도 있다. 이러한 투명경영과 윤리경영에 대한 거세어진 사회와 시장의 요구는 경영자들에게 의사결정에서도 명확한 윤리적 기준이 강조되고 있다.

기존의 기업성과에 대한 선행연구들이 사회적 성과 개념의 모호성이나 기업의 균형성과표의 미비함 등으로 인하여 재무적 성과 위주로 진행되어 왔으나, 점차 조직내부 고객인 종업원들의 만족도나 조직외부 고객 및 공중에 대한 사회적 책무의 요구에 따라 사회성과지표의 중요성이 강조되고 있다.

본 연구의 목적이 기업 CEO의 윤리적 수준요인 및 가치관이 기업성과에 미치는 영향을 살펴보는 연구인만큼 기업의 내부 사회적 성과(종업원 등 경영공동체에 대한 책임완수)를 조직적 성과로 외부 사회적 성과(사외공동체에 대한 책임완수)를 사회적 성과로 구분하여 개념화하는 것이 타당할 것이다.

기업의 경영성과를 표현하는 가장 객관적인 성과는 재무적 성과이며, 이는 현재 신용평가 기관이나 보증기관에서 기업의 가치 평가에서 일반적으로 사용하는 객관적 척도이다. 객관적 성과 측정은 공개된 재무지표 및 사회지표를 활용하여 측정한 본질척도라는 점에서 연구의 일관성과 해석의 객관성이라는 장점을 지니고 있으나, 산업경기 등과 같은 환경요인에 민감하게 영향을 받으며, 비상장기업 자료의 경우에는 정확성이 결여되어 있다는 단점이 있다. 또한 수익성과 같은 단기적 성과에 치중하는 특성이 있다.

객관적인 기업성과 지표인 경제적 · 재무적 지표는 일반적으로 재무적 수치나 비율로 나타낸다. 주로 순이익이나 영업이익과 관련되어 수익성을 나타내는 재무적 수치에는 주당순이익(EPS), 매출액 순이익률, 총자본 순이익률(ROI), 자기자본 순이익률(ROE), 총자본경상이익률, 매출액 경상이익률 등이 있고, 생산성을 나타내는 재무적 지표로는 부가가치율, 노동생산성, 설비투자효율, 총자본투자효율, 감가상각률 등이 있으며, 성장성을 나타내는 수치로는 총자산증가율, 매출액증가율, 순이익증가율, 유형고정 자산증가율 등이 있다. 이외에도 마케팅 측면에서 자주 이용되는 경영성과 지표로는 시장점유율(market share ratio)이 있고, 기업의 투자성과지표로는 EVA(Economic Value Added; 경제적 부가가치)가 새로운 경영성과 지표로서 나타나고 있다. 그리고 고객만족성과와 관련된 성과 측정치에는 미국의 통신사업자인 AT & T사가 1993년에 도입한 고객만족수준 측정치인 CVA(Customer Value Added)가 있고, 카프란과 노턴(Kaplan & Norton)이 개발한 BSC(Blanced Scorecard; 균형성과표) 등도 기업의 성과를 평가하는 측정치로 사용되었다.

[표 2-15] 기업의 경제적 성과 측정요인

구 분	지 표	종 류 II
경제적·재무적	수익성 지표	총자본수익률, 매출액경상이익률 등
	생산성 지표	부가가치율, 노동생산성 등
	성장성 지표	총자본증가율, 매출액증가율 등
심리적·행위적	개인적 지표	직무만족, 조직몰입 등
	조직적 지표	조직적응, 조직분위기 등
	사회적 지표	사회적 신뢰도, 사회적 관계성 등
기 타	시장지표	시장점유율
	종합지표	EVA(Economic Value Added), CVA(Customer Value Added), BSC(Blanced Scorecard) 등

자료: Kaplan, R. S. & Norton, D. P.(1996), *The Balanced Scorecard*, Boston, Harvard University Press.

주관적인 기업성과 지표인 심리적·행위적 지표는 일반적으로 기업구성원들의 사기, 일체감, 조직만족, 조직몰입, 조직분위기 등과 같은 인간적 측면의 지표와 사회적 신뢰도, 사회적 관계성 등과 같은 사회적 측면의 지표로 구분해 볼 수 있다. 그리고 이를 바탕으로 그 범위를 직무만족과 조직몰입 등은 개인적 차원, 조직의 외적환경에의 적응성과 조직분위기 등은 조직적 차원, 기업에 대한 사회의 신뢰도와 기업과 사회 간의 관계성은 사회적 차원으로 세분할 수 있다.

본 연구에서는 경제적 가치창출을 재무적 성과로, 내부 사회적 성과를 조직적 성과로 그리고 외부 사회적 성과를 사회적 성과로 개념화하고자 한다.

다음 [표 2-15]는 기업의 경제적 성과를 측정하는 세부항목을 구분해 놓은 것이다.

3) 기업 윤리경영의 성과 측정

과거 산업사회에서 자본이 중요한 생산요소이던 때는 ROA(Return On Asset), ROI(Return On Investment), ROE(Return On Equity) 등의 지표가 기업의 성과를 측정하는 지표로 쓰였다. 그러나 점점 자본의 중요성보다는 경영진의 경영역량이나 윤리경영이 더욱 중요해지면서 경영수익률(Return on Management)과 윤리경영수익률의 중요성이 커지고 있다. 최근에 초우량기업에서 활용되기 시작한 균형성과 지표(BSC; Balanced Scorecard)는 이러한 새로운 경영수익률과 윤리경영수익률의 개념을 포함하게 되었다.[52]

윤리경영수익률(REM, Return on Ethical Management)이란 기업의 윤리경영활동의 효과성을 평가할 수 있는 지표이다. 이 지표는 윤리경영에 의한 부가가치(Ethical Management Value Added)를 창출하기 위하여 투입된 윤리경영활동 원가(Ethical Management Cost)로 나누면 계산할 수 있다(박헌준, 2002).

기업윤리와 경영성과에 대한 이론은 크게 두 가지가 분류된다. 그

---

52) 박헌준, 기업윤리와 기업성과와의 관계, 기업윤리학회, 기업윤리연구, 제4집, 2002.

하나는 선(善)의 경영이론(good management theory)이고, 또 하나는 여유자원 이론(slack resource theory)이다. 선의경영 이론이란 윤리적 수준이 높고 바르고 정의로운 기업의 경영성과가 좋다는 이론이며, 좋은 기업이 높은 성과를 창출해 낸다는 말이다. 그러나 여유자원이론은 기업의 경영성과가 좋아야, 즉 여유자원이 있어야 기업이 윤리적 활동을 할 수 있으며 기업이 사회적 책임을 수행할 수 있다는 이론이다.

본 연구에서는 경제적 가치창출을 재무적 성과로, 비(非)재무적 성과 측정요인으로 내부 사회적 성과를 조직적 성과로 그리고 외부 사회적 성과를 사회적 성과로 개념화한다. 또 이에 따른 재무적 성과는 매출성장률(성장성), 영업이익률(수익성), 시장점유율, 주가상승률 등을 통하여 분석하였고, 조직적 성과는 내부적 사회성과로서 직무만족(job satisfaction), 조직몰입(organizational commitment), 윤리적 조직풍토(organizational climate), 협조적 노사관계 등을 통하여 분석하였다. 또한 사회적 성과는 외부적 사회성과로서 고객만족도, 기업의 대외적 신뢰성, 기업이미지 또는 명성, 기업인지도 등을 통하여 분석하였다.

산업자원부는 산업정책 연구원과 공동으로 한국의 기업문화에 적합한 윤리경영지표(KoBEX, Korea Business Index)를 개발하고, 주요 민간기업과 공기업을 대상으로 윤리경영수준을 조사하였다. 윤리경영지표(KoBEX)는 종업원, 고객, 협력업체, 자본시장, 지역 사회 등 기업의 주요 이해관계자별 윤리적 성과를 측정한 것이다. 부문별 주요 평가항목은 CEO 부문, 작업장 부문, 지배구조 부문, 협력업체 부문, 고객 부문, 자본시장 부문, 지역 사회 부문 등으로 구성되어 있다. 윤리경영수익률(return on ethical management)이란 기업의 윤리경영활동의 효과성을 평가할 수 있는 지표이다. 이 지표는 윤리경영에 의한 부가가치(ethical management value added)를 이를 창출하기 위해 투입된 윤리경영활동 원가(ethical management cost)로 나누면 계산할 수 있을 것이다.

또 경제정의지수(KEJI Index)에 의하여 평가된 국내 368개(1998년 말 현재 증권거래소에 상장 기준) 기업 가운데 292개 기업들을 대상으로 조사한 박헌준 등(2001)의 연구에 따르면, 기업의 경영활동을 건전하게 할수록 기업의 수익성과 단기상환능력이 좋아지고, 기업이 경영활동을 건전하고 공정하게 할수록 기업의 장기부채 상환능력이 좋아지고 타인자본의존도가 낮아지는 것으로 나타났다. 이는 투명성과 책임성을 확보할 수 있는 기업 지배구조, 불필요하거나 비도덕적인 지출을 지양할 수 있는 사업구조 그리고 상호출자 및 상호지급보증과 같은 불건전한 자금조달을 막을 수 있는 재무구조를 갖출 때 경쟁력을 발휘할 수 있으며, 더 나아가 높은 기업성과를 달성할 수 있음을 의미한다.

ⅰ) 기업윤리의 재무적 성과 측정

일반적으로 기업의 재무성과 지표는 총자산 수익률, 매출 수익률 등의 회계지표(단순한 과거의 재무성과), 시장 수익률 등 시장가치 지표(재무성과에 대한 투자자의 평가) 그리고 재무성과의 건전성, 자산의 효율적 활용, 기업 대비 재무목표 성취 정도 등의 지각 지표(서베이 － 응답자의 주관적 판단)로 평가할 수 있다.

또 전통적 경제이론에 따른 기업의 재무적 성과는 일반적으로 자산이익률(ROA), 자기자본 이익률(ROE), 매출액 이익률(ROS) 등의 세 변수로 측정한다. 회계지표는 단순히 과거의 재무성과만을 반영하는 것으로 회계처리의 관행 또는 분식회계 등으로 달라질 수 있다. 또 시장가치 지표는 회계지표의 단점은 해소될 수 있으나 재무성과에 따른 투자자의 평가만을 반영하게 된다. 또 설문에 의한 지표는 응답자들이 재무성과의 건전성 및 효율성 등 다양한 성과 측면에 답하기 때문에 종합적인 자료를 얻을 수 있지만 재무성과를 응답자의 주관적 판단에 전적으로 의존하고 있다는 한계가 있다(Orlitzky, Schmidt & Rynes, 2003). 또 신유근(1994)과 최정철(1998)의 연구에서는 기업의 이해관계자를 내·외부 이해관계자로 구분하여 사회적 성과지표를 개발하여 내부 사회성과와 외부 사회성과로 구분하여 사용하였다.

따라서 본 연구에서는 응답자의 주관적인 상대적 성과 측정치로서, 재무적 성과 측정은 매출성장률을 기준으로 선정하였다.

ii) 기업윤리의 조직적 성과 측정

기업 윤리경영의 조직적 성과 변수는 Georgopolous & Tannenbaum (1975), Schein(1983), Reichers(1985), Cohen & Ledford(1994), 조영호·박계홍(1992) 등의 연구에서 도출된 변수들을 중심으로 검토하였다.

본 연구에서는 내부적 사회성과인 조직적 성과의 측정 지표로 직무만족(job satisfaction), 조직몰입(organizational commitment), 윤리적 조직풍토(organizational climate), 협조적 노사관계 등을 세부항목의 질문을 통하여 5점 리커트로 측정하였다.

iii) 기업윤리의 사회적 성과 측정

기업의 사회적 성과(corporate social performance)는 사회적 책임의 원칙, 사회적 반응의 과정 그리고 기업의 사회적 관계와 관련된 관찰

가능한 성과물이라는 세 가지 구성요소로 이루어진다(Wood, 1991).

　기업의 사회적 성과는 크게 4가지 측정 자료가 이용되고 있다(Orlitzky, Schmidt & Rynes, 2003). 첫째, 사업보고서 및 결산보고서 등 공시된 기업의 사회적 성과 자료, 둘째, 기업명성지수 등의 평판자료, 셋째, 기업의 CSP행동에 대한 객관적인 자료인 사회적 감사자료 등 넷째, 기업문화 속에 감추어진 원칙 평가 등이 있다. 이 가운데 우리나라에서 가장 많이 이용되는 자료는 경제정의실천 시민연합 산하 경제정의 연구소가 1991년부터 매년 상장 제조기업을 대상으로 산출하는 경제정의 지수(KEJI). 이는 각계의 의견을 수렴하여 6개 항목 45개 지표를 기준으로 평가한다. 6개 항목은 정부의 기업관련 보고서나 언론 등의 공적 자료 및 전문가 그룹의 설문조사를 통한 정량적·정성적 분석을 바탕으로 기업 활동의 건전성, 공정성, 사회봉사·소비자보호 기여도, 환경보호만족도, 종업원만족도, 경제발전 기여도 등으로 구성되어 있다. 또한 사회적 성과에 대한 실제 측정과 모형구축에 대하여 미국 CEP(Council on Economic Priorities), KLD(Kinder, Lydenberg, Domini), Ernst & Ernst 회계법인, 미국 경제발전위원회, 프랑스의 Bilian Social, 한국의 경제정의 연구소(KEJI, Korea Economic Justice Index) 등에서 노력을 하고 있다.

[표 2-16] 주요 평가 기관의 사회적 성과 구성 차원과 주요 항목

명 칭	CEP(미국)	Ernst & Ernst	Bilian Social(프)	KEJI(한국)
시작연도	1969	1971	1977	1991
평가항목	*환경보호 *남녀평등 *인종평등 *자선기부 *복리후생 *작업장이슈 *정보공개 *동물보호 *지역 사회 *사회문제	*생태계와 환경 *소비자보호 *지역 사회 *대정부관계 *기업기부 *소수인종과 평등 *노사관계 *주주관계 *경제적 활동	*경제적 역할 1)이익 2)제품 *종업원만족 1)작업조건 2)고용안정 3)임금 4)훈련 등 *사회적 역할 1)지역 사회 2)환경개선 3)고객만족 등	*건전성 *공정성 *환경보호 *사회공헌 *소비자보호 *종업원관계 *경제발전

자료: 홍길표, 새로운 경쟁력, 기업의 사회적 성과, 경실련 사회정의 연구소, 2002.

기업의 사회적 성과 변수는 스텐윅(Stanwick, 1988), 밀과 코빈(Miles & Covin, 2000), 이충열(2002), 박헌준(2002), 박헌준·신현한·권인수(2004) 등의 연구에서 도출된 변수들을 중심으로 살펴보았다.

본 연구에서는 사회적 성과를 측정하기 위해서 고객만족도, 대외적 기업신뢰성, 기업이미지 또는 명성, 사회공헌활동 등을 선정하여 5점 리커트로 측정하였다.

제 **3** 장

기업의 윤리수준과 성과에 관한 선행연구

1. 기업의 윤리수준과 영향요인

1) 기업의 윤리수준

윤리수준의 발전단계에 따라 경영자의 경영스타일은 비윤리적, 윤리적 무관심, 윤리적 경영의 세 가지로 분류할 수 있다(Carroll, 1991; 이종영, 2002). 또한 이종영(1999)은 경영자의 기업 윤리수준을 3단계로 구분하였다. 첫째, 상대주의론(기업사회의 관행대로 하면 된다), 둘째, 목적론(목적이 善이면 그 목적 달성과정이 약간 비정상적이라도 관계없다), 셋째, 의무론(목적과 과정이 모두 善이어야 한다) 등인데, 이 가운데 의무론이 국제수준의 기업윤리 목표수준이다.[53]

또한 레이덴 바흐와 로빈(Reidenbach & Robin, 1991)이 기업의 이윤추구와 윤리적 고려를 기준으로 기업조직의 윤리수준을 다섯 단계로 구분하였다.[54]

제1단계는 무(無)도덕단계로 기업의 소유주와 경영자를 이해 당사

---

53) 이종영. 국제화 시대의 기업윤리의 이론과 실제. 연세대학교 경영연구소 연세경영 연구. 제35권 제2호. 1998.
54) 김성수. 한국기업의 비윤리적 행위에 대한 조사연구. 기업윤리연구 제1권. 1999, pp.221-224.

자로 보고 기업의 이익 극대화를 행동의 주된 목적으로 하는 '부도덕 단계'이다. 따라서 비윤리적 행위를 하다가 처벌받으면 이윤창출의 비용으로 생각하기 때문에 윤리적 문제는 고려치 않는다. 제2단계는 준법단계로 기업이 윤리적 행위를 하려고 노력하진 않지만, 적어도 법규는 준수하려는 '준법단계'이다. 따라서 기업의 윤리적 의무 이상의 노력은 하지 않는다. 제3단계는 대응단계로 사회적 책임을 다하는 것이 기업에 이익이 됨을 인식하고, 기업이 사회적 책임이나 대외적 이미지 등 윤리적 문제를 고려하기 시작하지만 이익의 극대화에 우선 초점을 맞추고, 그것을 위하여 윤리적 경영을 하는 '대응단계'이다. 제4단계는 윤리관 태동단계로 기업윤리와 기업이익의 균형을 찾으려 노력하는 '윤리관 태동단계' 기업신조, 윤리강령 발표, 윤리위원회 등 조직화하는 단계이다. 따라서 기업의 목적과 경영이념 등을 규정할 때 윤리를 반영시키고, 때로는 이익을 포기하더라도 기업윤리 행위를 오히려 중시한다. 제5단계는 윤리적 선진단계로 윤리를 최우선으로 인식하고 윤리원칙에 의하여 행동하는 단계를 의미한다. 명확한 윤리관과 윤리원칙을 천명하고, 모든 기업의 구성원들이 원칙에 따라 윤리와 관련된 문제를 개선하도록 요구받는 '윤리선진 단계'이다.

이는 [그림 3-1]과 같이 기업의 윤리수준을 다섯 단계로 표현할 수 있다.[55]

---

55) 이지훈·이종구. 경영자의 사회적 책임과 윤리적 리더십에 관한 연구. 한국기업윤리학회 기업윤리연구 제5집. 2002.

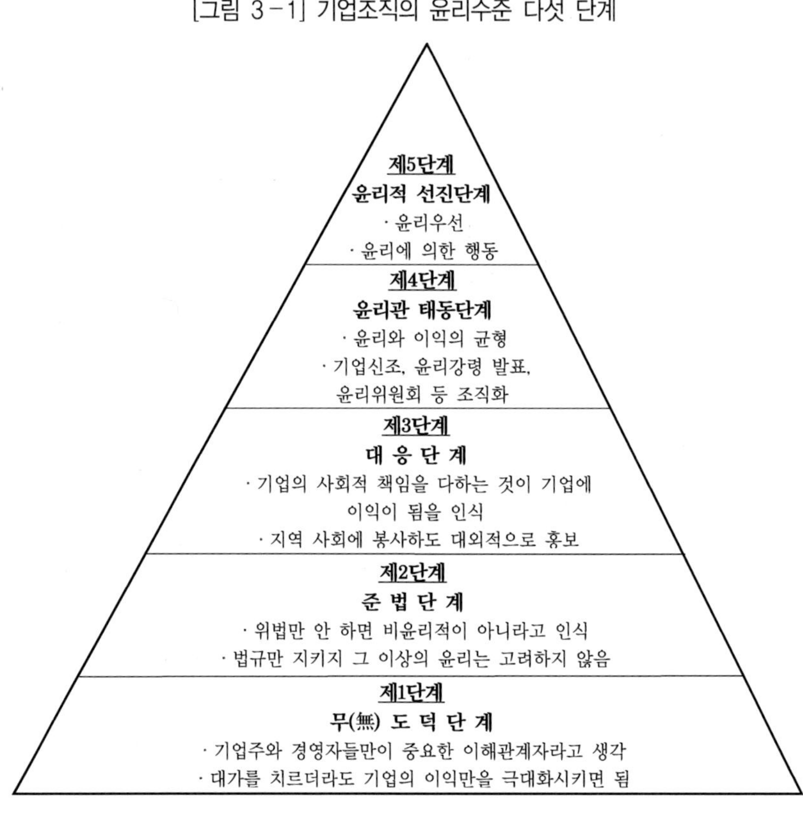

[그림 3-1] 기업조직의 윤리수준 다섯 단계

자료: Reidenbach R. E. & Robin. D. P.(1991) "A Conceptional Model of Corporate Moral Development", *Journal of Business Ethics, April.*

또 다른 차원으로 기업 활동을 제약하는 법률적 요인과 윤리적 요인의 관계를 나타내는 윤리기준 단계모형이 [그림 3-2]에 제시되었다. 이는 최저기준인 법적 강제력으로 통제되는 법률적 강령에서부터 최고기준인 자유의지를 가진 개인 윤리강령(가치) 단계까지를 나타낸다. 이처럼 법률적 요인과 윤리적 요인을 구분하지 못하면 불필요한 비용을 부담하거나 뜻하지 않은 손실을 입게 된다.

[그림 3-2] 윤리기준 단계모형

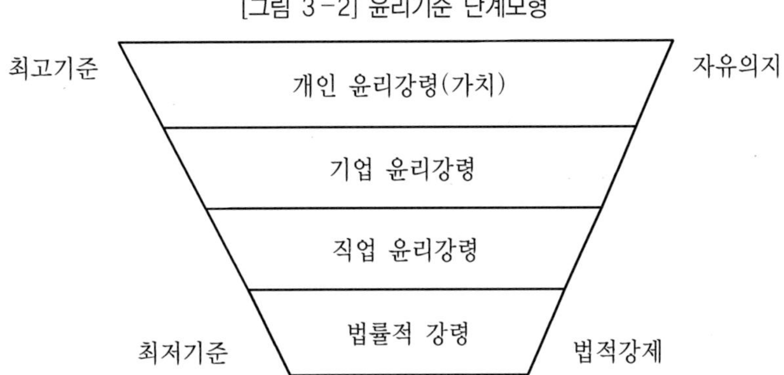

자료: Dickson, Peter R.(1997) *Marketing management*, the Dryden Press. p.137.

국내에서는 재정경제부가 도입한 '금융회사의 준법감시인 제도', 공정거래위원회가 도입한 '공정거래 자율준수규범' 그리고 산업자원부가 추진하는 '기업윤리 평가제도', 부패방지위원회가 발표하는 '청렴도 조사결과' 및 '공기업 윤리경영강화정책' 등에 의해 우리 기업의 법규준수 체제(Compliance Program)또는 윤리경영시스템(Ethics Management System) 도입이 상당히 활발히 진행되고 있다.

또한 산업자원부(2002)의 보고서에 따르면 윤리경영에 관련된 모든 이해관계자를 윤리경영의 행동지도원리 FTS(Fairness 공정성, Transparency 투명성, Soundness 건전성) 측면에서 평가하여, 개발된 평가항목을 사회가 기업에 가지는 기대수준에 따라서 세 항목으로 분류하여 최종 윤리경영 평가지수를 산출하였다.[56]

윤리경영평가지수는 기업에 대한 사회적 기대수준을 기반으로, 경제적 기대를 '경제적 공헌지수(ECI: Economic Contribution Index)', 윤

---

[56] 김기찬. 기업윤리 경영실태 평가지표 개발 및 실태조사에 관한 연구, 산업자원부, 2002, pp.58-60.

리적 기대와 법률적 기대를 하나로 묶어서 '사회적 공헌지수(SEFI: Social Expectation Fulfillment Index)', 재량적 기대를 '재량적 공헌지수(VCI: Voluntary Contribution Index)'로 재분류하였다. 세부적으로 살펴보면 경제적 공헌지수(ECI)는 기업의 가치와 고용창출을 통해서 사회의 경제적 성장에 기여한 정도를 나타내며, 이는 이윤을 내지 못하는 기업은 사회적으로 존재이유가 상실된다는 원칙에 근거하여 적자기업을 걸러내기 위한 최소의 장치이다. 또 사회적 공헌지수(SEFI)는 사회의 기업에 대한 기대 중 윤리적 기대와 법률적 기대를 포함하는 영역으로서, 이를 지수화한 것이다.

또한 재량적 공헌지수(VCI)는 사회적 공헌지수에서 한발 더 나아가 사회에서 기업에게 요구 혹은 기대하는 최소한의 수준(Threshold)을 넘어서서 기업이 자발적(타인의 강요 없이)으로 사회적 가치에 기여하는 항목을 뜻한다.

2) 기업 윤리수준의 영향요인

기업윤리의 행동주체로서 기업 내 최고 의사결정자인 CEO는 기업 의사결정과 실천주체로서 중요성을 갖는다. 이는 기업에 대한 사회적 기대나 압력을 보다 가시화하기 위하여 윤리적 책임의 주체로서 CEO를 부각시킬 필요가 있고, 조직 여건이나 분위기 그리고 기업문화와 같은 요인들도 결국 인적 주체로서 CEO나 조직 구성원이 만들어 가게 된다. 우리나라 대기업의 경우 최고경영자의 의사가 기업 활동 전반에서 절대적인 역할을 하기 때문에 CEO의 개인적 태도나 판단이 가지는 중요성은 더욱 크다고 볼 수 있다. 특히 CEO의 윤리적인 행동은 대외적으로는 기업 이미지 향상효과에 따른 고객 충성도와 매출증대를 가져올 것이며, 대내적으로는 조직 구성원의 자부심과 동기 증대를 통해 각 부문별 경영관리의 질적 향상과 기업의 장기적인 이익을 실현하고 증대시키게 된다.[57]

박영렬 등(2001)의 연구에 따르면, 경영자가 윤리적 일수록 기업이 윤리적이며, 그에 따라 기업의 이미지는 향상되고, 사회에서 존중받는 기업의 구성원은 더욱 자부심을 갖게 되며, 작업효율과 품질을 높이려 한다. 이것은 더욱 기업의 이미지를 높여 장기적으로 기업의 이익을 증가시킨다고[58] 강조한다.

바람직한 윤리적 경영자의 윤리적 리더십 스타일에 대한 경영자의 요건은 기업이익과 기업윤리의 균형적 사고와 행동을 취해야 하고, 기업의 목적을 장기적 성장발전을 목적으로 하는 시각과 미래지향적 윤리관을 가져야 한다. 더불어 윤리관과 행동이 일치하고 모범적 실행을 통하여 종업원과 공유된 모습을 보이며, 기업의 윤리문제에 관하여 철학과 지침을 통해 분명한 태도와 일관된 관리가 이루어져야 한다. 또한 사회적 기대와 사회적 책임성 및 기업 이미지와 윤리경영의 중심에는 늘 원칙과 기본에 충실한 최고경영자의 윤리적 리더십이 전제되어야 한다. 특히 최고경영자의 확신에 찬 윤리관과 실천 의지 그리고 겸양이 윤리경영 성공의 절대적인 요소인 것이다(이지훈·이종구, 2002). 이처럼 기업 의사결정에서 핵심역할을 하는 CEO는 한 기업의 윤리수준에 절대적인 영향을 미치게 된다.

본 연구에서 독립변수로 사용한 CEO의 기업 윤리수준 영향요인에 관하여 바움하트와 셔머혼(Baumhart & Schermerhorn, 1961)의 연구[59]에서는 윤리적 의사결정에 영향을 주는 결정요인의 우선순위는

---

57) 이지훈·이종구, 경영자의 사회적 책임성과 윤리적 리더십에 관한 연구, 기업윤리연구 5집, 2002. 9.
58) 박영렬·김창도·홍지선, 다국적 기업 한국자회사와 한국기업 경영자의 윤리의식 비교연구, 기업윤리학회 기업윤리 연구 제3집. 2001. 7.

기업 내 상사의 행동, 기업의 공식적 정책, 산업사회의 윤리적 풍토, 기업 내 동료의 행동 등이다.

브레너와 모렌더(Brenner & Molander, 1977)가 바움하트의 후속 연구에서 비윤리적 의사결정에 영향을 주는 결정요인의 우선순위는 기업 내에서의 상사의 행동, 기업의 공식적 정책 또는 정책의 결여, 산업사회의 윤리적 풍토, 기업 내 동료의 행동, 사회의 도덕적 분위기, 개인의 금전적 욕구 등의 순으로 나타났으며,[60] 또 기업윤리 의식수준을 평가할 수 있는 측정요인으로 뇌물, 차별가격, 허위보고, 경쟁자와의 가격담합, 불공정계약, 종업원채용의 불공정성, 개인비용의 회사부담, 인력 스카우트 등을 영향요인으로 분석하였다.

또한 셔머혼과 스테이너(Schermerhorn & Steiner, 1982)는 관리자의 윤리적 경영행동에 영향을 주는 결정요인을 개인적 요인, 조직적 요인 그리고 사회적 요인의 3가지로 분류하였다.[61] 첫 번째는 개인적 요인으로서 기업윤리는 관리자들의 개인적 경험과 배경에 의해서 영향을 받는다. 즉 가족에게서 받는 영향력, 종교적 가치, 개인의 신념, 경제적 욕구(금전적 욕구), 기업에서 자신의 영향력 그리고 개인의 연령, 학력, 근무분야, 근무연수 같은 개인의 경험 등이 경영자에게 주어진 어떠한 상황하에서 윤리적 표준의 결정요인으로서 영향력을 미친다.

두 번째는 조직적 요인으로서 기업윤리에 영향을 줄 수 있는 많은 요소들을 내포하고 있다. 기업의 목표달성을 위한 최고경영자의 경영

---

59) Baumhart, R. C(1961), How Ethics are Businessmen?, *Harvard Business Review*, p.41.
60) Brenner, S. N. & Molander, E. A(1977), Is the Ethics of Business changing, Ethics for Executives Part II, *Harvard Business Review*. pp.23-37.
61) Schermerhorn, J. R. Jr(1982), *Management for Productivity*, N. Y.: John Wiley & Son, pp.662-663.

이념, 조직이 공식적으로 표명하는 정책, 기업의 윤리실천을 위한 윤리강령과 규칙, 조직 내에서 상사의 행동, 동료의 행동, 이윤추구 및 기업성과에 대한 압력 등은 경영자의 의사결정과 행동에 대한 중요한 기준을 제공해 주고 있다.

세 번째는 사회적 요인으로 기업의 외부에서 기업에 영향을 줌으로써 조직과 조직 구성원의 행동을 구속하고, 규제하도록 하는 요인들을 말한다. 조직은 경쟁자, 정부의 법규, 사회적 규범과 가치관, 산업사회의 윤리적 풍토와 기타 복합적인 외부 환경적 요인에 의해서 영향을 받는다. 각종 법규, 사회적 규범과 가치관은 조직과 조직 구성원의 행동을 구속하여 수용가능한 표준의 범위에 놓이도록 정당화시키고 있다고 본다. 여기에는 정부의 법규에 의한 규제, 사회적 규범과 가치관, 산업사회의 윤리적 풍토, 경쟁자, 사회의 기대 등의 요인들이 있다.

셔머혼(Schermerhorn, 1982)에 의해 분류된 측정항목들이 [표 3-1]에 나타나 있다.

[표 3-1] 기업윤리의 영향요인

개인적 요인	조직적 요인	사회적 요인
· 금전적 욕구 · 가정환경 · 가정교육 · 종교적 신념 · 자아의 강도 · 조직에 대한 내면화 · 조직에 대한 영향 · 직무종속성 · 조직목표와의 갈등 · 직위, 연령, 학력 등	· 상사의 행동 · 성과에 대한 압력 · 재무건전도 · 기업문화 · 직무특성 · 공식적 정책 · 도덕적 갈등 · 경영자 태도 · 동료의 행동 등	· 동업종의 관행 · 정치윤리풍토 · 사회의 기대 · 정부의 규제 · 사회적 규범 · 문화적 풍토 · 전반적 경쟁 · 사회윤리풍토 등

자료: Schermerhorn(1982), Management for Productivity, (N. Y. John Wiley & Son), pp.662-663. 내용 재구성.

국내의 신유근(1990)은 최고경영자의 기업윤리 결정에 영향을 미치는 개인 차원의 요인으로 연령, 학력, 지위, 소유관계, 담당 분야, 금전적 욕구, 조직에 대한 내면화 정도, 조직 및 사회에 대한 영향력, 조직문화와의 갈등 등을 설명하였다. 또 조직 차원의 요인으로 규모, 업종, 성과에 대한 압력, 상사나 동료의 행위, 최고경영자의 태도 등을 설명하였다. 그리고 사회 차원의 요인으로 사회의 가치관, 사회적 기대, 정부의 규제, 사회·문화적 풍토 등 세 차원으로 분류하였다.

또 김용찬(1989)의 연구에서는 기업윤리의 결정요인이 사회적 요인, 조직적 요인 그리고 개인적 요인의 순으로 그 영향의 중요도가 나타나고 있다. 개인적 요인에서는 개인의 신념, 가족의 영향, 조직에서의 영향력 등 세 요인이 기업윤리에 미치는 영향도가 크게 나타났고, 조직적 요인의 경우에는 성과에 대한 압력, 공식적인 정책, 동료의 행동 등의 순으로 기업윤리에 영향을 미치는 것으로 나타났으며, 사회적 요인에서는 사회적 규범과 가치관, 산업사회의 윤리풍토, 경쟁자와 사회의 기대 순으로 기업윤리에 영향을 미치는 것으로 분석되었다.[62]

또한 포스너와 스미트(Posner & Schmidt, 1984)는 경영자 가치관에 대한 연구에서 비윤리적 의사결정에 영향을 주는 결정요인으로 상사의 행동, 동료의 행동, 산업 내에서의 윤리적 풍토 및 관행, 기업의 도덕적 분위기, 기업의 공식적 정책 및 정책의 결여, 개인의 금전적 욕구 등의 순위결과를 발표하였다.[63] 여기에서는 바움하트의 연구에서는 1위부터 6위까지 순위에 들지 못했던 '기업의 도덕적 분위기' 요인이 4위로 등장하였다.

---

62) 김용찬(a), 기업윤리 요인에 관한 실증적 연구에서 재인용, 숭실대, 1989, pp.8-11.
63) Posner, B. Z. & Schmidt, W. H(1984), "Values and the American Manager; An Update", *California Management Review*, spring. p.212.

또한 트레비노(Trevino, 1986)는 약간 특이하게 관리자의 윤리에 영향을 미치는 요인으로 첫째 요인은 자아의 강도 혹은 자아력(ego strength)으로서 자아의 강도가 높은 관리자가 그렇지 못한 관리자보다 윤리적 행위에 있어서 더 높은 일관성을 보여 주고, 둘째 요인은 직무 종속성으로서 직무의 독립성이 높은 관리자가 그렇지 못한 관리자보다 윤리·도덕적 행위와 인식에 있어서 더 높은 일관성을 보여 주며, 셋째 요인은 통제의 위치(locus of control)인데 통제 내재론자가 통제 외재론자보다 윤리·도덕적 행위에 대하여 더 높은 일관성을 보인다. 또 위에서 거론된 결정요인 외에도 조직문화와 규범체계, 권위에의 복종, 결과에 대한 책임 및 직무특성, 역할수행, 도덕적 갈등 그리고 관계집단인 타인이나 상사 등도 기업윤리에 영향을 미치며, 특히 외적 압력이나 부족한 자원 등은 기업윤리에 부정적 영향을 미친다고 강조하였다.[64]

아우스틴(Austin, 1969)은 윤리수준 측정에서 대내적 윤리와 대외적 윤리로 구별하고, 소극적 윤리와 적극적 윤리로 구별하여 차원화하여 논의하였다.[65] 신유근(1984) 또한 소극적 기업윤리와 적극적 기업윤리로 차원화하였는데 소극적 기업윤리를 평가할 수 있는 요인으로는 뇌물, 기업재산의 사용, 기밀누설, 인척등용, 부실경영 등을 제시했고, 적극적 기업윤리로는 종업원의 복지, 소비자보호, 지역 사회봉사, 사회복지, 사회문제의 해결 등을 제시하였다.[66]

---

64) Trevino, L. K(1986), Ethics Decision Making in Organization: A Person-Situation Interaction Model, *The Academy of Management Review*. pp.603-606.
65) Austin, R. W(1968), Code of Conduct for Executives, Ethics for Executives, *Harvard Business Review*. pp.19-27.
66) 신유근, 한국기업의 특성과 과제, 서울대학교 출판부, 1984, pp.110-116.

이러한 기업윤리 연구를 바탕으로 김용찬(1990)은 국내기업의 윤리의식에 관한 연구에서 기업윤리에 영향을 주는 요인을 개인의 내재적 요인, 조직의 내재적 요인, 외부 환경적 요인 등 세 요인군으로 분류하여 17개 영향요인으로 실증분석하였다. 대내적 기업윤리 요인으로 종업원의 복지, 부실경영, 공정성, 기업재산의 사용, 노조의 필요성, 기밀누설의 요인을 선정하였고, 대외적 기업윤리 요인으로는 소비자 보호, 사회복지, 공해방지, 공정거래, 뇌물, 인력 스카우트 등의 요인을 선정하여 그의 연구모델에 사용하였다. 연구결과 우리나라 경영자들이 일반적으로 사회적 규범과 가치관, 산업사회의 윤리풍토, 경쟁자 및 사회의 기대 등 외부 환경요인에 의하여 영향을 많이 받으며, 종교적 가치기준과 정부의 규제에 대한 영향력은 미약하다고 설명하였다. 또한 기업윤리 같은 대내적 윤리보다 소비자 보호, 공해방지 등 사회적 책임과 관련한 대외적 윤리에서 전반적으로 낮은 수준으로 나타나 기업의 윤리적 풍토조성이 요망된다고 밝혔다.[67]

2. 기업 윤리경영의 성과

윤리경영의 대표적인 성과는 기업의 신뢰(trust)를 바탕으로 한 기업이미지의 제고(提高)와 고객 충성심(loyalty)의 상승이라는 것이 일반적인 공감을 얻고 있다.

기업의 윤리수준과 기업성과 간의 관계에 관한 연구는 오랫동안 기업경영자들과 학계의 토론과 관심을 끌고 있다.[68] 엡스테인(Epstein,

---

67) 김용찬, 우리나라 기업의 기업윤리에 관한 연구, 서원대학교 사회과학연구소, 사회과학연구 제3집, 1990, pp.173-199.

1994) 등은 투자자들이 단기적인 이익보다 기업의 윤리적인 행동에 기반으로 하는 의사결정을 선호한다는 연구결과를 통하여 기업에 대한 긍정적 이미지가 투자결정에서 중요한 영향을 미치고 있음을 발견하였다. 이 결과는 한국의 상황에서도 기업 윤리수준과 기업성과 간에는 유의적인 관계가 있는 것으로 나타났다(박헌준·이종건, 2002).

박헌준(2002)은 1998년 말 현재 증권거래소에 상장된 국내 292개 국내 상장 제조기업을 대상으로 한 실증연구에서 왜 기업은 윤리적이어야 하는가? 라는 연구의 첫 번째 연구결과는, 기업이 경영활동을 건전하게 할수록 기업의 수익성과 단기 상환능력이 좋아진다는 것이다. 두 번째 연구결과는 기업 활동의 건전성과 공정성이 좋을수록 기업의 부채비율이 낮아진다는 것이다.

또 전경련이 2006년 4월 실시한 윤리경영 실천의 효과를 살펴보면, 고객의 신뢰성 증가(31.5%), 기업 이미지 제고(31.1%), 임직원 애사심 증가(14.7%), 협력사와의 관계 활성화(12.6%), 매출액 증가(5.1%-10.0% 증가: 43.3%, 10.1%-20.0%증가: 23.4%), 고객 및 소비자 단체의 컴플레인 감소에 긍정적 효과가 있다는 응답이 62.8%이었다. 이는 윤리경영의 실천이 매출 증가나 기업 이미지 제고뿐만 아니라, 고객만족 부분에서 긍정적 효과를 있음을 의미한다.[69]

또한 박헌준(2002a) 등은 기업이 윤리적이어야 하는 당위성을 제시하고자 살펴본 기업 윤리수준과 재무적 성과에 관한 연구에서 기업 활동의 건전성이 기업의 총자산 순이익률과 유동비율 그리고 부채비율과 정의 영향관계가 있음을 밝혀내어, 기업들이 투명성과 책임성을

---

68) 박헌준·이종건. 기부행위와 환경보호활동. 한국기업의 사회공헌활동과 경제적 성과에 관한 실증적 연구, 한국비영리학회 춘계학술대회. 2001.
69) 전경련. 우리기업의 윤리경영 추진 현황과 과제, 2006. 4. 6.

확보할 수 있는 기업 지배구조, 불필요하고 비도덕적인 지출을 지양할 수 있는 사업구조, 상호출자 및 상호지급보증과 같은 불건전한 자본조달을 막을 수 있는 재무구조를 갖출 때 경쟁력을 발휘할 수 있고, 나아가 높은 기업성과를 달성할 수 있음을 보여 주고 있다.

이건희(2003)는 윤리경영은 궁극적으로 기업의 투명성 확보와 경영성과 향상에 의해 기업 가치를 높이게 된다면서 다음과 같이 설명한다.[70] 첫째, 대외적인 기업이미지의 향상으로 브랜드가치를 높인다. 둘째, 주주와 투자자 특히 외국인 투자자들로부터 신뢰를 얻게 된다. 셋째, 노사 간 신뢰를 바탕으로 한 바람직한 노사문화를 형성한다. 넷째, 종업원의 애사심과 주인의식을 이끌어 내어 생산성과 품질향상을 가져온다. 다섯째, 국내외 경영환경변화에 따른 위험에 대비한다. 여섯째, 전반적인 기업경쟁력을 높이게 된다. 한편, 기업의 윤리적 행위와 경제적 성과에 관한 또 다른 이론으로 여유자원이론(slack resource theory)이 있다. 이는 높은 재무적 성과를 보이는 기업들이 그렇지 못한 기업들보다 사회, 고용자 또는 환경과 같은 사회적 성과 영역에 대한 투자가 활발하기 때문에 기업의 윤리적 수준이 높다는 것이다.

윤리경영의 세부적인 성과를 살펴보면, 첫째, 윤리경영은 기업이 사회적으로 정당한 역할이나 활동을 하여 시장으로부터 지속적인 신뢰를 얻는 데 도움이 된다. 둘째, 윤리경영은 기업의 경영성과에 영향을 미친다.

---

70) 이건희, 윤리경영에 대한 성과, 2003.

[그림 3-3] 기업윤리와 경영이익

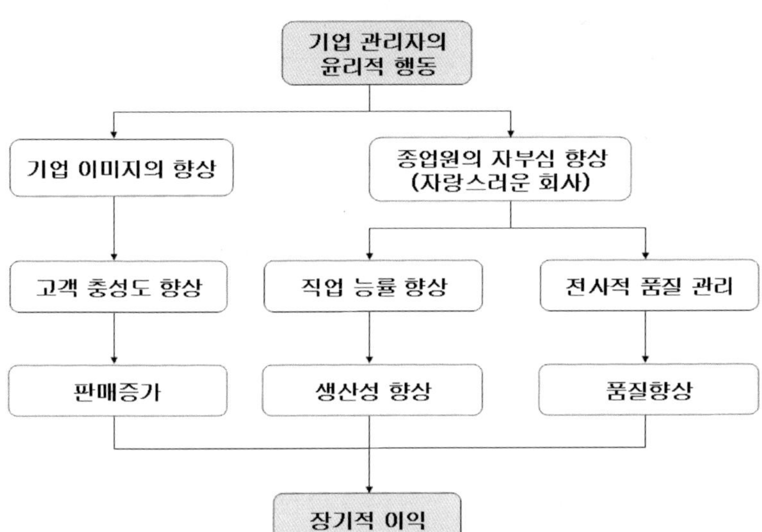

자료: Lee, Chong-Yeong & Hideki Yoshiara(1997), Business Ethics of Korea and Japanese Managers, *Journal of Business Ethics*, Vol.16, Jan, pp.7-21.

셋째, 윤리경영이 기업의 국제경쟁력을 평가하는 글로벌 스탠다드 (Global Standard)의 최우선순위로 떠오르는 등의 성과를 얻을 수 있다(박영렬·김창도·홍지선, 2001). 또한 경영자가 윤리적일수록 기업이 윤리적이며, 그에 따라 기업이미지는 향상되고, 사회에서 존중받는 기업의 구성원은 더욱 자부심을 갖게 되며, 작업효율과 품질을 높이려 노력하는데 이는 기업 이미지를 더욱 높여 장기적으로 기업의 이익을 증가시킨다.[71]

---

71) 박영렬·김창도·홍지선, 다국적 기업 한국자회사 경영자와 한국기업 경영자의 윤리의식 비교연구, 한국기업윤리학회 기업윤리연구 3집, 2001. 7, pp.97-114.

[표 3-2] 기업윤리와 경영성과 관련 선행연구

독립변수	종속변수	연구결과	연 구 자
사회적 책임	사회적 성과	正(+)	Carrol(1979), 최종태(1989), 전경련(2003)
사회적 책임	경영성과	正(+)	Cochron & Wood(1984), McGuire(1988), Stanwick(1988), Pava&Krausz(1996), 신동엽(1999), 전경련(2003)
사회적 책임	경영성과	否(-)	Aupperle, Carrol & Hatfield(1985)
윤리적 기업풍토	경영성과 (경영관리성과)	正(+)	Vitell & Davis(1990), Victor & Cullen(1998), 이학종·이종건(2000)
윤리적 기업풍토	경영성과 (재무성과)	正(+)	Downey 외(1975), Mayer-Sommer & Roshwalb(1996), Schwepker & Ingram(1996) Waddock & Graves(1997), Bartels 외(1998), Westphal(1999), Cummings(2000),
기업윤리	경영성과	正(+)	Schwepker & Irgram(1996), Wadduck & Graves(1997), Cummings(2002), Mayer-Summer & Roshwalb(1998), 박헌준 외(2001), 전경련(2001, 2003, 2004)
기업윤리	사회적성과	正(+)	Stanwick(1988), Miles & Covin(2000), 박헌준(2002), 이충열(2002), 전경련(2006) 박헌준·신현한·권인수(2004)
비윤리적 기업	경영성과	否(-)	Davidson외(1994), Fao & Hamilt(1996), Gunthorpe(1997)

자료: 박헌준·이종건, 한국기업의 윤리경영 1991-2001년: 변화와 실태, 2001, pp.156-160 참조 연구자 재구성

또 이종영과 요시하라(Lee & Yoshiara, 1997)는 기업 윤리수준을 높이면 기업 외부와 내부의 양 측면에서 영향을 미친다고 주장하였다. 이는 기업 관리자의 윤리적 행동이 기업이미지 향상→ 고객의 충성도 향상→ 판매증가를 통하여 기업에게 장기적으로 이익을 창출한다는 순환과정과, 기업 관리자의 윤리적 행동이 종업원들의 회사에 대한 자부심을 제고시켜 작업능률 및 품질을 향상시킴으로써 궁극적으로 기업이익을 창출하게 된다는 또 다른 순환과정으로 설명하였다. 이에 관한 상세한 내용은 [그림 3-3] 기업윤리와 경영이익에 나타나 있다.

이상의 기업윤리와 기업성과 간의 긍정적 연구와는 반대로 인그램과 프레저(Ingram & Frazier) 등은 실제 기업의 종업원들이나 투자자들은 기업의 윤리·사회적 의사결정에 대해 호의적인 시각을 갖고 있음을 보여 주는 연구결과를 제시하였다. 이것은 윤리적이고 사회적인 책임을 강요하는 비용이 기업으로 하여금 원하지 않는 불안정한 재무상황에 빠지게 할 우려가 있고, 단기적 현금흐름을 주시하는 일반 주주나 투자자들이 기업의 소위 '윤리·사회적 책임' 있는 행동에 대한 비용지출에 대하여 부정적인 입장을 취할 것이라는 이론에 토대를 두고 있다.

1) 기업윤리의 재무적 성과

많은 선행연구에서 기업의 윤리적 의사결정은 기업의 재무성과 간에는 정(正)의 상관관계가 있는 것으로 나타났다(Cummings, 2000; Mayer-Sommer & Roshwalb, 1996; Schwepker & Ingram, 1996; Waddock & Graves, 1997; Westphal, 1999). 이 연구들은 높은 사회적 책임을 수행하는 데 따르는 비용이 종업원들의 사기와 생산성 향상으

100

로 얻어지는 이익에 의하여 상쇄된다는 관점을 지지한다(Primeaux &
Stieber, 1994). 그러나 사회적 책임을 강요하는 비용으로 인하여 기업
이 불안정한 재무적 상황에 봉착할 수 있을 수 있기 때문에 실제로는
종업원이나 투자자들이 기업의 윤리적 의사결정에 회의적이라는 연구
도 있다(Bartlett & Preston, 2000). 이는 단기적 현금흐름을 중시하는
일반 주주나 투자자들이 사회적 책임을 수행하는 데 소요되는 비용 때
문에 부정적 입장을 취한다는 논리이다.

스탠윅(Stanwick, 1988) 등은 기업의 명성지수를 통해 측정된 윤리
·사회적 책임이 재무적 성과와 정(正)의 관계가 있음을 밝혀냈다. 이
는 기업이 높은 윤리·사회적 책임을 수행함에 따라 조직 구성원들의
사기 및 생산성 등이 높아지고, 결국 이를 통해 실현되는 이익이 비용
의 발생을 초과하기 때문이라는 관점을 강조하고 있다.[72] 결국 "좋은
윤리는 좋은 사업이다('good ethics'는 곧 'good business')"라는 주장
의 바탕이 되고 있다. 또한 파바와 크라우즈(Pava & Krausz, 1996)
도 사회적 기준을 충족한 기업들이 그렇지 못한 기업들과 비교해 볼
때 최소한 평균적인 재무성과를 상회하는 것을 입증하였다.

또한 국내기업을 대상으로 한 박헌준·이종건·김범성(2001)의 연
구에 따르면 기업경영의 건전성과 공정성이 기업의 재무제표에 긍정
적인 영향을 미친다고 설명한다. 이는 기업의 수익성과 단기 상환능력
이 좋아지고, 경영활동이 공정할수록 기업의 장기부채상환능력이 좋아
지며, 타인 자본에 대한 의존도가 낮아진다는 것이다. 또 기업 성과에
대한 기업윤리 변수의 상호작용 효과, 즉 기업 활동의 건전성과 공정

---

72) Stanwick, P. A. & Stanwick, S. D.(1988), The Relationship Between
Corporate Social Performance and Organization Size, Financial
Performance, and Environmental Performance: An Empirical Exami-
nation, *Journal of Business Ethics*, vol.17, pp.195-204.

성의 상호작용이 기업성과에 유의적 영향을 미치지 않는 것으로 나타났다.[73]

와덕 등(Waddock et al)은 기업이 경제적 성과가 좋을수록 여유자원을 더 많이 사용할 수 있게 됨으로써 기부행위나 환경보호와 같은 사회적 성과 영역에 대한 투자기회를 더 많이 가진다는 연구결과를 발표했고, 우셈(Useem, 1998)도 이러한 여유자원이론을 바탕으로 기업의 순이익이 기업의 기부수준을 결정한다는 중요한 사실을 발견하였다. 즉 이윤을 많이 창출하는 기업이 그렇지 못한 기업보다 사회에 기부하는 금액이 크다는 것이다.[74] 또한 맥그루어 등(McGuire, 1963)은 그들의 연구에서 기업의 세 가지 재무비율인 총자산 순이익률, 매출액성장률, 자산성장률의 결과가 공시된 이후 사회적 책임에 대한 인식에 긍정적인 영향을 미친다는 사실을 입증하여 기업의 경제적 성과가 사회적 책임(명성)에 긍정적인 영향을 미친다는 연구결과를 발표함으로써 기업의 경제적 성과와 기업윤리 간에 관련성이 있음을 증명했다.

또한 미국의 경우 경제전문지 Fortune지(紙)가 선정하는 미국의 가장 존경받는 기업(America's Most Admired Company)리스트에 올랐던 기업들은 1999년 기준으로 49.4%의 투자수익률을 보였고, S&P 500의 평균투자수익률(20.3%)을 훨씬 상회하는 것으로 드러났다. 또한 2001년의 경우 존경받는 기업군의 투자수익률은 평균 9.7%로 나타났으며, 이는 S&P 500의 평균투자수익률(-11.9%)을 훨씬 상회하는 것이다. 또한 Fortune지에서 매년 선정하는 미국에서 가장 존경받는

---

73) 박헌준·이종건·김범성, 왜 기업은 윤리적이어야 하는가? 기업윤리와 기업성과, 기업윤리연구 3집, 2001. 7. pp.115-138.
74) Useem, M.(1998), "Patterns of Corporate Contribution", *California Management Review*, vol.30, pp.355-362.

500대 기업에 랭크된 상위 10개 기업의 1996년-2001년 사이 주가수익률은 25.6%로 S&P 평균 주가수익률인 10.7%를 두 배 이상 상회하는 것으로 나타났다.[75] 그리고 윤리적인 기업은 이러한 재무적 성과뿐만 아니라 종업원, 고객, 지역 사회, 주주들로부터 무형의 자산인 존경과 신뢰를 얻게 된다는 사실을 입증한 것이다(전경련. 2003. 5).

또한 기업의 비윤리적 행동이 주식시장에서 어떠한 반응을 보이는지에 대한 연구에서 뇌물수수, 탈세, 공공계약 위반 등과 같은 불법적 사례들은 주식시장에서 민감하게 반응함을 밝혀 기업 윤리수준이 재무적 성과에 상관관계가 있음을 확인하였다(Davidson, Worrell, 1994; Gunthorpe, 1997).

또 전경련(2004)에 따르면 개별기업의 윤리경영노력과 결과물이 기업의 경제적 성과와 직접적인 정(+)의 관계가 있음을 입증함으로써 효율과 형평이 상호 대립적이지 않음을 입증하였다. 또한 기업윤리경영과 주가변동률, 매출액, 영업이익률 등 기업가치 및 성과 간의 관계 분석을 통해 윤리경영이 경영성과에 어떤 영향을 미치는가를 연구하였다. 전경련(2004)은 2004년도 상호출자·채무보증 제한 51개 기업집단 중에서 윤리헌장 제정 및 기업윤리 전담부서 설치 기업 10개사, 윤리헌장만 제정한 기업 10개사, 윤리헌장 미제정 및 전담부서 미설치 기업 10개사 등 총 30개사를 대상으로 2000년부터 2003년까지 4년간 주가 추이 및 주가변동률, 매출액 영업이익률을 분석하였다. 분석결과는 다음과 같다.[76]

첫째, 적극적으로 윤리경영을 실천하는 기업이 그렇지 않은 기업에 비해 시장가치가 높은 것으로 나타났다.

---

75) 전경련, 윤리경영 종합 매트릭스의 이해, 2003.
76) 김헌, 사회적 책임성 평가의 필요성, 시민행동 워크샵 제3회. 2004. 8. 13.

둘째, 전담부서 설치기업의 경우, 매출액 영업이익률 역시 시장평균 상회는 물론, 윤리헌장만 제정했거나, 윤리헌장 미제정 기업의 매출액 영업이익률을 비교적 큰 차이로 상회하였다.

셋째, 윤리경영은 투명경영과 기업 지배구조의 선진화 과정으로 진전될 수 있으므로 윤리경영 실천에 적극적인 기업일수록 외국인의 지분이 높은 것으로 조사되었다.

[표 3-3] 윤리경영과 주가상승률(각 연도 종가 기준, 단위; %)

구 분	1999	2000	2001	2002	2003
윤리강령 제정 및 전담부서 설치기업	131.1	-23.4	-67.3	-10.2	46.3
윤리강령 제정 기업	41.1	-37.7	52.0	9.0	16.1
윤리강령 미제정 기업	75.6	-46.2	63.8	-4.8	22.1
종합주가지수 변동률	82.8	-50.2	37.5	-9.5	15.2

자료: 전경련(2004) 기업윤리와 기업가치 및 성과 간의 관계분석. p.5.

윤리경영의 실천 여부에서는 기업 내 윤리강령 제정과 전담부서를 설치해 윤리경영을 적극적으로 실천한 기업의 실적이 다른 기업에 비교하여 매우 높은 것으로 나타났다. [표 3-3]은 윤리경영과 주가상승률을 나타낸 표이다.

또한 전담부서를 설치하고 윤리경영을 적극적으로 실천하는 기업은 매출액과 영업이익률 역시 시장 평균을 상회하였고, 윤리강령만 제정하였거나 윤리강령의 미제정 기업의 매출액과 영업이익률은 다음 [표 3-4]와 같다.

[표 3-4] 윤리경영과 매출액 영업 이익(단위; %)

구 분	2000	2001	2002	2003	평 균
윤리강령 제정 및 전담부서 설치기업	11.5	11.3	11.0	11.5	11.3
윤리강령 제정 기업	6.0	4.8	4.4	5.8	5.25
윤리강령 미제정 기업	5.9	6.2	4.8	5.3	5.55
종합주가지수 변동률	8.9	5.8	8.0	-	7.6

자료: 전경련(2004), 기업윤리와 기업가치 및 성과 간의 관계분석. p.3.

2) 기업윤리의 조직적 성과

기업윤리의 조직적 성과에 관한 연구는 첫째는 조직의 목표달성 정도로 보는 주장, 둘째는 조직의 상대적 절대적 능력으로 판단하는 주장, 셋째는 조직 구성원들에게 공헌도 이상의 유인을 제공함으로써 그들의 욕구충족의 조직능력의 함수로 보는 주장, 넷째는 사회에 대한 기여도를 고려해야 한다는 주장 등이 있다. 조직의 성과를 측정하는 입장에 따라 조직의 목표달성 정도로 보는 시각, 조직의 상대적 절대적 능력으로 판단하는 시각, 조직 구성원들에게 공헌도 이상의 유인을 제공함으로써 그들의 욕구충족의 조직능력의 함수로 보는 시각 그리고 사회에 대한 기여도를 고려해야 한다는 시각 등으로 나누어 볼 수 있다.

기업윤리 조직적 성과를 측정하는 요인에 대하여 Cohen & Ledford(1994), 조영호·박계홍(1992), Reichers(1985), Schein(1983) 등의 연구를 정리하면 아래 [표 3-5]와 같다.

죠지폴로스와 타넨바움(Georgopolous & Tannenbaum, 1975)은 조직성과의 개념을 사회 시스템으로서의 조직이 그 수단과 자원을 오용함이 없이 조직 구성원에 대한조직성과의 개념은 조직의 생산성, 조직의 적응성, 조직 구성원과 집단 간의 긴장·갈등의 최소화 등으로 표현된다. 또한 쉐인(Schein, 1983)은 조직성과를 그 조직이 실행하고 있는 특정 기능과 무관하게 그 조직이 지니고 있는 존속, 순응, 자기유지, 성장의 능력이라고 주장하였다. 이는 조직성과를 조직 자체의 내적인 변화와 환경의 변화에 적절히 대응하며 조직이 현재 추구하는 목표에 대한 달성 정도라고 설명할 수 있을 것이다.

또한 윤리경영의 조직적 성과에 대하여 페퍼(Pfeffer, 1981)는 자원 배분, 의사결정, 만족 등의 실질적 성과와 태도, 감정, 가치관 등의 상징적 성과로 구분하고, 이 행위에 영향을 주는 요소를 외부적 요인과 관리적 요인으로 나누어 서로의 관련성을 설명하고 있다.[77]

[표 3-5] 기업윤리 조직적 성과 측정요인

연구자	연구변수
Cohen & Ledford(1994), 조영호 · 박계홍(1992)	· 직무 만족도, 조직 몰입도, 조직 애착도
Reichers(1985)	· 최고 경영층, 고객, 노조와 공중들의 목표와 일체화 과정으로 파악
Schein(1983)	· 조직이 지니고 있는 존속능력, 순응능력, 자기유지능력, 성장능력
Georgopolous & Tannenbaum(1975)	· 조직의 생산성, 조직의 적응성 · 조직 구성원과 집단 간의 긴장 · 갈등의 최소화

자료: 연구자 작성

부당한 강압을 초래하지 않고 조직의 목표를 달성하는 것[78]이라고

---

77) Pfeffer. J.(1981), *Management as Symbolic Action: Creation and Maintenance of Organizational Paradigms*, Research in Organizational Behavior, vol.3(JAI Press), p.7.
78) Georgopolous. B. S. & Tannenbaum A. S(1975), *A Study of Organizational Effectiveness* America Social Review, p.540.

하였다. 이러한 또한 국내연구로서 조영호·박계홍의 연구(1992)는 조직성과의 각 변수들은 종업원의 가치관 수용태도를 분석하여 직무 만족도, 조직 몰입도, 조직 애착도 등 세 차원으로 구분(Cohen & Ledford, 1994)하고 있다. 또 이학종·이종건(2000)의 '직장인을 대상으로 한 기업의 윤리풍토와 효율성 간의 연구'에서 기업이 사회적 법규와 규범을 준수하고 경영이 윤리적으로 이루어 질 때, 조직 구성원들은 보람을 느끼게 되고, 그들의 직무몰입도(commitment)가 강화되어 직무만족도가 높아지며, 회사의 방침이나 규정의 준수를 강조할수록 조직 구성원의 직무만족도가 떨어진다고 주장한다.[79] 이 연구는 기업의 윤리풍토가 업무수행에 있어서 사회법규의 준수와 개인의 윤리적 가치기준의 적용을 중시할수록 주관적 성과지표인 조직 구성원의 조직몰입도와 직무만족도가 각각 높아지고 있음을 밝혀냈다.

따라서 조직 구성원들이 사회의 규범과 법규 그리고 개인의 윤리성이라는 범주 내에서 업무를 합법적이고 윤리적으로 추진할 때, 개인과 조직체 간의 가치관이 일치됨으로써 기업의 목표와 가치에 대한 강한 신뢰 및 애착이 생기며, 구성원들이 조직을 위하여 적극적인 노력을 기울이게 된다는 것을 의미한다. 그러나 회사의 방침이나 규정의 준수를 강조할수록 오히려 조직 구성원의 직무만족도가 떨어진다는 연구결과를 발표하였다. 이는 업무수행 과정에서 기업이 회사의 방침이나 이익을 강조할수록 또한 개인의 성과만을 추구하는 윤리풍토일수록 기업에 대한 조직효율성, 즉 주관적 성과가 떨어진다는 것을 의미한다.

이처럼 많은 선행연구에서 조직문화는 조직의 성과에 영향을 미치고 있음을 제시하고 있다. 특히 최고경영자의 비전이나 이념 등 CEO

---

79) 이학종·이종건, 조직 구성원의 윤리풍토에 대한 지각과 조직 효율성 간의 관계에 관한 실증적 연구, 기업윤리연구 2집, 2000, p.107-129.

의 성향에 따라 조직의 문화는 달리 형성될 수 있고, 그에 따라 조직의 성과 또한 달라질 수 있다. 이러한 CEO의 성향과 조직문화는 내부적으로는 조직 구성원들의 만족도에 영향을 미치며, 외부적으로는 소비자 만족도에 영향을 미치게 되어 기업의 경제적 성과에 영향을 미치게 될 것이다.

기업 윤리경영의 조직적 성과에 대한 세부 선행연구를 살펴보면 다음과 같다.

ⅰ) 직무만족(job satisfaction)

직무만족은 구성원들이 자신의 직무를 수행함에 있어서 직무의 내용이나 상사, 동료, 기회, 보상, 작업환경 등과 관련하여 자신이 느끼는 만족의 정도를 의미한다. 직무만족에 대한 일반적인 개념은 구성원들이 자신의 직무를 수행함에 있어서 직무의 내용이나 상사, 동료, 기회, 보상, 작업환경 등과 관련하여 자기 자신이 느끼는 만족도를 의미한다.

직무만족에 대하여 Locke(1976)는 자신의 직무가치의 성취에 대한 기분 좋은 감정적 상태라고 평가하였다. 오스본(Osborn)은 직무과업, 작업조건, 동료관계 등 여러 측면에 대한 개인의 긍정적 혹은 부정적인 느낌의 정도라고 하였고, 포터와 스티어즈(Poter & Steers)는 직무만족을 실제로 얻은 보상이 노력에 비해 정당하다고 인지되는 수준을 충족시키는 것을 의미하는 것으로 보면서, 이것이 충족되지 못하면 상황에 대한 불만이 더 커진다고 하였다. 그리고 알바네스(Albanes)[80]와 반 프리트(Van fleet)는 다음과 같이 직무만족을 정의하고 있

---

80) Beatty. R. W & Schnier. C. E.(1981), *"Personnel Administration: An*

다. 첫째, 직무만족이란 직무나 작업조건에 대한 태도 또는 그러한 여러 태도들의 집합이며, 직무의 다양한 차원에 대한 관련태도들의 집합처럼 생각될 수 있다. 둘째, 직무만족은 종종 직무에 있어서 기대된 것과 실제로 경험된 것 간의 비교로 인하여 결정된다. 셋째, 직무만족은 다차원의 요인들, 즉 이름, 직무 자체, 승진의 기회, 감독 및 동료와 관계 등 여러 가지 요소들에 의해 결정된다.

이상의 개념을 종합하여 보면 직무만족(job satisfaction)이란 직무에 대한 태도의 하나로서 한 개인의 직무나 직무경험 평가 시에 발생하는 유쾌하고 긍정적인 정서 상태라고 정의할 수 있다. 이는 한 구성원 자신이 일에서 바라고 있는 것을 일이 실제로 제공해 준다고 믿는 정도를 반영하는 것이다. 이와 같이 직무만족은 조직의 생산성이 기술이나 기능에만 달려 있는 것이 아니라 종사원의 태도와 감정에 크게 영향을 받는다. 따라서 구성원들이 직무에 만족할 경우 회사가 추구하는 목표나 가치에 대하여 강한 신뢰감과 함께 이를 기꺼이 수용할 자세를 갖게 되며, 회사의 발전에 도움이 된다면 어느 정도의 개인 희생도 감수하게 된다.

이러한 직무만족에 대한 중요성에 대하여 많은 경영자들이 작업자의 성과에 직접적인 영향을 준다는 인식을 가지며, 자신의 직무에 만족하는 사람은 조직 내·외에 원만한 인간관계 속에서 자신이 속한 조직에 대하여 외부사회에 호의적으로 표현하며, 이직 및 결근율이 감소하고 생산성은 증가하는 효과를 얻을 수 있다.

또 직무만족에 대한 연구에서 워커 등(Walker et. al, 1977)은 개인 성장과 개발의 기회와 직무 자체에 대한 보상과 같은 내재적 측면과

Experimental Skill Building Approach" 2nd ed, Addison－Wesley Publishing Co, pp.392－393.

고객, 승진기회, 동료, 상사, 급료, 회사정책과 지지와 같은 외재적 측면의 보상을 통해 이루어질 수 있다고 보았다.

그리고 코오와 보오(Koh & Boo, 2001)의 연구에서 윤리풍토를 포함한 조직윤리와 직무만족 간의 관계에서 가장 두드러진 윤리풍토는 이기주의가 가장 지배적인 것으로 나타났으며, 직무만족 측면에서는 상사에 대한 만족도가 가장 높게 나타났다. 또한 쉐퍼(Schwepker, 2001)는 윤리풍토와 직무만족을 비롯한 조직몰입, 이직의도 간 관계를 조사한 결과, 조직의 규칙을 강조하는 윤리풍토가 높다고 인지할수록 고객에 대한 만족을 제외하고 전반적으로 더 높은 직무만족이 나타났다.

국내 연구에서, 이학종과 이종건(2000)은 제조업, 금융업 서비스 및 유통업의 종사원 136명을 대상으로 그들이 '인지하는 윤리풍토가 조직효율성이 미치는 영향' 연구결과, 법규 규범형, 개인도덕형 윤리풍토는 직무만족과 정(+)의 관계를 가지며, 규정 절차형은 직무만족에 부(-)의 영향을 미치고 있는 것으로 나타났다.

ⅱ) 조직몰입(organizational commitment)

조직몰입은 조직에서 구성원들이 자신의 일에 애착을 갖고 최선을 다하고자 하는 생각 정도를 의미하며, 이는 작업자들의 직무수행능력을 향상시키고, 이직을 줄임으로써 조직 효과성을 증가시키는 원인이다. 또 조직몰입은 조직의 목표와 가치에 대한 강한 신뢰와 수용, 조직에 기꺼이 노력하고자 하는 의지 그리고 조직의 구성원으로 남으려는 의지 등 세 요인을 포함한다. 따라서 조직몰입이 강할수록 구성원들은 현재의 근무환경에 만족하고, 회사가 자신의 노력과 공헌에 대한 충분한 보상을 제공하고 있다고 인식하게 되어 자신의 조직에 대하여

110

만족감을 갖게 된다.

부차난(Buchanan, 1974)은 조직몰입이란 수단적 가치와는 상관없이 조직의 목표와 가치, 이와 관련한 자기의 역할 그리고 조직 그 자체만을 위하여 가지는 정서적 애착심이라고 정의하고 있으며, 조직의 목표와 가치에 자신의 목표를 적용시키는 동일시(identification), 자신의 작업역할 활동에서의 심리적 열중(immersion) 또는 전념으로서의 몰두, 조직에 대한 애착심과 애착으로 서의 충성심의 세 가지 변수로 조직몰입은 구성되어진다고 하였다.[81]

또한 조직몰입(organizational commitment)은 관점이 다양하며, 그 개념 또한 다면적으로 폭넓게 활용되고 있다.[82] 첫째, 베커(Becker)는 조직몰입을 '개인이 조직에 근속하는 동안 발생하는 투자요소와 보상의 관계에 의해 구속되는 상태'로 규정하고 있다. 즉 개인이 조직 구성원으로 있는 동안 직무 이외의 여러 가지 이해관계요소들을 축적함으로 인해 조직에 계속 남아 있으려는 것을 조직몰입으로 정의하고 있다. 그러나 메이어와 알렌(Meyer & Allen)은 이러한 접근법이 몰입의 정의적(affective) 측면을 무시한 채 지나치게 산술적 측면만을 강조하고 있음을 비판하고 조직몰입 새로운 구성 요인을 추가하였다.

둘째, 살라닉(Salancik)의 귀인이론(attributions) 접근법 관점은 자의적이고, 명확하게 밖으로 표출되어 취소할 수 없는 조직과 관련된 행동은 가시적이고(visuality), 취소할 수 없으며(irrevocability), 자의적이고(volitionality), 공개적인(publicity) 속성을 가지는 행동을 말한

---

81) Buchanan, B. "Building Organizational Commitment: The Socialization of Manager in Work Organizational" *Administrative Science Quarterly*, Vol.1974. pp.533－546.

82) 황영익. 연봉제하에서 리더십 유형이 조직몰입에 미치는 연향에 관한 연구. 한남대학교 박사학위논문. 2000. pp.33－44.

다. 셋째, 조직몰입에 대한 보편적 정의로 포터(Porter), 스티어스(Steers)의 연구는 개인과조직의 목표 일치 관점에서 '개인이 조직의 목표와 가치에 대하여 동일시'할 때 몰입이 발생하는 것으로 보았다. 그들은 조직몰입을 조직의 목표와 가치에 대한 강한 신뢰와 수용, 조직을 위해 노력하려는 의지, 조직 구성원으로 남으려는 강한 욕구 등 3가지 개념으로 정의하고 있다.[83]

또한 조직몰입이 근로자의 직무만족도, 이직의도, 결근율과 같은 중요한 행동결과에 밀접하게 관련되어 있다는 사실은 많은 연구(Koch & Steers, 1978; Mowday, Porter & Steers, 1982; Meyer & Allen, 1984)에서 입증되었다. 또 직무만족보다 이직성향을 더욱 정확히 예측해 주며, 고(高)몰입 종사원들은 저(低)몰입 종사원들보다 성과가 높게 나타나고, 조직몰입이 조직유효성의 유용한 척도가 되어진다는 측면에서 그 중요성이 있다(Steers, 1997).

특히, 조직몰입이 조직 구성원의 태도와 행동 간의 관계를 이해하는 데 중요한 개념으로 인식되고 있는 이유는 비교적 장기간에 걸친 태도의 반영으로서 안정성을 확보할 수 있기 때문이다(Angle & Perry, 1981). 또 데니슨과 미샤(Denison & Mishra, 1995)를 비롯한 많은 연구자들은 조직유효성과 관련된 기업경영의 과제로 조직문화의 전략적 개발을 들고 있으며, 실제 조직문화에 대한 연구는 그 개념 정의와 측정가능성에 대한 논란에도 불구하고 조직 연구자들에게 끊임없이 관심의 대상이 되어 왔다(Cooke & Rousseau, 1998; Martin & Shiehl, 1983; Louis, 1983; 김상기, 1988; 서인덕, 1985; 신유근, 1986; 홍원구, 1989).

칸터(Kanter)는 조직몰입을 조직에 투여한 노력과 희생으로 인해

---

83) 최창명. 윤리경영의 운영과 리더에 대한 신뢰가 조직몰입에 미치는 영향. 경희대학교 박사학위논문. 2005. pp.34-38.

계속적으로 조직에 남아 노력하겠다는 근속몰입, 조직의 사회적 상호
작용 관계에 대한 애착인 응집몰입, 바람직한 방향으로 행동하려는 조
직규범에 대한 애착인 통제몰입 등으로 구분하였다. 또 포터(Porter)
등은 세 가지 개념에 의한 몰입을 측정하기 위하여 15문항으로 구성
된 OCQ(Organizational Commitment Questionnaire)를 개발하였으며,
많은 학자들이 조직몰입의 측정에 사용하고 있다.

iii) 윤리적 조직풍토(ethics organizational climate)

기업의 윤리적 조직풍토란 조직풍토의 한 차원으로 업무를 수행하
는 과정에서 나타나는 조직 구성원들의 정직하고 성실한 행동뿐만 아
니라, 기업 자체의 윤리적 행동을 촉진하는 기업 조직의 조건이나 상
태를 뜻한다(Vistor & Cullen, 1998). 일반적으로 기업 조직 내에서
개인의 윤리행동은 그 사람의 성격으로부터 나오는 것으로 인지하기
쉬우나, 그 개인의 의사결정과 행동방식은 조직 시스템에 의하여 결정
되는 측면이 많다(Relly & Kyi, 1990).

미시적 측면의 윤리풍토는 윤리적 작업풍토(Ethical work climate)
로서 기업에서 일하는 구성원들이 기업 활동의 관행이나 절차에 동의
하도록 함으로써 심리적으로 의미 있는 형식으로 표현된 그들의 지각
을 의미한다(Schneider, 1975). 또 이종영(2002)은 윤리경영이 고객
주주, 협력업체, 조직 구성원 및 이해관계집단의 만족과 신뢰를 주기
위하여 공통의 목표와 사명을 개발하고 그 실현을 위하여 윤리경영을
인식하고 실천하는 경영풍토를 마련하는 데서 출발한다고 강조한다.
박헌준(2002)은 '기업윤리 풍토와 기업 성과에 대한 연구'에서 기업이
사회적 법규와 규범을 준수하고 윤리적인 경영을 할 때 조직 구성원

들은 보람을 느끼게 되고 기업 활동에 대한 몰입도가 강화되어 경영 성과를 높이는 데 크게 기여한다고 강조하였다.[84]

또 쿨렌과 브론손(Cullen & Bronson, 1993)은 조직에서의 윤리풍토는 조직 풍토의 한 차원으로서 조직에서 윤리적 기준을 요구하는 다양한 업무 실무, 절차 등을 실행함에 있어 조직 구성원이 의사결정을 어떻게 해야 하는가에 대하여 설명하였다.[85] 또한 최근 높은 관심을 받고 있는 빅터와 쿨렌(Victor & Cullen, 1989)의 윤리풍토 모형은 윤리풍토의 평가 도구를 개발하기 위하여 9개의 윤리풍토 유형을 만들었다. 이를 세부적으로 보면, 이기주의는 자기 자신의 이익을 극대화하려는 의사결정으로 설명할 수 있고, 공리주의는 공공의 복리를 극대화하려는 의사결정으로 설명되며, 의무론은 개인적 또는 전문적인 규범을 따르는 의사결정으로 설명할 수 있다. 의무론은 행위의 정당함을 추구하는 것이고, 목적론은 행위의 결과로서 선과 악을 판단하는 것이라 할 수 있다.[86]

또한 쿨렌 등(Cullen et al, 1993)은 윤리풍토 타입을 보다 구체적으로 조사하기 위한 9개의 설문문항을 추가적으로 개발하여 윤리풍토 유형을 조사한 결과, 자기이익, 효율추구, 배려, 사회적 책임, 개인적 도덕, 회사규정 및 절차, 법과 규범 등 7가지 윤리풍토 유형이 나타났다. 또 피터슨(Peterson, 2002)은 윤리풍토 조사에서, 조직윤리풍토 차원이 Victor Cullen(1989)이 분류하였던 9가지 차원으로 구분되며, 이 중 사회적 책임 풍토가 가장 우세한 윤리풍토이며 자기 이익형 풍토

---

84) 이정훈, 경영성과를 위한 윤리경영의 방향, 한국윤리경영학회, 윤리경영 연구 제5집, 2004. p.7.
85) Cullen J. B. Victor, B. & Bronson., J. W(1993), "The ethics climate questionnaire and assessment of its development and validity", *Psychological Report*, Vol.73, pp.668－669.
86) Hunt, S. D. & Vitell. S(1986), "A General Theory of Marketing Ethics", *Journal of Macro Marketing*, Spring, pp.5－16.

가 가장 낮은 수치를 나타내고 있는 것으로 조사되었다.

말로이와 아그월(Malloy & Agarwal, 2003)은 윤리풍토 조사에서, 개인적 배려, 마키아벨리즘, 독립, 사회적 배려, 법과 강령 5가지 윤리풍토 유형을 도출하였다. 에론두 등(Erondu et al, 2004)은 은행 종사자 200명을 대상으로 9가지 조직윤리풍토 유형에 대한 확증요인 분석 결과 유의성이 검증되었음을 주장하였다.

조직풍토에 대한 국내연구에서 허재일(1997)은 구성원들이 인지하는 윤리풍토와 더불어 윤리풍토가 조직몰입에 미치는 영향을 조사하였다. 그 결과, 자기이익형 윤리풍토를 제외하고 회사이익형, 배려형, 사회적 책임형, 개인적 도덕형, 회사규정 및 절차형, 법과 규범형 등 6가지 윤리풍토는 조직몰입에 정(正)의 상관관계를 지니는 것으로 나타났다. 또 이학종과 이종건(2000)은 제조업, 금융업 서비스 유통업의 종사원 136명을 대상으로 그들이 인지하는 윤리풍토가 조직효율성에 미치는 영향을 조사하였다. 분석결과, 법규 규범형과 개인도덕형 윤리풍토가 조직몰입도에 정(正)의 상관관계를 갖는 것으로 나타났으며, 규정 절차형, 자기이익형, 회사이익형 윤리풍토는 조직몰입과는 부(−)적인 관계를 갖는 것으로 나타났다. 또한 김미선(2003)은 금융업, 제조업, 유통업 등 총 29개의 기업의 517명의 종사원을 대상으로 윤리풍토 유형을 조사한 결과 사회책임형, 조직내공동추구형, 효율추구형, 회사이익형, 개인도덕형, 규칙추구형의 6가지 윤리풍토 유형이 있는 것으로 조사되었다.

ⅳ) 협조적 노사관계

노사관계란 좁은 뜻으로 산업사회 속에서 임금을 목적으로 하는 근로자와 노동력을 구매하고 임금을 지급하는 사용자와의 관계를 뜻하며, 넓은 뜻으로는 고용주와 피고용자와의 관계, 경영자와 노동조합과의 관계, 경영자·근로자·정부 간의 상호관계를 포함하여 의미한다.

노사관계는 산업관계뿐만 아니라 사용자와 종업원의 관계가 경영층과 노동조합의 관계에서 나타나고 있는 대립관계뿐만 아니라 협동관계도 포함한다. 노사관계 중 대립관계는 배분, 즉 임금문제를 중심으로 하며, 협동관계는 생산성의 향상과 관련되어 있다. 이러한 노동관계는 경영과 노동조합과의 관계뿐 아니라 노·사·정 위원회와 같은 제3자인 중립측이나 공익대표의 조정이 큰 역할을 하고 있다.

노사관계 당사자의 딜레마 모형은 사용자와 노동자 양측이 일탈된 행위를 선택한 경우보다 모두 협력적인 선택을 했을 때 양측 모두 더 많은 이득(payoff)을 취할 수 있고, 한 당사자가 협력적 행동을 취하였음에도 불구하고 다른 당사자의 상호협력을 위한 행동이 아닌 일탈행위를 한 당사자는 협력적인 행위를 선택한 경우보다 더 높은 수준의 이득을 취할 수 있다는 전제에서 이루어진다.[87] 사용자와 노동조합의 일탈 가능성을 배제하고 효율적인 수준의 자본투자와 고용을 실현하는 첫 번째 방안은 양 당사자가 장기적인 관점에서 암묵적 협약(implicit contracts)을 체결하는 것이다.[88] 이는 일탈을 함으로써 이득을 얻을 수 있지만 자발적으로 일탈을 자제하는 이유는 일탈을 통한 일회적 이득의 증대분이 잃게 되는 장기적 이득의 감소분보다 작기 때문이다. 또한 두 번째 방안은 특정 기간 동안에 사용자와 노동조합의 행위를 강제할 수 있는 명시적 협약(binding contracts)의 체결

---

87) 이상민, 일자리 창출을 위한 기업수준의 노사협약, 산업관계연구 제15권 제1호, 한국노사관계학회, 2004. 6. pp.27-44.

88) Addison, John t. & Chilton J. B.(1998), Self-Enforcing Union contracts: Efficient Investment and Employment, *Journal of Business*, Vol.71, No.3, pp.349-369.

116

이다(Rosducher, 1997).[89]

또 이는 사용자와 노동조합이 단체협약을 맺거나, 노사협정을 통하여 명시화할 수 있으며, 이러한 협약 내용을 이행치 않을 경우 민형사상 처벌을 받을 수 있다. 따라서 최근과 같이 제조업 공동화 확산 등 위기적 요소가 팽배한 현재의 노사관계 상황에서는 실질적인 노사협약을 체결하여 노사관계 혁신과 신뢰구축을 이루는 것이 중요하며, 노동조합은 일자리 보장을 위하여 임금인하 및 경영혁신 프로그램에 적극 참여하고, 기업은 생산기지의 해외이전보다는 국내투자를 확대하며, 고용보장이나 일자리 창출하는 등 상호 주고받는 노력이 노사협약의 요체라 할 수 있다.

오늘날 한국의 노사관계는 산업화된 시장경제의 모든 국가들이 경험한 노동운동을 인정하고 파트너로 인정(recognition)하는 화해와 대타협의 '노동통합'이 제대로 이루어지지 않아 한국사회는 노동배제적인 성격이 강하다. 따라서 노총은 노동운동의 인정투쟁(recognition struggle)을 추구하게 되었고, 노동운동은 정치경제 시스템에 대한 도전자로서 사회운동단체로서만 인식되게 하였다.[90] 그러나 이제 한국의 노사관계도 조용한 노사관계와 합리적인 노사문화가 정착되고, 개방경제로서 급변하는 경제 환경에 대응하는 노사관계의 탄력성이 절실한 시점이다.

3) 기업윤리의 사회적 성과

선진국에서는 기업의 성과를 평가할 때 재무적 측면과 사회적 측면을

---

89) Rosducher, Jorg(1997), Arbeitsplatzsicherheit durch Tarifvertrag. Rainer Hampp Verlag. 재인용.
90) 전게서, 최영기·배규식(2003).

함께 고려함으로써 재무보고서로만 평가하는 한계를 보완하고 있다. 환경과 사회공헌 그리고 인권 등 다양한 잣대로 평가해도 문제가 없는 기업을 진짜 우량기업이라고 본다. 기업 사회책임 주요 평가기준으로 미국 다우존스가 99년부터 발표하는 다우존스 지속가능성 지수(DJSI)와 영국 파이낸셜타임스와 런던 증권거래소가 공동 설립한 지수 전문회사 FTSE에서 2001년부터 발표하는 'FTSE 4Good' 지수가 대표적이다.

기업은 사회시스템 속에서 다양한 관계를 가지고 경영활동을 하게 되므로 여러 이해관계자들에게 공정하고 건전한 보고시스템을 통해 정보를 공유하고, 투명한 기부행위나 환경보호투자를 통해 사회적 기여를 해야 할 책임을 지게 된다. 이러한 기업의 사회적 성과를 평가하는 자료로는 공시된 기업의 사회적 성과 자료(사업보고서, 공시자료)와 포춘 등의 평판자료, 기업의 CSP 행동에 대한 객관적 자료인 사회적 감사, 구체적으로 관찰 가능한 사회적 성과 결과(CEP, KLD, KEJI 자료)[91] 그리고 기업문화에 숨겨진 기업의 가치나 원칙(경제적, 법적, 윤리적, 재량적 책임에 대한 평가 활용) 등을 이용할 수 있다. 사회적 성과의 척도로서 기업의 평판(評判)이란 기업의 경영활동, 즉 수많은 의사결정과 실행과정 그리고 그 결과에 의해서 내부 및 외부의 관찰자들에게 형성되어지는 일종의 상(像), 또는 이미지(Image)이다.

좋은 평판을 가진 기업에는 우수한 인재가 모이고, 직원들의 충성도와 생산성이 제고되며, 각종 계약에 있어서의 영향력이 증대되어 유리한 입지에 서게 된다.[92] 그리고 시장의 신뢰도가 높아지면 기업가치도 상승하고, 제품 및 서비스의 가격 프리미엄을 확보할 수 있으며,

---

91) CEP(Council on Economic Priorities), KLD(Kinder, Lydenberg, Domini), KEJI(Korea Economic Justice Index)

92) 김종호, 기업 평판(Corporate Reputation), LG경제연구원 주간경제 751호, 2003. 10. 29.

118

위험에 처했을 때 위기상황을 극복할 수 있는 밑거름으로 작용하게 되는 등 다양한 측면에서 기업경영에 긍정적인 영향을 준다.

기업의 사회적 책임과 사회적성과에 대하여, 신동엽(1999)은 국제합작투자 기업을 대상으로 실시한 실증분석에서 신뢰가 기업 간 협력관계에 긍정적인 영향을 미친다는 사실을 검증함으로써 윤리경영이 기업의 성과에 영향을 준다는 것을 밝혔다.

또한 이인석·이형석의 연구(2002)에서는 CEO의 가치관이 윤리경영의 제도와 관행으로 나타나는 데 소요되는 시간이 오래 걸려 명쾌한 결과를 얻지 못하였다. 그러나 윤리경영과 사회적 성과에 있어서 사회적 책임의식(이윤동기), 물질주의, 종교지향성과 사회적 성과의 상관관계도 통계적으로 유의하고, 회귀모형에서도 사회적 성과를 설명하는 CEO의 윤리적 가치관의 유의하게 설명되었다. 또한 기업윤리 사회적 성과 측정지표로 기업의 신뢰성(인력개발 노력, 노사관계 노력, 환경오염방지 노력, 산업안전보건), 기업 이미지(기업의 자선활동, 정당한 경영활동, 불법 행위 여부), 기업의 명성(연구개발 노력, 사회보고서제출), 기업 인지도(임직원의 지역 사회봉사활동), 이해당사자와의 관계(소비자 권익보호, 주주 권리실현, 납품업체와의 불공정거래) 등을 선정하였다. 또 윤언철(2002)의 연구에서도 기업의 사회적 성과는 소비자, 종업원, 지역 사회 등 기업의 주요 이해관계자들의 관심을 이끌어 내고 궁극적으로 기업의 수익성 향상에 긍정적 영향을 미친다고 하였다.

한편 전경련(2006)의 기업윤리성과 사회적 성과 분야 측정변수는 고객의 신뢰성, 기업 이미지, 임직원 애사심, 협력사와의 관계 활성화, 고객 및 소비자 단체의 컴플레인 증감 등의 항목을 측정하였다. 다음 [표 3-6]은 학자 및 연구 기관별로 사회적 성과를 측정한 측정항목이다.

[표 3-6] 기업윤리 사회적 성과 측정요인

연구자	연구변수
스탠윅(Stanwick) (1988)	· 선의경영이론(Good Management Theory) - 높은 사회적 성과는 좋은 재무적 성과 초래 - 윤리적 행위에 충실한 기업 재무상태 양호
Miles & Covin (2000)	· Fortune 기업평판지수 이용. 1981-1986년 기업평판지수 와 수익성의 상관관계 분석.—정(正)의 상관관계가 있음
이충열(2002)	· 기업의 신뢰성, 기업 이미지, 기업의 명성, 기업 인지 도, 이해당사자와의 관계
프랑스 사회보고 (Bilan Social)	· 내부-고용, 임금, 산업안전보건, 기타근로조건, 교육훈 련, 노사관계. · 외부-고객, 납품업자, 환경, 공권력, 지방 자치단체, 사 회단체.
미국 다우존스 지속가능성 지수(DJSI)	· 기업의 사회활동, 자선활동, 이해당사자와의 관계, 노동 표준, 인력개발, 지식관리, 사회보고서, 공급자의 수준
영국 FTSE (FTSE 4Good)	· 평등정책 명시, 윤리규정 채택, 교육, 인력개발, 노조 (협의체)와 좋은 노사관계, 5만 파운드 이상 기부, 임 직원 지역 사회봉사활동
미국 뉴욕 이노베스트	· 재무성과 15%만 표현, 숨겨진 가치 85%는 환경적 요 소, 인적 자원, 주주 권리실현, 지속가능한 수익을 가져 올 수 있는 경영방법. - 환경적 요소를 잘 관리하는 기업이 그 외의 기업 활 동도 잘함
경실련(KEJI INDEX) 경제정의지수	· 기업 활동의 건전성, 공정성, 사회봉사기여도, 환경보 호만족도, 소비자보호기여도, 종업원만족도, 경제발 전기여도.
박헌준(2002)	· 기업 활동의 건전성, 기업 활동의 공정성, 사회기여, 사 회적 성과 수준은 재무성과와 정(正)의 영향
박헌준 · 신현한 · 권인수(2004)	· 사회공헌활동, 신뢰성, 고객 중시, 환경 친화성
전경련(2006)	· 고객의 신뢰성, 기업 이미지, 임직원 애사심, 협력사와의 관계 활성화, 고객 및 소비자 단체의 컴플레인 증감

자료: 연구자 작성

웨스팔(Westphal, 1999)은[93] 기업윤리와 연관성이 있는 이사회의 독립성이나 사외이사의 역할과 같은 기업의 투명성도 기업성과를 높이는 데 중요한 역할을 한다고 하였고, 앱스테인(Epstein, 1987)은 투자자들이 단기적 이익보다 기업의 윤리적 행동에 기반을 둔 의사결정을 내린다는 연구결과는 기업에 대한 긍정적 이미지가 투자 결정에 영향을 미치고 있음을 보여 주고 있어 '좋은 윤리는 좋은 사업이다('Good Ethics'는 곧 'Good Business')'라는 관점을 지지하고 있다.[94]

특히 프랑스는 1977년에 사회보고 법제화에 성공하여 1979년부터 기업이 스스로 보고하는 사회보고(social reporting)를 실시하고 있으며, 이를 토대로 기업의 사회적 성과평가를 실시하고 있다.[95] 프랑스의 사회보고(Bilan Social)는 기업 스스로 기업의 사회적 성과를 평가·보고하며, 사회보고서를 내기 전에 제3자가 기업에 참여하여 사회감사(social auditing)를 실시하도록 하는 공개적인 사회보고제도를 갖고 있다.[96] 이는 이윤창출을 우선하되, 기업윤리가 정립되도록 해야 한다는 미국식과 대조적으로 조직 내·외에 대한 사회적 책임이 우선되는 차원에서 이윤을 창출해야 한다는 점을 강조하는 프랑스식이다(박기찬·강정애, 2002).

이처럼 각국은 기업윤리를 평가하는 기관과 평가항목이 다르며, 그 내용은 아래 표에 나타나 있다.

---

93) Westphal, J. D.(1999), Collaboration in the Boardroom; Behavioral and Performance Consequences of CEO-Board Social Ties", *Academy of Management Journal*, vol.42, pp.7-24.

94) Epstein, E. M.(1987), The Corporate Social Policy Process: Beyond Business Ethics, Corporate Social Responsibility, and Corporate Social Responsiveness", *California Management Review*, vol.29, spring, pp.99-114.

95) 최정철, 민관협력 포럼 창립 1주년 심포지움, 제1회 워크샵 자료, 2004.

96) J. Igalens et J.-M(1997), Peretti, Le Bilan Social De L'Entreprise, Presses Universitaires De France, pp.108-109.

[표 3-7] 국가별 기업윤리 평가 모델

구분	말콤볼드리지상 (MB 상)	미국 기업양심상	기업평판지수	경제정의지수 (KEJI)	기업윤리 평가지수
국가	미국	미국	호주	한국	한국
주관 기관	국립표준기술원 (NIST), MB상 재단	경제우선위원회 (CEP)	The Sydney Morning Herald	경제정의실천 시민연합	산업자원부
평가 항목	· 고객 지향의 품질 · 리더십 · 사회적 책임과 시민 정신 · 종업원의 참여와 개발 · 결과 중심의 경영	· 자선 기부 · 여성 지위향상 · 고용 평등 · 정보 공개 · 지역 사회협력 · 환경 보호 · 근로자 가정 이익 · 근로 복지와 산업 안전	· 종업원 만족도 · 환경 보호 · 사회적 영향 · 기업의 윤리성 · 경제적 성과와 시장 지위	· 기업 활동의 건전성 · 기업 활동의 공정성 · 사회봉사 기여도 · 소비자 보호 만족도 · 환경 보호 만족도 · 종업원 만족도 · 경제 발전 기여도	· 경제적 공헌 지수 · 사회적 공헌 지수 · 자발적 공헌 지수

자료: LG주간경제, CEO 리포트, 2003. 5. 14.

ⅰ) 고객만족도(Customer Satisfaction)

고객만족이란 "고객이 치룬 대가에 대하여 적절하게 보상받았는지 여부를 느끼는 인지적 상태, 불일치된 기대로 인한 감정이 고객의 구매 경험 전 감정과 결합될 때 발생하는 종합적인 심리적 상태이다".(Oliver, 1980) 또한 미국 마케팅 학회(AMA)에 따르면, "고객만족은 고객의 필요와 욕구에 의하여 생겨난 기대를 충족시키거나 초과할 때 생겨나고, 기대에 미치지 못할 때 불만족이 생겨난다."고 정의하였다. 이는 고객 충성도에 강한 긍정적 영향을 미치며(Fornell, 1992; Fornell et al, 1996), 이러한 전반적인 평가가 고객 행동에 영향을 미쳐 긍정적인 구전과 재구매를 발생하게 한다(Boulding et al, 1993).

이유재(2000)는 고객만족의 개념연구에서 고객만족을 소비자가 치른 대가에 대하여 적절하거나 부적절하다고 느끼는 소비자의 인지상태나 감정적 반응 등으로 표현하는 결과중시형과, 고객만족을 소비경험이 최소한 기대했던 것보다 좋았다거나 선택했던 대안이 그에 대한 사전적 신념과 일치되었다는 평가를 뜻하는 과정중시형으로 구분하였다. 또 고객만족과 관련한 실증연구에서는 고객만족이 높은 고객은 충성도가 높으며, 재구매, 긍정적 구전 등을 할 가능성이 높다고 밝히고 있다(Fornell, 1992; Fornell et al, 1996; 이유재, 2000). 이처럼 고객만족과 기업 성과의 관계를 밝히는 것이 중요한데 고객만족과 기업 성과와의 관계를 밝히기 위해서는 기업 차원에서 고객만족을 측정해야 한다.[97] 일반적으로 기업 차원의 고객만족은 평가의 일관성과 객관성을 위해 고객만족지수(Customer Satisfaction Index)라는 개념을 통해 측정하고 있으며, 고객만족지수가 기업 수익성에 긍정적인 영향을 주는 것으로 나타났다(이유재, 2006). 특히 제조업보다는 서비스 기업에서 고객만족지수가 기업 수익성에 긍정적인 영향이 더욱 강한 것으로 나타나 에바슨 등(Edvardsson et. al, 2000), 엔더슨 등(Anderson et. al, 1997), 이너와 라커(Ittner & Larcker, 1998)의 연구와 동일한 결과가 나타났다. 따라서 고객만족이 높을수록 기업의 가치도 높아진다. 한국에서는 한국능률협회컨설팅이 발표하는 한국산업의 고객만족도(KCSI)와 한국생산성본부와 미시간 대학이 공동으로 조사·발표하는 국가고객만족지수(NCSI)가 대표적인 측정지수이다.

올리버와 스완(Oliver & Swan, 1989)은 재산가치 이론(Equity theory)에서 고객만족을 고객이 지불하는 비용과 고객이 기대하는 보

---

97) 이유재·이청림, 고객만족이 기업의 수익성과 가치에 미치는 영향, 마케팅연구 제21권 제2호, 2006, pp.85-113.

상 및 혜택 간의 관계로 보았다. 이는 가격, 혜택, 시간, 노력이 고객만족을 결정짓는 주요 요인이다(Heskett, Sasser & Schlesinger, 1997). 또 규범이론에 따르면 고객만족을 규범이 제품이나 서비스를 판단하는 준거점으로 작용하고 이 규범에 따라 고객만족 및 고객 불만족이 발생한다(Latour & Peat, 1979).

또한 최근 급격한 경영환경의 변화로 인하여 기존의 기업 위주의 사고로는 생존할 수 없다는 사실과 고객만족 경영만이 급속한 환경변화에 대응하는 전략임을 기업들이 인식하게 되었다.[98] 포넬(Fornell, 1992)은 기업이 고객만족수준을 높이면 고객 충성도가 높아지게 되고, 가격에 대한 민감도를 낮추고, 경쟁적 상황에서 기존 고객을 보호하며, 미래의 거래비용을 감소시키며, 기업의 이미지와 평판을 높인다고 주장하였다.[99]

ACSI의 경우 고객만족도의 측정은 제품/서비스에 대한 전반적인 만족도, 구매전 기대 수준에의 부응도, 이상적인 제품/서비스에의 근접도로 측정한다. 또 KCSI는 현재 사용하고 있는 제품/서비스에 대한 전반적인 만족도와 세부요소 중요도 및 만족도, 재구매의향으로 측정하여 전반적인 만족도(40%), 요소만족도(40%), 재구입의향률(20%)을 합한 점수로 산출하고 있다.[100]

또 반살 등(Bansal et al, 2001)은 '내부 마케팅 활동이 외부마케팅 성과에 미치는 효과'라는 연구에서 고용안정성, 적절한 훈련, 보상, 정보공유, 권한위임, 지위차별억제 등 인적자원 활동이 직무만족, 신뢰 등 내부 고객태도에 영향을 미치고, 종업원은 역할 이외 활동을 수행

---

98) 이유재, 고객만족 연구에 관한 종합적인 고찰, 소비자학 연구, 제11권 제2호, 2000, pp.139-166.

99) Fornell, Claes(1992), A National Customer Satisfaction Barometer; The Swedish Experience, *Journal of marketing*, 55. pp.1-21.

100) 전게서. 이유재(2000) pp.139-166.

하여 서비스 품질과 고객만족 및 고객로열티 증진 등 외부 마케팅 성과에 영향을 미친다고 주장하였다.

또 고객만족 측정에 대한 일반적인 기존 연구는 서비스 경험 후 인지 결과와 기대치를 비교하는 기대-만족 이론이다. 올리버(Oliver, 1993)도 서비스에 대한 고객만족은 사전 기대와 사후 서비스 결과 간의 인식차이로 규정하고 기대 부조화의 작용과 성과 모델로 고객만족을 설명한다. 또 그는 고객만족 측정과 관련하여 사전에 예측한 기대와 인지된 성과 간의 차이를 만족으로 정의하였다.

또 고객만족도의 측정방법은 기대 불일치 패러다임(Oliver, 1980)에 의존하는 경향이 있다. 대표적인 예는 유형성(tangibles), 신뢰성(reliability), 대응성(resposiveness), 확실성(assurance) 등의 품질속성들을 개념화한 SERVQUAL척도이다(Parasuraman et al., 1985). 또 크로닌과 테일러(Cronin & Talyor, 1992)에 의하면 SERVQUAL 모형은 고객만족과 서비스 품질이 혼재되어 있어 기대 개념이 명확하지 않아 기대 개념을 객관적으로 측정하기 어렵다고 보았다. 또 Teas(1993)는 SERVQUAL의 대안으로 EP(Evaluated Performance)모델과 NQ(Normed Quality)모델을 제기하고 그에 따른 다양한 실증모형을 제시하였다. 또한 알라드 등(Allard et al, 2003)은 소비자의 기대-만족수준은 특정한 고정된 어느 한 점(static point)에 의한 측정보다 범위 개념으로 측정하는 것이 타당하다고 보았다.

ii) 조직에 대한 대외적 신뢰도

전통적으로 신뢰는 신비하고 막연한 요인으로 간주되었고, 확신(confidence), 신용(reliance), 기대(expectation), 희망(hope)과 혼용되어 사용되어 왔다(Giffin, 1967). Rotter(1971)는 신뢰를 상대방의 말, 약속 또는 구어적 문어적 진술이 믿을 만하다는 일반화된 기대(generalized expectancy)로 정의하였다.

또 존슨과 스왑(Johnson & Swap, 1982)은 '위험을 기꺼이 감수하려는 마음'으로, 또 쿠렐과 주쥐(Currall & Judge, 1995)는 '위험 상황에서 타인에 대한 생동적 신용'으로 정의하였다. 따라서 조직이 효과적으로 기능하기 위해서는 다양한 관계(수평-수직, 내부-외부, 구성원-회사) 간의 상호협력을 통한 시너지의 창출을 필요로 한다.

신뢰(confidence)와 투명성은 기업의 이해관계자 간의 상호작용이 건강하게 이루어질 수 있도록 하는 인프라이다.[101] 또 신뢰의 핵심을 상호의존적 관계에 있는 그러나 통제할 수 없는 상대방의 행위로부터 발생할 수 있는 위험을 자발적으로 부담하는 것이다(박통희, 2004).

기업의 업무수행방식이 소비자를 비롯한 공중에게 긍정적으로 인지된 기업 신뢰성이나 기업명성이 장기적으로는 기업성장에 크게 기여할 것이라는 논리가 일반적이다. 헬러(Heller, 1998)는 기업 신뢰성은 소비자가 기업이 고객의 욕구나 필요를 만족시키기 위한 제품과 서비스를 계획하고 전달하는 것을 믿는 정도로 정의하여 기업 신뢰성을 소비자를 만족시킬 수 있는 능력의 정도로 이해하고 있다.

또 기업 윤리경영은 기업 내부적 측면에서 종업원들의 자부심과 긍지, 업무능률의 향상, 작업에서의 안전사고의 감소, 직원들의 사회적 공헌활동이 활발하게 이루어질 수 있다. 그리고 기업 내부 측면에서 보면 기업이미지 제고와 대고객 신뢰가 형성되어 충성고객이 증가하는 효과가 있다.

---

101) 이정훈, 경영성과를 위한 윤리경영의 방향, 한국기업윤리학회 기업윤리
　　　연구 제5집, 2002.

126

또한 기업의 신뢰성은 전문성과 진실성으로 측정할 수 있는데 이를 측정하기 위해서 누웰과 골스미스(Newell & Goldsmith, 2001)가 개발한 척도를 참조하였다. 이들은 기업신뢰성 차원을 전문성과 믿음성으로 구성하여 이들 차원에 대해 신뢰성과 타당성을 실증적으로 검증하여 보여 주었다.[102]

제닝(Jennings, 1971)은 신뢰 상황을 확인하고 중역들의 승진에 대한 경력주기 이론에 적용하기 위하여 관리직을 대상으로 임상 면접을 실시하여 네 가지 신뢰의 선행요인을 확인하였다. 이 네 가지 선향요인은 충성도(loyalty, 상대방의 행동에 대한 관심), 접근 가능성(accessibility, 심리적으로 개방되어 있고 생각의 수용과 발산을 잘 받아들임), 유용성(availability, 물리적 유용성), 예언 가능성(predictability, 일관되게 의사결정을 하고 행동함)이었다.

김정호(2000)는 다양한 조직에 종사하고 있는 직장인들을 대상으로 한 인터뷰와 요인분석을 통해 부하로 하여금 상사에 대해 신뢰하도록 만드는 선행요인들을 추출하였으며, 이들 요인들과 조직효과성 변수들과의 관계를 탐색하였다. 그가 추출한 신뢰의 선행요인들은 대인관계, 도덕성, 원칙준수, 접근성, 솔직함, 공동체의식, 권한위임, 솔선수범, 친밀성, 불평/불만 안함, 공정성 견지, 전문성, 배려 등의 13개였으며, 이들 요인들은 부하의 직무만족, 조직몰입, 조직시민행동, 이직의도 등의 조직 효과성 변수들을 유의미한 관계가 있는 것으로 나타났다.

이와 같이 최근의 신뢰라는 개념의 공통요소는 위험의 감수(risk-taking), 낙관적 기대(optimistic expectation) 및 자발성(willingness)

---

102) Newell, Stephen J. & Ronald Goldsmith(2001), The development of a scale to measure perceived corporate credibility. Journal of Business Research, 52. pp.235-247.

으로 정리할 수 있다.[103]

iii) 기업이미지(corporate image) 또는 명성(corporate reputation)

폼브런(Fombrun, 1996)은 기업명성을 다른 선도적 경쟁자와 비교할 때 중요한 이해관계자들에게 기업의 전반적인 소구(appeal)를 나타내는 기업의 과거행동과 미래전망에 대한 지각적 표현으로 정의하고 있다. 또 웨이스 등(Weiss et al, 1999)은 어떤 조직이 높은 존경심이나 경의를 갖고 있는 정도에 대한 전반적인 지각(global perception)으로 정의하고 있어, 기업명성을 외부 이해관계자들이 기업을 좋고 나쁜 것으로 보는 정도를 반영하는 조직적 속성으로 보고 있다.[104] 이와 유사하게 두칸(Ducan, 2002)은 기업 명성을 기업과 상표가 이해관계자의 입장에서 갖게 되는 존경심(esteem)으로서 기업의 핵심적인 가치와 행동을 나타내는 것으로 정의하고 있다.[105]

또 기업명성은 기업의 과거 지속적인 행동의 결과에 대한 평가를 의미하며, 여러 속성들을 하나로 묶어 지각하는 평가적 특성이 있고, 조직의 내부 이해관계자를 포함한 이해관계자들에 의한 전반적인 지각의 특성을 갖고 있다. 폼브론(Fombrun, 1996)은 기업명성의 형성요인으로 신뢰성(credibility), 진실성(trust-worthiness), 신뢰도(reliability), 책임성(responsibility)을 들고 이들이 상호작용하면서 기업명성이 형성되

---

103) 박통희, 신뢰의 개념에 대한 비판적 검토와 재구성, 한국행정학보. 33권 (2호) 1999, pp.1-17.

104) Weiss, A. hf., E. Anderson & D. J. MacInnis(1999). Reputation management as a motivation for sales structure decisions. Journal of Marketing, 63, pp.74-89.

105) Ducan(2002). IMC; Using advertising & promotion to build brand. Prentice Hall.

128

는 것으로 보고 있다.106)

따라서 기업명성을 자산화함으로써 기업은 제품에 대하여 프리미엄 가격을 얻게 되며, 낮은 가격으로 구매하게 되고, 좋은 인재를 채용할 수 있으며, 고객과 종업원들로 하여금 높은 충성도(loyalty)를 갖게 하며, 보다 안정된 매출액을 갖게 하고, 위기의 위험을 낮춘다는 시각에서 기업명성은 고객의 관계유지의도에도 긍정적으로 영향을 미칠 수 있을 것으로 본다(Fombrun, 1996).

또 기업 이미지는 기업에 대한 다양한 정보와 그 기업의 제품에 대한 경험에 의해 형성된 사회일반에 비쳐진 총체적 인상으로서, 제품, 판매방법, 애프터서비스 등과 같은 모든 이미지 관련 기업정책에 의하여 기업을 둘러싸고 있는 소비자, 주주, 거래기업, 경쟁기업, 지역 사회 등과의 관계에서 기업의 전체적인 이미지가 만들어진다. 코티어(Kotier, 2000)는 기업 이미지는 한 개인이 특정 대상에 대해 가지는 신념, 아이디어, 인상의 총체라고 정의하였고, 또 아쎌(Assael, 1998)은 소비자가 시간이 지남에 따라 여러 가지 상이한 원칙으로부터 받은 정보를 처리함으로써 형성한 목적물에 대한 전체적인 지각이라고 표현하고, 소비자들은 기업에 다양한 정보와 그 기업제품에 대한 경험으로 기업 이미지를 형성한다고 밝히고 있다. 또 국내연구에서 기업윤리가 기업이미지 향상과 구성원의 자부심을 향상시켜 기업 이익을 증대시키는 효과가 있다(이종영, 1995; 서균석 · 김태형, 1999).

또한 명성은 다른 무형 자산들과 동등하게 중요한 요소이며, 기업의 명성은 고객뿐 아니라 공급업자, 경쟁자, 투자자, 직원, 정부나 규제기관, 지역 사회 등 해당 기업을 둘러싼 이해관계자 집단이 어떻게 생각하는

---

106) Fombrun, Charles J.(1995). Reputation: Realizing value from the corporate image. *Harvard Business School Press*: Boston, Massachusetts.

지를 총체적으로 반영하는 개념이다. 또 계량적으로 기업명성이 가격 프리미엄의 좋은 지표가 되거나 지속가능한(sustainable) 우수한 기업성과에 기여하는 것으로 판명되고 있다(Roberts & Dowling, 2002).[107]

또한 기업 이미지는 개인의 이미지 영역 중에서 특히 매스미디어에 의해 전달되는 기업실체 정립에 관심을 두는 것으로서 어떤 시점을 중심으로 하는 표현이며, 명성은 이미지가 오랜 시간 동안 형성된 결과로서 나타나는 것이다. 또 기업 이미지를 형성하는 구성요소에 대하여 윈터(Winters, 1986)는 기업행동 이미지(고품질과 서비스제공, 적정가격의 제품생산 등으로 마케팅 이미지), 사회행동 이미지(환경오염, 공공이익, 공정한 세금납부, 공중에 대한 관심 등으로 사회적 이미지), 기업공헌 이미지(문화/예술 지원, 보건/교육/사회복지 지원 등의 물질적 지원) 등 세 가지로 분류하고 있다. 또 이를 수정하여 윤각·서상희(2003)는 공정가격, 좋은 품질의 제품 생상, 환경보호에 적극성, 소비자 권익보호, 세금, 문화예술 발전기여도, 사회복지 발전기여도 등 7개 문항을 측정항목으로 활용하였다. 또한 기업이미지에 대한 평가기준은 경영이념과 가치관, 구성원의 의식, 기업문화, CI, 인지도, 신뢰도, 제품과 서비스 품질 및 사회공헌도 등 유무형의 기업이미지 요소들을 활용한 것이다. 또 기업명성을 측정하는 데에는 골드버그와 하트윅(Goldberg & Hartwick, 1990)이 광고주의 명성을 측정하는 데 사용한 4가지 항목을 참조하였다.[108] 또한 기업이 다양한 유형의 소비

---

107) Roberts, Peter W & Grahame R. Dowling(2002), Corporate reputation and sustained superior financial performance. *Strategic Management Journal*, 23(September), 1077−1093.

108) Goldberg, Marvin E. and John Hartwick(1990), The effects of advertiser reputation and extremity of advertising claim on advertising effectiveness. Journal of Consumer Research, 17(September), pp.172−179.

자들에게 차별화되도록 서비스한다면 소비자들은 기업의 이미지와 평
판을 서로 다르게 가지기 쉽다는 것을 의미한다. 이러한 다울링의 분
류는 PR에서 연결 고리공중(linkage public)분류라고 불리기도 한다
(Grunig & Hunt, 1984).[109]

ⅳ) 사회공헌활동(Social Involvement)

기업의 사회공헌활동이란 기업과 지역 사회 간의 상호작용으로 기업
이 지역민과 지역의 여러 조직으로부터 좋은 이미지를 확보하고, 지역
사회의 복지에 기여함으로써 명성을 얻게 되는 활동으로 정의된다. 사
회공헌활동이란 그동안 전통적으로 인식된 기업의 본질적인 경제적
활동에서 더 나아가 보다 적극적으로 사회 발전에 기여하고자 하는 일
련의 대사활동을 의미한다(신유근, 2001; 박종규, 2003). 또한 드러커
(Drucker, 1984)는 기업의 이윤추구와 사회적 책임은 양립(兩立)이 가능
하다고 보았다. 즉 기업은 그들이 가지는 사회적 책임을 사업기회라는
새로운 발상으로 전환해야 한다는 것이다. 그는 적절한 기업의 사회적
책임이란 용(龍)을 길들이는 것과 같다. 즉 골치 아픈 사회문제를 경제
적 기회와 혜택, 생산적 능력, 인간의 역량, 고연봉 직종 그리고 부(富)
등으로 전환시키는 것이라고 주장하였다. 또 기업의 사회공헌이란 기업
경영과 관련된 지역 사회의 영향력 망(web of influence)을 우호적으로
관리하는 과정이다. 이는 기업을 둘러싼 영향력 망에 신뢰의 원천을 제
공해 주는 신뢰의 동력으로서 기업의 사회공헌이 작용한다는 것이다.[110]

---

109) Grunig, J. E. & Hunt, T.(1984). Managing public relations. NY;
　　　Holt, Rinehart & Winston.(박기순 · 박정순 · 최윤희 공역(1984)). ≪현
　　　대PR의 이론과 실제≫. 서울; 탐구당.
110) 김찬석. 비영리 조직을 통한 기업의 사회공헌활동. 광고학 연구 제17권.

따라서 사회공헌활동은 사회적인 의식구조 및 행동변화, 저변확대, 근본적인 해결책 제시를 통한 지역 사회의 발전을 도모하며, 그것을 통해 사회복지구조의 다양성을 부여하고, 기반을 튼튼히 하는 효과를 기대할 수 있다. 이에 따라 최근에는 CEO들이 사회공헌을 마케팅 전략으로 활용하는 바람이 일고 있다. 박람회나 스포츠 경기 후원 등 관중몰이로 특수(特需)를 노리거나, 교육기관에 투자하여 미래고객을 창출하고, 그룹 차원에 조직적으로 사회봉사를 함으로써 기업이미지를 향상시킨다(매일경제. 2001. 8. 16).

또 기업의 사회공헌활동으로 형성된 소비자들의 긍정적인 태도는 위기발생 정보가 조직에 미치는 부정적인 효과를 상쇄시키는 역할을 하는 것으로 나타났다.[111]

또한 클레인과 다와(Klein & Dawar, 2004)는 기업의 사회공헌활동의 후광효과가 귀인이론의 세 가지 개념인 책임소재, 안정성, 통제 가능성에 영향을 미치며, 이는 브랜드 평가와 기업평가로 이어질 것이라는 설정으로 연구하였다. 결과는 기업의 사회공헌활동이 기업에 즉각적인 효과를 주지 않지만 위기상황에서 소비자들의 귀인행동에 영향을 미쳐 브랜드 평가를 감소시키는 역할을 수행한다는 것이다.

또 기업의 업무수행방식이 소비자를 비롯한 공중에게 긍정적으로 인지된 기업 신뢰성(corporate credibility)이나 기업 명성(corporate reputation)이 장기적으로는 기업성장에 크게 기여할 것이라는 전제 아래, 자선단체에의 후원이나 직원의 봉사활동 등 기업의 사회적 책임을 다하는 것이 기업과 사회에 보다 바람직하다는 점에서 기업들은 사회공헌

1호. 2006년 봄. pp.133–157.

[111] 윤각 · 조재수, 부정적 언론 보도로 인한 위기상황이 해당기업과 브랜드의 명성에 미치는 영향, 홍보학 연구, 2005년 제9–2호, 2005, pp.196–221.

활동에 적극적으로 투자하는 경향이 있다. 따라서 전통적 마케팅 커뮤니케이션 회피현상으로 새로운 마케팅 커뮤니케이션 도구가 주목받고 있다.

3. 기업윤리 성과 간의 관계

1) 재무적 성과와 조직적 성과와의 관계

본 연구에서는 조직적 성과를 직무만족, 직무몰입, 윤리적 조직풍토, 협조적 조사관계 등 4개 항목으로 측정하였다. 기업의 윤리수준이 높을 경우 구성원들의 직무만족 직무몰입 정도가 높고, 윤리적 조직 풍토의 건전성이 양호하며, 노사관계가 지극히 협조적이어서 상호 높은 신뢰가 유지되어 상생의 노사관계가 노동 생산성에 정(正)의 영향을 미치기 때문에 재무적 성과가 높아질 것이라는 기대가 공감을 얻고 있다.

과거 산업사회에서 자본이 중요한 생산요소이던 때는 ROA(Return on Asset), ROI(Return on Investment), ROE(Return on Equity) 등의 지표가 기업의 성과를 측정하는 주요 지표로 쓰였다. 그러나 금융시장과 정보기술의 발전으로 점점 자본의 중요성보다는 경영진과 그 경영진의 경영역량이나 윤리경영이 더욱 중요해지면서 경영수익률(Return on Management)의 개념과 함께 윤리경영의 중요성을 강조하는 윤리경영수익률의 개념이 요청되고 있다. 또 최근에 초우량기업에서 활용되기 시작한 균형성과 지표(BSC; Balanced Scorecard)[112]는 이러한 새

---

112) BSC는 Balanced Score Card의 약자로 하버드 비즈니스 스쿨의 Robert S. Kaplan과 David P. Norton 교수가 개발한 경영전략 툴이다. BSC의 핵심은 재무적 요인과 비재무적 요인을 균형 있게 관리하고, 4가지 관

로운 경영수익률과 윤리경영수익률의 개념을 포괄하기 시작하고 있다.

최근 박헌준(2002)의 기업 윤리풍토와 기업성과에 관한 연구에 따르면, 기업이 사회적 법규와 규범을 준수하고 윤리적인 경영을 할 때 조직 구성원들은 보람을 느끼게 되고, 기업 활동에 대한 그들의 몰입도(commitment)도 강화되어 경영성과를 높이는 데 기여할 수 있음을 제시하였다. 또 그는 기업의 윤리풍토유형에 대한 구성원의 지각이 조직효율성에 영향을 미치고 있음을 제시하고 있다. 특히 윤리풍토유형 중 '법규 규범형' 풍토와 '개인 도덕형' 풍토가 각각 직무 만족도에 대하여 좋은 영향을 미치고 있으며, 규정 절차형은 직무 만족도에 대하여 나쁜 영향을 미치고 있음을 밝혔다.

이는 기업의 윤리풍토가 조직 구성원으로 하여금 업무수행 과정에서 사회의 법규 및 규범을 중시하고, 개인의 윤리적인 가치 기준을 중시할 수 있는 작업풍토를 조성할수록 직무만족도가 높아지며, 기업이 조직 구성원들로 하여금 업무수행 시 회사의 정책, 방침에 대한 순응과 규정, 절차에 대한 준수를 강조하는 작업풍토일수록 직무만족도가 떨어진다는 것이다.

2) 재무적 성과와 사회적 성과와의 관계

선(善)의 경영이론(good management theory)은 높은 사회적 성과

점으로 각 지표를 관리하라는 의미이다. 과거 기업들이 매출, 수익, 현금 등 주로 재무적 지표를 기반으로 기업을 운영했다면, 이제는 브랜드, 고객만족도, 기술역량 등 비재무적 지표도 함께 관리되어야 한다는 것이다. 즉 스코아 카드의 밸런스를 요구하는 것이다. 또 주로 재무적 지표는 사업의 결과로 나타나는 결과지표이며, 비재무적 지표들은 그 결과지표가 나오게 하는 선행지표이다. 즉 비재무적 지표들이 관리되어야 그 결과로 재무적 지표들도 성과가 있다는 것이다.

가 좋은 재무적 성과를 가져온다는 이론이며, 또 여유자원 이론(slack resources theory)은 더 나은 재무적 성과의 달성이 기업으로 하여금 사회, 고용자, 환경과 같은 사회적 성과 영역에 대한 투자기회를 잠재적으로 가능케 한다는 이론이다. 또 기업의 경제적 성과와 사회적 성과는 분리된 개념으로 보기보다는 상호보완적인 개념으로 보는 것이 바람직하다(김헌, 2004). 이는 모두 기업의 윤리경영과 사회적 책임이 재무적 성과와 상관관계가 있음을 설명하는 것이다.

만약 경제적 성과를 달성하지 못한다면 그 기업의 종업원들은 물론이고 소비자, 지역 사회를 비롯한 많은 이해관계자가 큰 어려움을 겪을 수 있으며, 이는 사회적 성과에 직접적인 영향을 미칠 것이다. 이는 기업의 사회적 성과가 재무성과에 미치는 영향은 강한 반면 재무적 성과가 사회적 성과에 미치는 영향은 상대적으로 약하다는 사실을 확인하였다.[113] 이 연구에서는 사회적 성과 자료로 경제정의 연구소(KEJI) 자료인 기업 활동의 건전성, 기업 활동의 공정성, 사회기여의 세 변수와 재무성과 측정 자료로서 총자산 순이익률, 유동비율, 부채비율 그리고 총자산 회전율 등의 변수들을 연결하여 시계열 분석을 하였다. 이 연구의 결과는 사회적 성과가 높은 기업의 재무성과 수준이 사회적 성과가 낮은 기업의 재무성과 수준보다 더 높았으며, 이는 높은 재무적 성과로 형성된 여유자원이 사회적 성과를 위한 투자여력으로 형성된다는 의미로 해석된다.

결국 경제적 부가가치가 높은 기업일수록 기부행위를 더 많이 한다는 것은 기업의 기부행위와 기업의 경제적 부가가치 수준 간의 관계에는 긍정적인 상호작용이 존재하며, 서로를 강화시키는 '선순환(virtuous circle)'이 나타남을 보여 준다. 이는 기업의 수익성(총자산

---

113) 박헌준, 기업의 사회적 성과와 재무적 성과와의 관계, 경실련 경제정의 연구소, 2002.

순이익률)과 사회적 성과 간의 관계에서 사회적 성과가 기업의 수익성 변화를 유도하고 기업의 자산 건전성(유동비율과 부채비율)과 기업 활동의 건전성 및 공정성 간의 관계에 있어서 기업의 자산 건전성이 사회적 성과에 대한 투자를 유도함을 보여 준다.

기업의 사회적 성과와 재무성과 간의 관계에 대한 또 다른 연구(박헌준·이종건, 2002)에서 기업의 기부행위 수준이 높을수록 기업의 재무성과가 더 향상된다는 결과를 보이고 있다. 이는 기업의 기부행위가 기업의 명성, 가치, 생산성을 향상시킨다는 기존의 연구결과(Williams & Barrett, 2000)와 일치하며, 좋은 사회적 성과가 높은 재무적 성과를 가져온다는 양 방향의 관계가 존재하고 서로 선순환이 될 것임을 보여 준 와덕과 그레비(Waddock & Graves, 1997)의 실증연구는 선(善)의 경영이론과 일치함을 보여 준다.

따라서 이는 경제적 부가가치가 높고, 기업의 규모가 클수록 사회공헌활동을 많아 하는 것으로 나타난 결과로, 기업의 기부행위와 기업의 경제적 부가가치 수준 간에는 서로를 강화시키는 긍정적인 선순환의 상호작용이 있음을 보여 준다. 이는 더 나은 재무적 성과는 높은 수준의 사회적 성과에 대한 예측요인이 될 수 있음을 의미하며, 기업의 사회적 성과와 재무성과의 관계에 대한 실증연구에서 이들 관계 간에는 양 방향의 인과 관계가 존재함을 보여 주고 있다(Margolis & Walsh, 2001).

또 장경형(1996)도 사회적 성과 수준이 높은 기업일수록 재무적 성과(수익성)가 좋아진다는 연구결과를 제시하였고,[114] 김재영(1999)은 기업의 이미지나 평판으로 나타나는 사회적 성과에 대한 지각이 매출액이나 수익성 같은 재무적 성과와 연관성을 갖는다는 결과를 제시하

---

114) 장경형, 사회의·사회적 경제적 가치창출에 관한 연구, 한양대학교 석사학위논문, 1996.

였다.[115] 또한 박헌준·신현한·권인수(2004)의 공동연구에서 기업의 사회적 성과자료로서 기업평판과 재무성과의 관계성을 연구하였다. 이 연구에서는 능률협회 컨설팅의 평판자료에서 일부 기업들의 해당 연도 말의 수익성(총자산 순이익률, 총매출 순이익률) 자료를 연결하여 분석하였다. 또 이 자료에서는 기업의 사회적 성과의 주요 지표라 할 수 있는 사회공헌활동, 신뢰성, 고객 중시, 환경 친화성 등의 평가항목을 포함하고 있다. 연구결과는 상대적 평판이 좋은 기업들이 재무성과가 더 높은 것으로 나타났고, 양(+)의 수익을 얻는 기업들에게 평판이 더욱 중요하다는 사실이 확인되었다.

또 기업평판과 재무성과의 관계에 대하여 첫째 과연 좋은 평판을 가진 기업들이 그렇지 못한 기업보다 차기의 재무성과가 더 좋은지, 둘째 평판은 수익성의 지속성을 통제하고 나서도 차기의 재무성과에 영향을 미치는지에 대한 실증분석을 실시하였다(박헌준 외 2004). 기업평판에 관한 한국능률협회컨설팅의 조사 자료를 이용하고 기업의 재무성과를 영업이익수익률(ROA)과 토빈의 Q를 이용하여 분석한 결과, 첫째, 상대적 평판이 좋은 기업들이 재무성과가 더 좋은 것으로 나타났다. 둘째, 수익의 지속성을 통제하고 나서도 여전히 평판은 재무성과에 긍정적인 영향을 미치는 것으로 나타났다. 그리고 비재무적인 평판 역시 차기의 재무성과에 정(+)의 영향을 미치는 것으로 나타났다.[116] 이러한 연구결과들은 무형자산인 기업평판이 재무성과에 영향을 미친다는 기존연구들의 주장을 뒷받침하는 것이다.

이와 함께 같은 연구자들은 또 환경경영을 잘하는 기업들이 재무성과

---

115) 김재영, 기업의 사회적 성과 지각과 친 소비자행동과의 관계에 관한 연구, 서울여대 박사학위논문, 1999.
116) 박헌준·신현한·권인수·정지웅, 기업 평판과 재무적 성과의 관계, 한국인사조직학회 제12권 3호, 2004, pp.1-23.

가 높은지를 입증하기 위하여 경제정의 연구소(KEJI)의 환경성과 자료를 이용하여 분석한 결과에서 환경성과 평가 기간에 좋은 환경성과를 보인 기업은 이후 기간에 재무적 성과가 향상되었다. 또 평가 이전의 재무적 성과가 평가 기간의 환경성과에는 영향을 미치지 않음을 입증하였다. 이는 환경경영이 장기적으로 기업 가치와 성과를 향상시킬 수 있는 중요한 전략 수단이 될 수 있음을 시사하는 것이다(박헌준 외 2004).[117]

[표 3-8] 사회적 성과와 재무적 성과의 선행연구

저자(연도)	사회적 성과	재무적 성과	결과
Bowman & Haire(1975)	사회적 책임문제에 대한 연례보고 언급 정도	자기자본수익률 (return on equity)	언급이 거의 없었던 기업의 ROE는 9.1%, 언급이 있었던 기업은 14.3%
Alexander & buchholtz (1978)	Milton Moskowitz's 사회적 책임 평가	위험조정 시장 수익률 (maket-based adjusted for risk)	별다른 상관관계가 없음
Cochran & Wood(1984)	Milton Moskowitz's 사회적 책임 평가	재무회계 수익성지표	사회적 책임과 경제적 성과 간의 정의 상관관계 존재
Mc Guire Sudgren, & Schneeweis (1988)	포춘지의 기업 명성지수	재무회계 수익성지표	ROA와 총자산은 정(正)의 상관관계, 영업이익은 부의 상관관계, 회계적 성과와 주식시장 지표는 부(-)의 상관관계
Cotrill (1990)	포춘 지의 기업 명성지수	시장점유율	정(正)의 상관관계 산업에 따른 영향이 있음
Roberts (1992)	CEP(Council of Economic Priorities) 평가지표, 자선단체 기부현황	재무회계 수익성 지표, 베타 값	정(正)의 상관관계

자료: Pava, M. L. and J. Krausz(1996), "The Association between Corporate Social-Responsibility and Financial Performance: the paradox of Social Cost", *Journal of Business Ethics*, p.15.

---

117) 박헌준 · 신현한 · 권인수 · 정지웅, 기업 환경성과와 재무적 성과의 관계, 한국경영학회 제33권 5호, 2004, pp.1461-1487.

3) 사회적 성과와 조직적 성과와의 관계

높은 윤리적 행위와 사회적 책임을 충실히 해 온 기업이 좋은 재무적 성과를 가져온다는 선의경영이론(Stanwick, 1988; Waddock & Graves, 1997)의 본질은 높은 윤리·사회적 성과가 기업을 둘러싼 이해관계자들과의 관계를 향상시키기 때문에 그 결과로 높은 경제적 성과를 가져온다는 것이다.

또 이학종과 이종건(2000)은 기업이 사회적 법규와 규범을 준수하고 윤리적 경영을 할 때 조직 구성원들은 보람을 느끼며, 기업 활동에 대한 그들의 몰입 정도가 강화되어 경영성과가 크게 향상될 수 있음을 밝혔다.

또한 오세란(2004)의 연구에서도 사회적 책임에 대한 성과가 재무적 성과뿐 아니라 기업이미지와 구성원 만족도에 유의한 영향을 미치는 것으로 나타났다.

제 4 장

윤리경영의 국내·외 사례

1. 국내 윤리경영 사례

1) 삼성그룹(Samsung Group)

삼성의 창업자 고(故) 이병철 전 회장은 "장기적인 사업에 있어서는 신용이 제일이다. 신용을 얻기는 매우 어렵고, 시간도 오래 걸리며, 한 번 얻은 신용을 계속 유지하는 것은 더욱 어렵고 중요한 일이지만 신용처럼 잃기 쉬운 것도 없다. 신용이란 기업에 대한 국민의 신뢰(confidence)나 다름없다."는 신념을 가지고 있었다(서울경제신문. 1976. 6. '재계회고'). 또 고(故) 호암 이병철 회장은 '재계회고'에서 "나는 인간사회에서 최고의 미덕은 '봉사'라고 생각한다. 인간에게는 이것 이상으로 의의와 가치를 지니는 것이 없고, 삶의 목표로서 이토록 숭고한 것도 없을 것이다. 따라서 인간이 경영하는 기업의 사명도 의심할 여지없이 국가, 국민 그리고 인류에 대하여 봉사하는 것이어야 한다."라고 강조하였다(서울경제신문, 1976. 6).

삼성의 이건희 회장은 1987년 회장 취임 이후 "고객의 사랑과 사회의 신뢰"를 강조하면서 계열사별로 윤리강령과 윤리헌장을 수립해 윤리경영시스템을 가동토록 하였으며, "부정＝전염병"으로 간주하고 "부정이 존재하는 회사는 결국 망(亡)한다"는 신념을 갖고 있는 것으로 알려져 있다. '방향 지시형' 스타일인 이건희 삼성 회장은 사회공헌을 경영철학으로 강조하는 이다. 이 회장은 1994년 신(新)경영 선언 때 사회공헌을 자신이 직접 챙길 3대 사업의 하나로 꼽았고, 2003년 말 이후 '나눔 경영'을 강조한다(한겨레, 2004. 10. 25). 특히 삼성의 윤리경영은 단순히 깨끗한 이미지 관리 차원만이 아니라 윤리경영이 기업의 경쟁력 확보 차원에서 반드시 필요하다는 신념을 갖고 추진하고 있다. 또한 삼성그룹은 1995-2002년에 걸쳐 계열사별로 윤리강령을 마련해 실천해 오고 있으며, 2004년 들어 '부정판단 기준'을 신설, 직원들에게 상사의 직무 유기나 부당한 지시를 보고하도록 의무화했으며, 부하 직원이 이의를 제기하지 않고 따를 경우에도 부정행위로 간주키로 했다. 삼성전자의 윤리경영은 임직원 협력사 경쟁사 주주를 신 가치 창출의 동반자로 인식하고 있어, 비리 임직원 52명을 징계, 10개 거래회사와 거래중단, 사무실 출입금지조치를 내린 바 있다.

삼성그룹은 사회공헌을 기업의 존립 근거로 천명한 경우 삼성은 "사회공헌을 하지 않는 기업은 망하게 될 것"이라는 이건희 회장의 지적에 따라 94년 10월 그룹 차원에서 사회봉사단을 조직, 소속 기업 직원의 자원봉사활동을 체계적으로 지원해 왔다. 2004년의 경우 삼성은 복지사업에 1100억 원, 학술교육 분야에 1500억 원, 문화예술 분야에 700억 원, 체육 및 국제교류 분야에 200억 원 등 4000억 원을 투입하는 중이며, 그룹이 펼치는 사회봉사 프로그램에는 대부분의 임직원들이 자원하여 참여하고 있기도 하다.[118] 삼성에서는 2004년 10월 5일 삼성사회봉사단 창단 10돌 행사 때 삼성에버랜드 등 23개 계열사 사장들이 어린이 공부방을 찾아 친교시간을 보냈다. 민경춘 삼성사회봉사단 상무는 "기업의 지속성장을 위해서는 경영만 잘해서는 안 되고, 투명·윤리경영과 사회공헌에 힘쓰

---

118) 내일신문, 봉사하는 기업이 살아남는 시대, 2004. 12. 29.

142

고 사회 발전에 기여해야 한다는 인식이 높아지고 있다"고 말했다(한겨레, 2004. 10. 25). 또한 미주 지역에서 이 회사가 역점을 둔 활동은 매년 북미에서 개최되는 '삼성, 희망의 사계절(Samsung's Four Seasons of Hope)'이라는 자선행사가 그 대표적인 사례로, 올해 삼성전자는 뉴욕에서 개최된 이 행사에서 50만 달러를 모금해 기부했다. 청소년을 위한 모금행사인 '스쿨 데이(School Day)', 어린이들을 위한 '홈런 포 키즈(Home Run For Kids)' 등이 그 연장선상에서 진행되고 있다.

사회공헌도가 높을수록 브랜드 이미지가 높게 나타난다는 것은 글로벌 기업에게 한층 두드러지는 특징이다. 삼성그룹이 범세계적 차원에서 전개하는 사회공헌은 삼성의 브랜드 이미지를 극대화시킨 것으로 나타났다. 파이낸셜타임즈가 실시한 '세계에서 가장 존경받는 기업 및 기업인' 조사결과가 이를 말해 준다.

삼성전자는 1995년 19월 28일 고객감동, 정도추구, 사회기여 등 새로운 영업윤리준수를 골자로 하는 영업윤리헌장을 제정하였다(매일경제신문. 1995. 10. 28). 이 헌장에는 영업인의 행동규범을 정의한 3장으로 구성돼 영업인들이 고객만족을 추구할 수 있는 행동기준을 제시하였다. 삼성그룹은 1996년 7월 16일 ① 종업원과 고객, 주주, 지역 사회 등과 공동의 번영을 추구하며, ② 정당한 실력을 바탕으로 공정한 경쟁을 추구하고, ③ 인간이 도덕성 에티켓을 준수한다는 내용을 골자로 한 삼성윤리강령을 제정하여 전 그룹사에 배포하였다(한국경제신문, 1996. 7. 16). 삼성윤리강령의 기본 정신은 인재와 기술을 바탕으로 최고의 제품과 서비스를 제공해 인류 사회에 공헌하는 21세기 세계 초일류 기업을 지향하는 것이다. 삼성그룹은 윤리강령선포를 통하여 "모든 삼성인은 존엄한 인격체로 대우받는다"고 선언하였다. 삼성윤리강령은 기업경영윤리, 사회공동체윤리, 조직원윤리의 3가지 기본정신을 기초로 고객만족, 공정한 경쟁, 정치 불개입, 환경보호 등 21가지의 구체적인 실천 강령을 제시하고 있다.[119] 또한 정도영업을 강조한 삼성증권은 2001년 9월 3일 고객 재산의 선량한 관리자로서 고객이익을 최우선으로 하고, 효율적 경영으로 회사이익을 실현해 주주이익을 보호하겠다는 삼선증권인 윤리강령 선포식을 가졌다.[120]

삼성전자는 2002년도에 처음 조사대상에 포함되면서 42위에 랭크되었고, 지난해 40위로 올라섰는데, 올해는 32위로 껑충 뛰었다. GE, 마이크로소프트, 도요타, IBM이 모두 2년 연속 이 분야 최정상을 지키는 중이다. 분명한 사실은 이들 최상위권 기업들이 예외 없이 전 세계에 걸쳐 사회공헌에 앞장서 온 기업들이라는 점이다. 한편 '가장 존경하는 기업인' 부문에서 이건희 회장은 2002년에 32위에 오른 뒤, 2년 만에 21위로 11계단이나 상승했다. 반면 휴대전화 부문의 강력한 라이벌인 노키아 회장 요르마 올릴라는 올해 38위를 기록했다.

삼성의 사회공헌활동은 자금을 들여서 하는 공익사업과 임직원들이 참여하는 자원봉사활동으로 나눈다. 2003년부터 이건희 회장이 "그룹의 경영성과를 나눠 어려운 이웃에게 희망을 줄 수 있도록 하라"는 '나눔 경영' 철학을 밝힌 후 CEO부터 신입사원까지 적극적으로 사회공헌에 나서고 있고, 정기적으로 자원봉사활동에 참여하는 CEO들도 적지 않다(조선일보. 2005. 6. 15). 또 삼성 SDI는 장애인이나 노인대상 무료개안 수술을 삼성전자와 삼성 SDS는 장애인이나 청소년들을 위하여 컴퓨터 무료교육을, 삼선에버랜드는 희귀병 어린이나 미니분교(分校) 어린이들 지원사업을 벌이고 있다. 그리고 삼성 SDI는 보청견

---

119) 박헌준·이종건, 한국기업의 윤리경영 1999–2001년: 변화와 실태, 한국기업윤리학회 기업윤리연구 제4집. 2002.
120) 강양훈, 기업의 윤리경영이 경영성과에 미치는 영향에 관한 연구, 영남대 석사학위논문. 2004.

사업을, 삼성생명은 인명 구조견이나 검역견 사업과 정신지체 어린이의 재활훈련을 집중적으로 하는 치료 마(馬) 운영사업도 운영하고 있다(조선일보. 2005. 6. 15). 삼성전자는 초일류기업의 바탕은 모든 임직원의 윤리에서 시작된다는 점을 공유하기 위해서 '윤리'를 경영의 핵심 요소로 설정하고 있다. 이를 위해 지난 2001년 윤리헌장·윤리강령을 제정했다. 경영진과 임직원, 협력업체 관계자들까지 참여한 가운데 '공정거래 자율준수 선포식'도 했다. 특히 구매 부문 윤리경영도 삼성전자가 신경을 쓰고 있다. 삼성전자는 이를 위해 정도(正道) 구매를 위한 구매윤리헌장을 제정하고 철저하게 내부 점검을 하고 있다.

윤리헌장 선포 후 삼성전자 임직원에게 작은 선물을 줬다간 즉각 되돌려 받기 일쑤다. 삼성전자 직원들은 거래업체에서 선물 등을 받았을 때는 정중히 거절하고, 부득이하게 받았다면 즉시 되돌려 줘야 한다. 만약 거래처에서 선물을 받았다가 100여 명에 달하는 삼성전자 감사팀과 '전략기획실' 경영진단 팀에 적발되면 중징계를 면치 못한다. 2002년 12월부터는 사이버 감사팀도 운영하고 있으며, 선물을 받은 일이 한 번 걸리면 바로 퇴장(One Strike Out)시키는 제도를 운영하고 있다.[121]

2) (주)신세계(shinsegae)

(주)신세계는 1930년 신세계의 전신인 미스꼬시 백화점 경성지점 개점으로 창업되었고, 2005년 기준 7개의 백화점과 86개의 할인점을 운영하고 있으며, 2004년 매출 6.5조 원, 순이익 6,000억 원인 유통전문 기업이다.

(주)신세계는 윤리경영을 기업생존의 조건으로 1999년 12월 기업윤

---

121) 매일경제, 2006. 03. 29.

리에 바탕을 둔 가장 윤리적인 것이 강하다는 CEO의 의지를 바탕으로 고객제일에서 윤리경영으로 '신(新)경영이념'을 채택하면서 기존의 감사팀을 흡수하여 기업윤리 실천 사무국을 통하여 각종 부정부실을 예방 관리하는 감사업무와 기업윤리교육, 제도수립 등 기업윤리 실천을 위한 다양한 업무를 시행하고 있다. 당시 CEO인 구학서 사장은 "가장 윤리적인 것이 가장 강하며, 윤리경영이

곧 글로벌 경쟁력"이라고 간파하였다.[122] 나아가 2002년 7월 국내기업 최초로 윤리경영백서를 발간하는 등 어떠한 상황에서도 초일류 기업이 될 수 있는 강한 체질을 도모하고 있다.

또 (주)신세계는 1999년 9월 신세계 윤리규범 및 임직원 윤리실천지침을 제정하였으며, 같은 해 12월 기존의 경영이념인 고객제일에서 기업윤리를 바탕으로 한 새로운 경영이념을 제정하고 고객, 협력회사, 종업원, 주주, 지역 사회 등 기업의 이해관계자들이 공존 공영할 수 있는 윤리적 기업 활동을 추진하였으며, 2001년 4월 윤리규범의 내용을 개정하였다(www.shinsegae.com).

신세계는 본래 정직과 신용을 중시하는 소매유통전문회사로 하루 수십만의 고객을 상대로 상품과 현금관리 업무를 수행하는 상황이었고, 1996년 유통시장 전면 개방 이후 경쟁 환경 아래 고객으로부터 신뢰를 바탕으로 하는 경쟁우위를 위하여 우수한 기업문화가 필요하였으며, 어떠한 위기상황에서도 생존을 하려면 윤리경영이 절실하였다. 따라서 신세계는 1999년 대표이사 직속으로 기업윤리 실천 사무국을 발족하고 윤리경영을 바탕으로 한 '신경영이념'을 선포하였다.

또한 신세계는 2000년 1월 그룹 윤리위원회 및 계열사별 윤리경영

---

122) 강윤경, 가장 윤리적인 것이 가장 강하다, 연합뉴스 동북아 센터(2004. 7) 미디어 통권 5호, p.106−107.

실행위원회를 발족하고 2월에는 윤리경영실천계획을 수립하였다. 그리고 윤리규범 실천을 강화하기 위하여 '신세계 윤리 실천지침'을 제정하여 신세계 윤리규범의 시행과 관련된 금품, 향응, 접대 수수신고 등전 임직원의 의사결정 및 행동에 따른 원칙을 제시하였다. 또한 윤리규범에는 신세계가 추구하는 6대 윤리경영테마(고객존중 경영, 준법경영, 협력회사 존중경영, 청결경영, 인재중시경영, 사회봉사경영)가 구현되고 있다. 이에 따라 2001년 9월 현재 임직원 및 협력사를 대상으로 올바른 상거래문화 정착을 추진하고 있으며, 윤리규범을 어긴 직원 8명을 징계조치하였다(박헌준 · 이종건, 2002).

특히 임직원의 청결한 업무수행을 위하여 금품 수수 및 향응 수수에 대한 기준을 규정한 윤리실천 지침에 따라 일체의 이익과 향응을 금지하였으며, 금품향응 수수 자율 신고제를 운영하여 2003년의 경우 317건의 접수되는 등 내부적으로 정착되고 있다. 또한 신세계의 사회공헌활동의 일환으로 임직원의 자원봉사활동을 전 사업장에서 전개하고 있으며, 2004년 11월 현재 137개 봉사단체가 회사의 비용부담원칙으로 참여하고 있다. 이에 따라 사회봉사 우수사원에게는 개점기념일에 윤리대상을 시상하는 등 임직원의 사회봉사 참여를 체계적으로 관리하고 있다.[123]

또 회사 경영과 업무수행에 있어 기업윤리를 최우선 가치로 생각하고 신세계 전 임직원이 모든 업무 활동의 기준을 합법적이고, 투명하며 합리적으로 업무를 수행하는 것이라는 개념을 갖고 있다. 특히 윤리 실천 지침으로 임직원들의 협력회사 및 외부 이해관계자에 대한 금품, 향응, 접대 수수에 대하여 규정하고 금품수수 및 향응 접대수수

---

123) 사)반부패국민연대 · 국제투명성기구한국본부, 2004년 반부패국제네트워킹 사업보고서 국제반부패운동(4). 반부패국민연대 2004-16, 2004. 12.

신고서를 제출토록 하고, 윤리 규범 내용 중에서 중요한 10가지를 선정하여 임직원들이 항상 염두에 두고 실천하도록 신세계의 전 사업장 사무실과 회의실에 부착하였다.

한편 2003년부터는 윤리경영 마스코트를 만들어 자판기 컵, 직원 수첩, 결재판 등에 사용하고 있다. 이는 직원들이 일상 업무에서 자연스럽게 윤리경영에 친숙해지도록 업무환경을 디자인한 것이다.[124] 또한 2003년 1월 공문에는 윤리경영 위배행위 시 거래상의 제한이 있다는 것과 협력회사에서 윤리경영을 도입 운영하는 데 강조하고 있으며, 2004년에는 협력회사의 자금운영상의 혜택을 제공하기 위하여 국내최초로 기업은행과 네크워크론을 도입하였으며, 2005년부터는 협력회사 무반품제도(이마트), 대금결제 조건단축(백화점)을 실시하여 협력회사 대금지불제도 개선에 노력하고 있다.[125] 나아가 식품의 안전성과 판매책임을 강화하기 위하여 식품매장 직영화를 선도하고 고객신뢰를 확보하기 위한 엄격한 위생관리 시스템을 마련하고 품질불량상품 보상제, 최저가격 신고제 등 선진적인 고객만족 제도를 시행하고 있다.

신세계가 윤리경영을 강력히 추진한 기간은 길지 않으나 기업 활동 및 임직원들의 의시결정 기준으로 정착됨으로써 이러한 윤리경영 실천에 대한 대내적 윤리경영 성과는, 기업 이미지향상과 지방 사업장의 조기 현지화와 안정적 성장 그리고 회사 경쟁력 향상으로 경영성과 상승효과가 있었다. 또 임직원 측면에서의 윤리경영 성과는, 의사결정 기준으로 정착되어 임직원 업무 생산성 향상 및 회사 자긍심이 높아졌고, 회사 실적에 따른 성과급 분배를 들 수 있다. 대내적 성과 지표

---

124) 하승호외, 윤리경영이 온다, 동아일보사. 2004.
125) 사)반부패국민연대·국제투명성기구한국본부, 2004년 반부패국제네트워킹 사업보고서 국제반부패 운동(4). 반부패국민연대 2004-16호, 2004. 12.

인 매출과 세전 이익을 살펴보면, 윤리경영 시행 전후(1999-2002) 매출은 149% 향상 되었고, 세전 이익은 802% 향상되었다.

또한 신세계 기업 측면의 대외적 윤리경영 성과는, 회사의 이미지 제고로 고객 만족도 증대, 그리고 투자에 대한 신뢰감 확보 및 신규투자 확대 주주들에게 보답한다. 시민단체들도 회사에 대한 긍정적인 평가를 하게 되고, 지역 사회 발전에 기여하며, 사회공헌활동 저변확대로 고고에 이바지하고 있다. 또한 관련하여 금탑산업훈장과 경제정의 기업 상(賞) 등 대외기관으로부터 각종 상을 수상하였다. 대외적 성과 지표인 주가변동을 살펴보면, 1999년 말과 2003년 4월 23일의 주가를 비교하면 보통주 157% 상승 그리고 우선주 118% 상승한 것으로 나타났다.[126] 또한 (주)신세계는 경영이념을 고객제일에서 윤리경영으로 변경하고, 윤리규범제정, 임직원교육, 홈페이지(shinsegae.com), 캐릭터(바르미)활용, 고객존중경영, 준법경영(공정거래, 시장질서), 투명경영, 협력회사 존중경영, 청결경영, 인재중시경영, 사회봉사경영, 사회적공감대확산 등을 통한 윤리경영을 실천하고 있다.

(주)신세계의 구학서 사장은 2005년 2월 17일 개최한 "윤리경영 임원 워크숍"에서 좌절감을 맛봤다고 고백했다. 구 사장은 한국사회 특유의 온정주의 때문에 국내 어느 기업도 아직 윤리경영을 제대로 하는 곳이 없다. 또 접대를 하고 안면을 익혀야 일이 진행되는 문화를 바꾸자는 것이 취지였는데, 사적인 관계에서 필요한 이 정서가 회사 업무에 그대로 적용된다는 것이 가장 큰 문제라고 지적했다. 또한 구 사장이 생각하는 윤리경영 설계도는 "회사 비용을 줄이자는 목적이 아니다. 공사(公私)를 구별하는 문화를 만들자는 것이다. 발끝부터 머

---

126) 윤리경영과 기업 경쟁력, 2003. 4. 29. 전경련 직업윤리학교 사례발표 자료.

리까지 이런 마인드를 갖지 않으면 어떤 기업도 세계시장에서 경쟁력을 가질 수 없다"고 말했다(동아일보, 2005. 04. 14).

 구 사장은 이런 목적으로 자기 밥값은 자신이 내는 "더치페이"에서 이름을 딴 "신세계 페이" 캠페인을 벌이고 있으며, 윤리경영 실천으로 줄어든 비용을 "신세계 페이 인센티브"를 신설해 직원들에게 연말 성과급으로 되돌려 줄 테니 "자신의 돈으로 당당히 쓰라"는 메시지를 강조한다(동아일보, 2005. 04. 14). 이를 위하여 경영진의 의사결정과 임직원의 업무수행의 결과로 나타난 윤리경영 실천노력과 성과를 검증할 수 있는 회사 경영활동에 대한 객관적인 평가모델로 2003년 7월 신세계 자체적으로 신세계 윤리경영지수(SEMDEX; Shinsegae Ethics Management Index, 2003년 12월 시행)를 개발하였다. 이 평가 자료는 7개 실천테마, 29개 평가지표, 74개 평가항목으로 구성(2003년 종합평가결과 윤리경영지수는 보통수준인 75.8점)되었으며, 대내외적으로 기준을 적용하여 산출결과를 지수화함으로써 지속적으로 관리 가능토록 되어 있다. 신세계 윤리경영지수 현황은 다음 표에 나타나 있다.

[표 4-1] 신세계 윤리경영지수 현황[127]

실천 테마	평가 지표	평가항목	배 점
고객존 중경영	· 종업원 친절도 · 사업장청결도 · 고객약속 이행도 · 고객 불만처리 · 고객만족 제도 · 고객보호 제도	14개	10점
준법 경영	· 기업경영활동 관련 법규준수 · 공정거래 준수 · 안전준법 활동	12개	15점

실천 테마	평가 지표	평가항목	배 점
협력회사 존중경영	· 거래 편의성 · 부당부실 행위발생 · 협력회사 규정준수 · 윤리경영 공감노력 · 상호이익 추구 · 협력회사 만족도	11개	20점
청결경영	· 임직원 청결도 · 내부고발 제도 · 윤리경영 이해 노력 · 윤리경영 실천 활동	10개	20점
인재중시 경영	· 장애인 고용 · 남녀고용 평등법 준수 노력 · 인재 육성 · 복리후생 · 노사협의회 · 산업안전 예방활동 · 경영참여	15개	10점
사회봉사경영	· 사회공헌활동 · 환경보호	5개	10점
경영 투명성	· 경영투명성 노력	7개	15점
평가지표 계		74개	100점

윤리경영에 대한 임직원의 의식수준과 실천 정도를 분석해 개선방향과 과제를 도출하기 위해 종합윤리지수(TEI; Total Ethics Index, 윤리경영 추진에 대한 직원들의 견해를 포괄적으로 파악 —10개 설문 문항)와 영역별 윤리지수(CEI; Ethics Index by Category, 윤리경영의 6대 테마를 중심으로 임직원 개인의 윤리경영 실천 정도를 이해, 공감, 실천의 3단계로 평가) 그리고 기타 설문 영역(윤리경영의 효율적인 추진을 위해 임직원의 의견을 8개 설문항목을 통해 평가)으로

---

127) 전경련, 최근 국내기업의 윤리경영 실천사례와 과제, 2004. 11. 30, p 7.

조사를 실시하고 있다. 또한 2002년부터 대표이사를 포함한 임원평가에 윤리경영 실천항목을 도입하여 임원평가에 윤리경영을 반영(20%)하고 있다. 윤리경영 평가는 협력회사 만족도, 사회봉사활동 참여, 사회공헌 비용규모, 임직원 부정·부실 건수, 윤리경영 교육 참여도 등 총 5개 기본 항목과 대외 수상 및 대외 지적건수를 가감 적용해 운영하고 있다. 이처럼 경영인과 임직원 간 윤리경영 필요성 및 실천방향에 대한 깊은 공감을 바탕으로 윤리경영에 대한 평가 및 주요 실천지침의 시스템화를 이루고 있다.

신세계는 윤리적 기업문화를 위한 의식개혁으로 공감경영을, 투명한 거래문화를 위한 경영활동으로 투명경영을, 이해관계자를 위한 사회적 책임으로 책임경영을 실천하여 윤리경영 이후 연 평균 매출 32.7%, 98년 대비 순이익 74배 신장의 괄목할 만한 성장을 보였고, 협력회사와의 거래만족도가 향상되었다. 또 직원 1인당 이익이 1,400만 원에서 4,400만 원으로 신장되었고, 임직원들은 소속감과 이미지가 향상되었으며, 우수한 인재지원 및 기업선호도가 향상되었다.[128]

3) 유한킴벌리(Yuhan - Kimberly)

유한 킴벌리는 1970년 3월에 유한양행(1926년 설립)과 미국의 Kimberly Clark(1872년 설립)이 공동으로 설립한 개인과 가정 위생용품 그리고 산업 안전용품과 환경보호 용품을 전문으로 생산하는 기업이다. 유한양행의 창업주인 고(故) 유일한 박사는 윤리와 경영이 양립할 수 있다고 믿고 그렇게 기업을 경영해 왔다. 효용과 수익성만 강조하는 기업은 처음에는 잘 되어 가는 것 같지만 결국엔 갑자기 붕괴

---

128) 국가 청렴위원회, 기업윤리 브리프스. 2006-5호, 2006. 4. 30.

하는 예가 많다. 어느 정도 효용과 수익성을 갖추었다면 기업은 이제 신뢰와 윤리경영에 주목해야 한다. 바로 이것이 초일류기업으로 발돋움하는 길이다. 우리나라에서 대표적인 윤리경영의 실천회사로 손꼽히는 유한양행의 경우 방문 판매에 따른 매출 증대가 확실했음에도 불구하고 방문판매에 따른 판매 수수료가 가격에 반영되는 것이 '국민건강증진'이라는 유한양행의 경영철학에 위배된다 하여 약국판매만을 고수한 사례가 있다.

유한 킴벌리는 대내적 과제를 윤리적 기업문화 정착으로 그리고 대외적 과제는 선(善)한 기업(Good Company)으로 인정받는 것에 초점을 맞추고 있다.[129] 특히 유한 킴벌리의 윤리경영은, 품질경영과 환경경영시스템, 고성능 조직과 비전경영을 중심으로 하는 환경경영(Environment Management)과 계획과 실적, 인력·재정·시장현황 등의 경영정보 공유를 중심으로 하는 투명경영(Transparency Management) 그리고 청소년환경체험(그린캠프)과 신혼부부 나무심기, 숲에 대한 정보사이트(포리스트 코리아) 운영 등을 추진하는 녹화운동(Afforestation Movement)을 통하여 한국 윤리경영에 있어 선구자적인 역할을 자임하고 있다. 1984년 이후 "못 팔아도 윤리를 지켜라!", "우리 강산 푸르게, 푸르게"라는 캠페인을 꾸준히 벌이면서 윤리와 환경경영 문제를 처음으로 이슈화하였다. 유한킴벌리는 '나무 심기'와 '숲 가꾸기'에 그치지 않고 생태환경교육, 생태환경 전문가 양성, 연구조사, 해외 선진 지역 연수 등 다양한 환경운동을 전개하여 생산 효율성을 높이는 환경경영을 활용함으로써 20년 동안 생태환경보존을 위한 기금 조성하는 등 우리 자연을 아끼는 마음처럼 맑고 깨끗한 기업의 이미지를 소비

---

129) 이건희, 유한킴벌리의 윤리경영. 한국기업윤리학회 기업윤리연구 제7집, 2003. 12.

자들 마음에 심는 데 성공하였다. 이러한 환경보전, 준법, 투명, 공정 등의 가치를 통해 사회의 신뢰를 구축하면 그것이 기업의 가치를 높이고, 그것은 또 사회 발전으로 돌아간다는 선순환의 논리이다. 이처럼 지속적이고 일관된 사회공헌활동이 결국 기업의 자산으로 남아 기업 경쟁력도 키우고 사회적 존경도 받는 발판이 된다.

또 유한킴벌리는 윤리경영에 대한 확고한 기업이념을 수립하여 그것을 전 직원과 공유하고 있다. 그리고 이러한 기업이념이 지켜지는 한, 하위 규정은 크게 중요시하지 않고 있다. 윤리경영의 일환으로 우리는 인간존중, 고객존중을 중요시하면서 기업이 담당해야 할 사회공헌에 적극적으로 참여했다. 또, 학연, 지연, 혈연 등을 철저히 배제하면서 혁신정신을 전 임직원의 몸에 배도록 했다. IMF 때에도 정리해고 등을 단행하기보다는 오히려 노조와 함께 회사경영을 의논하고 함께 목표를 설정하여 그 목표를 초과달성하기도 했다. 바로 이런 것이 투명, 신뢰, 윤리경영의 효과일 것이다. 이에 따라 회사의 대주주인 미국의 킴벌리는 경영을 전적으로 유한양행 측에 맡겨 왔는데, 또 킴벌리는 최근 다른 아시아 국가에 있는 자신의 지분 100% 소유기업의 경영도 그동안 형성된 신뢰 때문에 유한킴벌리에 맡긴 것을 볼 때, 지속적으로 신뢰를 얻게 되면 이와 유사한 경영위탁이나 한국에 아시아 지역 본부를 설치하는 것과 같은 사례가 증가하여 우리가 지향하는 동북아 시대의 중심이 되는 데도 큰 힘이 될 것이다.

문국현 유한킴벌리 사장은 CEO로서 강력한 실천의지와 솔선수범을 바탕으로 윤리경영 이행하는 윤리경영 실천가로 잘 알려져 있다. 그의 윤리경영에 관한 인식을 살펴보면, 윤리경영은 기업이 짊어져야 하는 추가적인 비용이 아니라 경쟁력 강화를 위한 새로운 투자이며, 나아가 지속가능한 발전을 위한 환경경영도 기업의 의무임을 강조하고 있다.

또한 과거 우리 사회와 기업의 투명성, 성실성, 윤리성의 부족 때문에 세계 초일류기업 대열에 진입하지 못하는 결과를 초래했다는 인식을 바탕으로 투명경영을 의지 구현하고 있다. CEO가 먼저 미래상과 비전을 보여 주고 과거에 익숙해 있던 관행과 기득권, 안일에서 과감히 벗어나야 함을 강조하고, '95년부터 공정한 거래를 위해 영업비용 중 경·조사나 판공비 등의 비용을 없앴다.[130] 또 신뢰를 바탕으로 위임·자율경영, 근로조건 개선, 평생학습 실천을 도입함으로써 사원들의 삶의 질을 높이는 데 각별한 노력을 하고 있다. 이와 같은 노력들이 효과를 얻기 위하여 일간 사내외 정보전달(매일, E-mail, 게시판), Y-K Sales News 전달(매주, E-mail), 경영정보 공개설명회(매월, 회사 운영현황 자료설명회), 정기적 사업장 소식 공유(매월, 사보), 최고경영자와의 대화(격월, Video 사보), 상세 경영정보 공개(분기별, 정기노사협의회) 등 다양한 커뮤니케이션을 통한 신뢰구축에 노력하고 있다.

또한 유한킴벌리는 회사가 성장하면서 얻은 이익을 직원들에게 분배함으로써 회사에 대한 신뢰감을 심어준 것이 직원들의 주인의식과 자발적인 의욕으로 나타났고, 이는 다시 회사 발전의 원동력이 되었다. 이는 회사의 성장이 곧 직원의 성장이고, 회사가 이익을 얻으면 그 이익을 반드시 분배할 것이라는 믿음이 직원들의 능력과 협조를 이끌어 내는 비결이 되었다. 이 같은 신뢰경영은 곧 윤리경영과 맥을 같이한다. 이러한 노력의 결과로 2002년과 2003년 '아시안 월스트리트 저널'과 리쿠르트 사인 휴잇이 선정하는 아시아에서 가장 일하기 좋은 기업 10위 안에 선정되었다. 또 이러한 성과들로 유한킴벌리는 킴벌리 클라크 사의 동북아 본부로 승격하여 동남아시아의 인력과 경영 서비스를 수출하면서 새로운 위상을 구축하고 있다.

---

130) 전경련, 최근 국내기업의 윤리경영 실천 사례와 과제, 2004. 11. 30, p.6.

4) 엘지그룹(LG Group)

LG그룹은 1994년 2월 17일 기업의 사회적 책임에 대한 요구와 의식 선진화가 강조되던 당시 민간기업 최초로 6개 항으로 구성된 '기업윤리규범'을 제정하고 계열사별로 실천 위원회를 만들어 이를 추진하였다(매일경제신문. 1994. 2. 17). LG는 윤리경영을 기반으로 경영이념인 고객을 위한 가치창조, 인간존중의 경영을 실천하며, 꾸준히 실력을 배양하여 정정당당하게 승부하자는 LG만의 방식이다. 또 정도경영 시스템 및 프로그램으로는 기본준수 문화의 정착, 예방활동의 강화, 전문적인 경영진단 조직 구축, 윤리경영전담조직 설치, LG윤리규범 제정 및 시행, 정도경영홈 페이지 운영, 제보시스템 운영, 자진신고제도 운영, 정도경영교육과 홍보, 정도경영 서베이 실시 등을 실천하고 있다.[131] 또한 사회공헌활동과 환경경영활동을 실천하고 있다.

특히 LG그룹은 윤리규범을 통해 "고객에게 합리적인 가격으로 최고품질의 상품과 서비스를 제공하고, 경쟁사의 이익을 침해하거나 약점을 부당하게 이용치 않으며, 자격을 구비한 모든 업체에 거래선 등록 및 선정에 참여할 수 있는 기회를 평등하게 부여한다."고 명시하였다(박헌준·이종건. 2002). 또한 기업이념으로 정도(正道)경영을 표방하면서 "LG윤리규범"을 선포하고, 이미 공정거래 자율준수 전담조직을 구성하고 공정거래 자율준수 프로그램을 도입 운용해 왔고, 이후 실천을 위한 세부 행동지침으로 "윤리규범 실천지침"을 마련하는 등 일찍이 투명경영의 중요성을 인식하고, 구체적이며 한발 앞선 행보로 투명경영을 실천하고 있다(한국일보. 2004. 08. 16).

LG는 공정·정직·성실의 정도경영을 기반으로 깨끗하고 투명한

---

131) 국가 청렴위원회, 기업윤리 브리프스, 2006-4호, 2006. 4. 28.

156

기업, 50년, 100년 지속할 수 있는 일등 LG를 추구하겠다는 핵심가치(Shared Core Value)를 추구하는 데, 여기서 정도경영(正道經營, Management by Principle)은 윤리준수, 사회공헌, 이윤극대화의 3축으로 구성된다. 깨끗하고 투명한 방식과 정정당당한 경쟁 그리고 진정한 고객감동을 추구하며, 믿고 신뢰할 수 있는 정직한 기업으로 거듭나겠다는 의지를 나타낸다. 이는 구본무 LG그룹 회장이 "앞으로 존경받는 기업만 살아남을 수 있고, 이를 위해서는 정도경영, 사회공헌, 환경경영을 실천해야 한다."는 소신을 갖고 있었기 때문이다. 또 "일등 LG를 향한 모든 노력은 정도 경영의 기반 위에서 이루어져야 하며, 깨끗하고 건전한 기업만이 오래도록 존경받는 위대한 기업이 될 수 있다"는 사실을 명심하라고 강조한다. 또한 LG전자 김쌍수 부회장은 "윤리와 도덕에 철저한 회사가 진정한 'Great Company'입니다." "협력회사와 파트너쉽을 갖되 사(私)적인 관계를 가져서는 안 되며, 정도경영은 실천이 가장 중요하다"고 강조한다.

"윤리규범 실천지침"에는 직무수행의 공정성을 유지하기 위해 임직원들이 해서는 안 되는 행위가 구체적으로 제시되어 있다. 임직원들이 불가피하게 외부로부터 사례를 받았을 때 이를 처리하는 절차까지 명시되어 있을 정도이다. 이에 따라 LG전자 직원들은 윤리규범 실천서약서를 작성하는 것은 물론, 윤리규범 교육을 정기적으로 받고 있다. 또 정기적으로 설문조사를 실시해 스스로의 실천 여부를 확인하고 있다. 또 윤리경영이 제대로 뿌리를 내리기 위해서는 거래관계를 맺고 있는 협력회사, 대리점 등도 윤리경영 실천에 나서야 한다는 판단 아래 협력회사 및 대리점들에게도 같은 프로그램을 제공하고 있다.

전경련 간담회(2004) 자료에 따른 LG의 정도경영 추진현황을 살펴보면, 1993년: "불공정 사례신고센터 운영하여 불공정 사례의 예방 및 적발을 통해 협력사와의 투명한 거래관계를 유도하고, 임직원들에 대한 부정 비리에 대한 제보를 강화한다." 1994년: "LG윤리규범 선포를 통하여 고객, 경쟁사, 사회, 국가에 대한 기업의 사회적 책임을 명확히 명시한다." 1995년: "정도경영, 초우량 LG선언은 공정정직성실에 기반으로 한 정도경영으로 깨끗하고 투명한 LG선언과 LG공정거래위원회를 설립한다." 2002년; "정도경영 홈페이지 Open을 통하여 임직원들의 정도경영 실천의지를 제고한다." 2003년: "정도경영 TFT 발족을 통하여 LG 차원의 윤리규범 재정비전파를 통해 정도경영이념을 확고히 정착한다."로 요약할 수 있다. 또 2005년에는 투명경영 대상을 수상하였다. 이처럼 LG 정도경영의 연도별 추진은 이해관계자 분야 정도경영의 추진은 협력회사 임직원 대상 전도경영 실천서약서를 수취하고, 협력회사 대상 On-line 고충 상담실운영, 그리고 금품 향응 수수금지 및 선물 안 주고 안 받기 활동정착을 유도한다. 또 교육·홍보 분야 정도경영은 대상자별 교육과정을 세분화하여 정도경영 사례를 제작 홍보 및 정도경영 실천 지침서 배포 등 주기적으로 집합교육과 사이버 교육을 병행 추진한다. 또한 LG의 사회문화 활동은 문화는 LG연암문화재단, 복지는 LG복지재단, 교육은 LG연암학원, 환경은 LG상록재단, 언론은 LG 상남 언론재단 등 5개 전문 공익 재단이 맡고 있다(조선일보 2005. 6. 15). LG아트센터는 국내외 수준 높은 공연을 주최하고, LG복지재단은 지원이 절실한 소외계층을 지원하는 사업과 응급 생계비 지원 사업 등을 실천하고 있다. 또 계열사별로 임직원들이 급여의 일정액을 자발적으로 기부하면 회사도 동일 금액을 출연하는 '매칭 그랜트(Matching Grant)'제도를 통하여 5만여 명이 직접 봉사활동에 참여하고 있다. 이처럼 사회공헌활동을 분야별 공익재단이 담당하는 사례는 매우 드문 사례이다(조선일보 2005. 6. 15).

5) 포스코(Posco)

포스코는 정부의 기간산업 중점 육성정책에 따라 1958년 4월 1일 창립되었고, 현재 강한 기업에 머물지 않고 신뢰와 존경을 받는 일류 사회의 발전에 기여하는 기업을 목표로 노력하여 세계적인 철강기업으로 도약해 국가산업 발전에 기여하며 성장해 왔다.

포스코는 평소 사외이사 중심의 모범적인 지배구조를 정착시킨 것을 비롯해 윤리적 사고·행동의 체질화, 사회공헌활동, 중소기업과의 상생경영, 안정된 노사문화 등으로 널리 알려져 있다. 또한 창사 이후 적극적인 환경투자와 활발한 사회공헌활동을 펼쳐 온 포스코는 뛰어난 경영성과와 함께 기업 지배구조 헌장 제정, 집중투표제·서면투표제 도입 등 기업 지배구조 개선, 파이넥스 상용화 공장 착공을 비롯한 지속적인 친환경 기술혁신 등 많은 개선노력을 인정받았다. 이와 함께 중소 공급사에 대한 전액 현금결제와 이해관계자와의 상생경영 추진과 윤리경영 강화, 포스코봉사단을 중심으로 전 임직원이 추진하는 자원봉사활동 등 사회적 활동도 호평을 받고 있다. 또 포스코는 윤리경영을 기반으로 투명경영, 가치경영, 환경경영은 물론 각종 사회적 책임을 포괄하는 지속가능 경영에 주력하고 있다.

포스코(POSCO)가 본격적으로 윤리경영에 나선 것은 2003년 6월 2일, 5개 본문과 7개 조항의 행동준칙으로 된 윤리규범을 선포하면서 시작되었다. 포스코 이구택 회장은 세계최고 수준에 눈높이를 맞춰 엄격한 윤리수준을 유지해야만 명실상부한 글로벌 기업으로 성장할 수 있다는 판단에 따라 "임직원의 윤리적 행동은 포스코의 사활이 달린 문제로서 궁극적으로 포스코의 장래를 보장하는 토대"라며 "회사이익보다 기업윤리를 우선시하는 것이 궁극적으로 회사에도 도움이 될 것"이라고 말했고, 심지어 "회사이익보다 기업윤리를 우선시해야 한다."고 강조할 정도이다. 그는 또 "부정·부패 타파를 위해 가장 중요한 것은 윗사람들의 솔선수범과 교육이며, 실천하지 않는 사람들은 일벌백계(一罰百戒)할 것"이라고 경고했다. 심지어는 아무리 훌륭한 성과를 냈더라도 윤리성이 높게 평가받지 못하는 사람과 같이 가지 않겠다고 윤리경영 의지를 천명하였다.

포스코는 2003년 6월 윤리경영을 구체적으로 실천하기 위한 윤리규범을 만들어 선포하고 기업윤리 상담센터와 선물반송센터 등을 설치해 운영을 시작했으며, 이후 윤리실천 특별약관 시행, 비윤리행위 신고보상제도 시행 등을 통해 윤리경영을 강조해 왔다.[132] 윤리규범을 선포하고 선물 안 받기 캠페인을 벌이는 등 윤리경영을 강조해 온 포스코가 2006년 규범 선포 3주년을 맞아 또다시 윤리경영을 더욱 강화하고 조직의 의사결정 과정이나 이해관계자와의 업무 과정 등 모든 기업 활동을 기업윤리에 맞춰 추진해 나가기로 했다. 이구택 포스코 회장은 이와 관련해 최근 사원들에게 보낸 메일에서 "윤리경영은 회사의 지속적 발전을 가능케 하는 경영전략"이라며 "모든 이해관계자들과 의사결정 과정에서 정당하고 공정한 관계를 형성, 발전시킴으로써 우리에게 부과된 기준 이상의 사회적·환경적 책임을 다해야 한다."고 주문했다. 이 회장은 "엔론사의 경우에서 윤리경영을 소홀히 하면 미국 7위의 대기업도 순식간에 문을 닫는 것을 보았다."면서 "끊임없는 자기 성찰을 통해 윤리경영에 더욱 정진해 나가야 한다."고 강조했다(연합뉴스, 2006. 06. 16).

이구택 포스코 회장은 "윤리규범 선포 후 지난 3년간 포스코 임직원의 윤리의식이 상당히 높아졌다"며 "이제는 어떤 제도를 새로 만들거나 도

---

132) 연합뉴스, 2006. 06. 16.

입하는 것보다 실천하고 정착시키는 것이 더욱 중요하다"고 당부했다.

포스코의 경영이념은 "사회의 기반이 되는 제품과 서비스를 제공해 고객과 인류사회에 공헌하며, 우리는 최고를 지향하고, 창의를 존중하며, 기본과 원칙을 중시하여 존경받는 기업으로 성장한다."이며, 이를 위해 포스코는 글로벌 스탠더드에 입각한 기업 지배구조 확립과 투명경영, 윤리경영을 지속 실천하고, 동시에 국가와 지역 사회, 고객 등 회사의 이해관계자들과의 공동발전을 위해 끊임없는 경영혁신과 함께 경제적 수익성, 환경적 건전성 및 사회적 책임성을 균형 있게 추구하는 지속가능 경영을 계속해 나갈 것이다.

기업윤리 측면에서도 "기업이익보다 윤리가 우선한다"는 것이 이구택 회장의 윤리경영의 기본철학이자 초심인 만큼 기업윤리와 윤리경영은 모든 포스코인들이 공유하는 절대 명제이다. 이구택 회장은 회의나 현장 방문 시 임직원들에게 윤리적 행동이 회사의 장래를 보장한다는 것을 늘 강조한다.

포스코는 지난 2003년 윤리규범을 선포한 이후 3년이라는 시간 동안 여러 가지 윤리실천 시스템과 인프라를 마련, 운영하는 중이다. 국내에서 처음으로 도입한 '선물반송센터'는 국내기업에 널리 보급된 대표적인 사례로 꼽을 수 있을 정도다. 이 밖에 기업윤리 핸드북과 팝업창, 신고보상제도 등도 다른 기업들이 앞 다퉈 벤치마킹하는 사례로 손꼽힌다. 또 지난해 6월 윤리규범 선포 2주년을 맞아 '자율'을 윤리경영의 핵심개념으로 도입, 직원 스스로 문제점을 발견하고 해결하는 자율실천 프로그램을 통해 300여 개의 개선과제를 선정해 추진 중이다.

포스코는 향후에도 '자율'보다 한발 앞선 개념인 '예방'을 윤리실천의 핵심개념으로 도입할 계획이다. 결국 지적 위주의 사후감사보다는 사전에 윤리적 문제의 발생 자체를 근원적으로 차단하는 업무리스크

관리를 통해 위험요인을 최소화하는 등 윤리적 사고와 행동의 체질화를 통해 기업문화를 재정립하겠다는 복안이다.

포스코가 주창하는 "소리 없이 세상을 움직인다(We move the World in Silence)"는 포스코의 기업이미지 또는 추구하는 전략이라고 말할 수 있다. 실제로 포스코는 사회공헌활동을 그동안 꾸준하고 조용히 진행해 왔다. 포항, 광양 사업장 등 개별적인 차원에서 이뤄진 사회공헌활동을 보다 넓고 체계적으로 펼쳐보겠다는 생각에서 포스코가 지난 90년 이후 2002년까지 사회공헌활동에 투입한 비용은 무려 1조 6,000억 원에 육박하고 있다. 포스코의 한 관계자는 "임직원들의 자발적인 자원봉사활동은 금전적으로 환산할 수 없는 값진 사회적 기여활동"이라며 "모든 포스코인들은 자발적인 자원봉사활동 문화가 더욱 확산되기를 기대하고 있다"고 전했다.

포스코 임직원들의 목에 걸려 있는 신분카드 뒷면에는 "지금 하는 행동이 공개돼도 부끄럽지 않는가?", "타인에게 부당한 요구를 하고 있지 않는가?", "시간과 권한을 회사를 위해 사용하고 있는가?" 등 다섯 가지 문구로 구성된 "기업윤리 자가진단 표"가 새겨져 있다. 이처럼 윤리경영은 포스코 전체는 물론, 임직원 개개인에게도 하나의 기업문화로 자리 잡고 있다(2005. 09. 25). 2003년 6월 윤리경영 선포 이후 윤리경영 전담 조직인 '기업윤리실천 사무국' 설치, 기업윤리 웹사이트(http://ethics.posco.co.kr) 개설, 각종 선물 처리 요령 매뉴얼 작성, 명절 '선물반송센터' 설치 등을 통해 윤리경영을 시스템화했다. 올해 들어서는 민간기업으론 처음으로 유흥업소 등에서의 법인카드 사용을 제한하는 '클린카드 제도'까지 도입, 법인카드 사용의 투명성과 신뢰성을 높였다. 포스코의 윤리경영 원칙은 협력업체에도 적용하여 납품이나 용역 제공 등 거래를 하려는 기업의 대표와 실무 담당자는 반드시 포스코가 실시하는 윤리교육을 받아야 계약을 체결할 수 있도록 의무화했다.

포스코 이구택(李龜澤·59)은 "전 직원들이 성직자처럼 처신해 달라."라고 주문한다. 또 그는 심지어 윤리문제와 회사의 이익이 상충된다면 기업윤리를 따르는 게 장기적으로 회사에 더 이익이라고 이야기한다. 이 회장이 이처럼 윤리경영을 강조하는 데에는 뚜렷한 대주주가 없는 포스코의 지배구조와도 관련이 깊다.

포스코의 2005년 외부 평가결과를 살펴보면, 2005년 2월에 존경받는 기업대상(전경련), 2005년 3월 2일에 한국의 경영자상(한국능률협회), 2005년 3월에 대통령 표창(부패방지 위원회), 2005년 11월에 기업윤리대상(한국기업윤리학회) 수상을 통하여 평가받았다.[133] 또 포스코는 2006년에도 서울경제신문사와 전국경제인연합회가 공동으로 주최하고 산업자원부가 후원하는 국내 최고 권위의 '존경받는 기업 대상'을 수상하였다.

[표 4-2] 국내 CEO의 윤리경영 실천의지 표명(사례)[134]

C E O	내 용	비 고
이건희 삼성회장	"편법 1등을 하느니 5등이라도 정도를 가야 합니다." CEO(Chief Executive Officer)는 CEO(Chief Ethics Officer)가 되어야 한다는 경영철학 표명	헤럴드경제신문, 「이건희 개혁 10년」 기사
구본무 LG회장	"LG는 앞으로 50년, 100년 동안 지속하는 1등이 되어야 하며, 이는 정도경영을 통해서만 완성되는 것입니다. 1등 LG는 반드시 정도경영의 기반 위에서 뿌리내려야 합니다."	2002. 11. 12. 임원세미나
정몽구 현대기아 자동차회장	"기업의 사회적 책임 완수와 지속가능경영 역량의 확보는 윤리경영이 그 근간이 된다는 사실을 명심하고 모든 기업 활동에 윤리적 사고와 책임을 다하도록 최선의 노력을 경주할 것입니다."	현대자동차 홈페이지 윤리경영 인사말

---

133) 국가 청렴위원회, 기업윤리 브리프스. 17, 2005. 12. 15.

C E O	내 용	비 고
이구택 포스코회장	"이번에 제정해 선포한 윤리규범을 전 임직원이 자율적으로 준수하고 실천해 나가겠다는 의지와 노력을 갖는 것이 무엇보다도 중요합니다."	2003. 6. 2. 윤리규범선포식 인사말
구학서 신세계사장	"가장 윤리적인 것이 가장 강하다는 의미는 조직이나 단체를 리드하는 지도자가 갖추어야 할 능력 중 도덕성을 최우선하듯이 윤리가 개인의 능력과 자질, 조직의 운영원리에 있어 기본이라는 것입니다."	「경제풍월」 2003년 4월호 기고문
문국현 유한킴벌리 사장	"윤리경영은 기업이 짊어져야 하는 추가적 비용이 아니라 경쟁력강화를 위한 새로운 투자입니다. 먼저 CEO가 미래상과 비전을 보여 주고 과거에 익숙해 있던 관행과 기득권, 안일에서 과감하게 벗어나야 합니다."	2003. 2. 19. 윤경 포럼 발족기념 공개세미나

2. 외국 윤리경영 사례

1) 기업윤리 성공사례

ⅰ) 머크(Merck, 미국)

1978년 미국 제약회사 머크는 새로 개발한 신약 "멕티잔"을 놓고 고민에 빠졌다. 멕티잔은 회선사상충증(River Blindness, 흡혈 암컷 흑파리 떼에 의해 전파되는 질병으로 시력장애 또는 시력을 잃는 병)이라는 병을 예방하는 데 탁월한 효과가 있었다. 이 병은 아프리카에서만 주로 발생하는 풍토병이었고, 정작 이 지역 주민들은 멕티잔을 구

---

134) 전경련, 성공적인 윤리경영 정착을 위한 7가지 조건, 2004. 6, pp.5-6.

입할 만한 경제력이 없었기 때문에 이 약을 생산하는 것은 회사에 이익이 되지 않았다. 그러나 머크는 임상실험, 식품의약국(FDA) 승인 등에 드는 막대한 비용을 감수하고 대량 생산에 나섰고, 1987년 약을 아프리카 주민들에게 무상으로 공급하기 시작했다. 지금까지 멕티잔은 4억 8,000여 명의 아프리카인들의 시력을 되찾아주었다. 이처럼 머크사는 기존제품의 판매 강화에 집중함으로써 단기이익을 추구할 수 있는 상황에서 인류건강에 도움이 되는 약품개발이라는 본래의 비전에 충실한 결정을 하여 오랫동안 세계에서 가장 존경받는 기업(Most Admired Company)으로 인정받음으로써 윤리경영 자체가 핵심 경쟁력이 되고 있다.

또 머크의 멕티잔 프로그램의 경우 약품을 만드는 것만큼이나 아프리카 현지에 약품을 보급하는 문제도 중요했다. 머크는 지금까지 멕티잔 생산에만 10억 5000만 달러를 쏟아 부었고, 아프리카 33개국에 보급하는 비용도 엄청나다. 보급망 구축에 경험이 없는 머크는 곧바로 세계은행, 세계보건기구(WHO), 유엔아동기금(UNICEF), 카터 센터, 수혜국 보건당국 등 30여 개 조직과 협조체제를 구축했다. 머크가 멕티잔 보급을 위해 만들어 놓은 네트워크는 그 후 화이자 등 다른 제약회사들이 의약품을 기부할 때도 활용되고 있다. 초기 네트워크는 머크와 WHO의 주도하에 약품을 효율적으로 공급 배분하는 데 치중했으나 점차 수혜국으로 리더십이 넘어가면서 자립적인 의료시스템을 구축하는 데 무게가 실려졌다.

"돈이 안 될 줄 뻔히 알면서 왜 10여 년에 걸쳐 신약을 개발하고, 또 그 약을 공짜로 나누어주었느냐?"라고 '레이먼드 길마틴' 회장에게 물었더니, 그는 두 가지 이유를 설명했다. 하나는 "기부는 장기투자이기 때문에, 기부 수혜자 또는 수혜국의 정치경제 상황에 도움을 주면,

언젠가는 이들이 고객이 될 수 있다."라는 생각 때문이었고, 또 다른 이유는 종업원 만족 때문이라고 설명하였다. 그리고 반문했다. "직원들에게 인류 건강에 도움을 주는 약품을 만들자고 다짐해 놓고, 정작 회사가 돈이 안 된다는 이유로 약품 개발을 포기한다면 직원들에게 어떤 메시지를 주겠습니까?" 기업은 자선단체가 아니므로 주주들의 이익을 최우선 고려해야 한다. 그에 대한 주주들의 반대는 없었는지 물었더니 브렌다 코라트렐라 약품기부 담당 이사는 "주주들이 반대했다면 지금까지 멕티잔 기부를 계속할 수 있었겠느냐?"라고 되물었다.

머크사는 신용평가기관 무디스가 최우수(AAA) 등급을 매기는 8개의 미국 회사 중 하나이다. 사회적 책임을 다하는 기업이라는 평가가 주가 관리에 도움을 주고 있기 때문에 경쟁업체인 화이자, 글락소스미스클라인, 브리스톨마이어스스큅보다 덩치는 작지만, 주가는 2-3배 높다. 코트라렐라 이사는 "우리 회사는 '사회적 책임을 다하는 기업'이라는 평가가 주가관리에 도움을 준다고 믿는다."고 말했다. 머크는 87년부터 93년까지 7년 연속 포천지가 선정하는 '가장 존경받은 기업' 1위에 올랐다. 또 제2차세계대전 후 일본에 널리 퍼져 있던 폐결핵 치료약으로 스크렙토마이신을 공급하였고, 당시에는 일본 시장에서 이익을 얻지 못하였으나 지금은 일본에 진출한 미국 제약업체 가운데 최대기업으로 성장하였다. 이처럼 미국 기업들은 기부할 분야를 선정할 때 여기저기 참여하지 않고 '전략적 투자' 개념을 도입해 기업의 핵심역량과 효율성의 극대화를 고려하여 연관된 분야에만 집중적으로 몰아서 지원하는 핵심역량에 집중 방식을 선호한다. 머크사는 제약회사답게 2004년 총기부액 6억 3500만 달러 중 91%인 5억 7500만 달러를 의약품 지원에 썼다. 교육, 문화, 지역 활동 등 다른 분야에 대한 현금 기부는 6000만 달러로 10% 미만이었다. 대부분의 기업들은 이윤과 윤리가 상충된다고 생각하기 때문에 투자를 꺼릴 것이다. 기업윤리 (Business Ethics)의 저자 벨라스케즈는 비록 당장은 돈을 벌 수 없지만 장차 자사에 대한 호감을 갖게 되고 장기적인 전략에 큰 도움이 될 수 있다고 말한다.[135]

바이옥스(Vioxx, 관절염 치료제)는 1995년 5월부터 미 식품의약국 (FDA)의 판매승인을 얻어 1999년부터 판매되었고, 진통효과가 뛰어나 의사들이 처방전에 즐겨 사용해 왔으며, 지난해 한 해 동안 25억 5000만 달러(약 2조 9300억 원)어치가 팔렸다. 국내에서도 2000년 7월부터 시판됐으나 머크사는 2004년 9월부터 판매를 중단하고 자진 회수했다. 머크사는 2004년 9월 30일(현지시간) 뉴욕에서 기자회견을 갖고 "임상실험결과 바이옥스를 장기간 복용할 경우, 심장혈관에 이상이 생겨 심장마비나 뇌졸중 등을 유발할 가능성이 2배나 높아진다는 사실을 시인하면서 판매를 중단하고 자신회수하기로 했다"고 밝혔다. 또 바이옥스를 복용해 오던 환자들은 의사와 상의해 바이옥스의 복용을 중단하고 다른 약품으로 대체하라고 권고하면서 시장에서 모든 바이옥스 제품을 거둬들였다. 머크사가 3년간 대장암 환자를 상대로 한 임상실험에 따르면, 18개월 이상 바이옥스를 복용한 환자는 그렇지 않은 환자보다 심장마비나 발작 등 심장혈관에 이상을 일으킬 수 있는 가능성이 2배나 높게 나타났다. 머크는 임상실험 초기에는 부작용이 없었으나 18개월 후에 부작용이 나타났다고 밝혔다. 머크의 레이몬드 길마틴 회장은 이날 "심장질환을 유발할 수 있다는 경고 문구를 삽입해서 판매하자는 의견도 있었으나 자진회수가 가장 책임 있는 조치로 생각해 전량 회수하기로 했다"고 밝혔다. 그러나 2001년 심장발작으로

---

135) 마누엘 G 벨라스케즈. 기업윤리(Business Ethics). 한국 기업윤리경영연구원 역. 매일신문사. 2002. 5.

사망한 로버트 어니스트(59)의 부인 캐럴 어니스트가 머크사를 상대로 소송을 제기하였다. 미 텍사스주의 한 법원이 19일(현지시간) 이날 첫 재판에서 12명의 배심원단은 머크사가 바이오스 복용에 따른 사망 가능성을 알릴 의무를 다하지 않은 머크사에 대한 처벌적 배상금으로 2억 2900만 달러, 남편을 잃은 데 대한 정신적 위자료로 2400만 달러 등 2억 5300만 달러를 캐럴 어니스트에게 지급하도록 판결하였다. 배상액은 재판이 진행됨에 따라 대폭 삭감되겠지만 이 같은 판결이 바이옥스 복용이 심장발작을 부를 수 있다는 가능성을 머크사가 숨겼다면서 머크사를 상대로 제기된 4,200건 이상의 소송에 선례가 될 것이다. 미국 개인건강보험인 건강유지기구(HMO)와 노동조합이 바이옥스에 대한 제품책임소송은 집단대표소송으로 인정해야 한다는 원심이 뉴저지 항소법원에서 확정됐다. '바이옥스', 미국 집단대표소송 확대될 조짐을 보이고 있다. HMO와 노동조합은 머크가 바이옥스에 대한 안전성을 잘못 나타내어 월 약가 9불의 기존 진통제 대신 월 약가 72불에 달하는 바이옥스에 대한 비용을 지불했다면서 소송을 제기하고, 미국 50개 주에서 각개 소송으로 처리될 것이 아니라 1건의 집단대표소송으로 처리되어야 한다고 주장했었다. 이에 뉴저지 항소법원은 뉴저지 상급법원 판사가 제3자의 집단대표소송을 인정한 원심을 확정하고 머크의 사기로 인해 발생했다고 주장하는 손해에 대해 다른 주(州)의 제3의 의료비용 급여자에 대해서도 보상될 수 있다고 판결했다.

ii) 존슨 & 존슨(Johnson & Johnson, 미국)

존슨 & 존슨은 미국의 뉴저지주 뉴브런스왁(New Brunswick)에서 1886년 설립된 세계적 의약품 및 생활용품 생산기업으로, 2004년 기준

473억 달러의 매출을 달성한 다국적 기업으로 2002년 포춘 500대 가장 존경받는 기업(America's Most Admired Company) 7위에 선정되었다. 존슨 & 존슨은 1930년대부터 자발적으로 기업윤리를 강조해 온 기업이며, 1935년 공동 설립자로서 이사회 의장을 맞고 있던 Robert. Wood. Johnson이 고객, 구성원, 주주에 대한 기업의 사회적 책임을 공표(Try Reality)하면서 당시 사회적 책임을 강조하는 기업 윤리문제에 대한 신선한 철학으로 관심을 끌었다. 이후 1943년 창립자 2세인 Johnson, R. W.은 최초의 기업 윤리강령으로 알려진 "우리의 신조(Our Credo)"를 직접 작성하여 경영에 접목하였다. 이는 어떤 상황에서도 "우리의 신조"에 입각한 의사결정을 한다면 우리는 '올바른' 것을 행하게 되는 것이라는 자부심을 상징한다. 존슨 & 존슨의 한 직원은 "존슨 & 존슨이라는 이름은 단순한 상표가 아니라 가장 윤리적이고 모범적인 기업이라는 신뢰의 마크"라고 자랑한다.[136] 존슨 & 존슨은 1943년에 '고객에 대한 기업의 책임'을 명시한 "우리의 신조"라는 핵심가치(Credo Values)를 제정하였고, 이 윤리강령을 50년 이상 경영에 반영함으로써 기업의 사회적 책임, 기업윤리 분야 선두의 위치를 점하고 있다. 여기에는 사회 구성원으로서의 책임뿐만 아니라 성평등과 같은 내부 구성원에 대한 책임사항까지 담고 있다. 그리고 이를 체질화하기 위해 주기적으로 임직원의 인식을 측정하고 변화 양상을 파악하고 있다. 이러한 조사결과의 피드백을 통해 존슨 & 존슨은 구성원의 행동 개선방안을 마련하는 등 기업의 목적과 실천 방안까지도 명확하게 나타내고 실행에 옮기고 있다. 현재에도 존슨 & 존슨의 중대한 의사결정은 '신조'에 따라 결정하며, "우리의 신조"에 맞춰 정책결정을 하는 프로그램을 끊임없이 개발함으로써 윤리경영의 상징이

---

136) (주)신세계, 선진윤리경영 모범기업 시찰보고서, 2003. 9. 24.

되고 있다.

존슨 & 존슨의 CEO이며 이사회 의장인 R. S Larson 회장은 "존슨 & 존슨을 현재의 승자로 만들어 주었고, 미래에도 존슨 & 존슨을 경쟁력 있는 회사로서 유지하게 해 줄 것을 하나 고른다면 그것은 우리의 가치체계입니다."라고 가치체계로서 우리의 신조를 설명한다. 또한 존슨 & 존슨의 신조 가치는 진실성(Trustworthiness), 존중(Respect), 책임감(Responsibility), 공정성(Fairness), 관심(Caring), 시민의식(Citizenship)으로 분류한다. 그들은 "성과가 좋지 못하면 서로 격려하여 다시 한 번 기회를 줄 수 있지만, 회사의 가치를 이해하지 못하거나 반하는 행동은 어쩔 도리가 없다"라고 존슨 & 존슨의 가치에 대한 철학을 설명한다.

'존슨 & 존슨'의 대표상품으로 1982년 9월 당시 연 매출액의 7%, 이익의 17%를 차지하는 주력 상품이었던 타이레놀을 복용한 미국 시카고에 거주하던 야누스 씨가 몇 시간 후에 갑자기 사망하였다. 같은 날 야누스 씨 동생 내외가 같은 약병에 든 타이레놀 캡슐을 먹고 난 이틀 후에 사망하는 등 7명이 사망한 "타이레놀 사건"은 윤리경영의 가장 대표적인 사례로 손꼽힌다. 사망원인으로 밝혀진 '초강력 타이레놀'에 들어 있던 시안화물(Cyanide)은 혈액의 산소수송능력을 저해해서 심장, 폐 및 뇌를 손상시키는 치명적 물질이다. 사망한 사람 집에서 먹다 남은 타이레놀 캡슐 10개를 회수하여 분석한 결과 그 속에 시안화물이 들어 있었는데 어떤 캡슐에는 시안화물이 65mg(치사량은 50mg)이나 포함되어 있었다. 그런데 모두 캡슐의 붉은 한쪽이 변색되고 약간 부풀어 있었으며, 보통 흰 가루인 내용물은 회색이고 아몬드 냄새가 났다. 이 회사는 경영진들은 '투명성이 최선(Transparency is the best policy)'이라는 판단 아래 '윤리경영 신조'에 따라 제조과정을 언론에 공개하고, 언론을 통해 대대적인 경보 캠페인을 펼치는 한편 시카고 지역의 제품만 수거하라는 미국식품의약국(FDA) 권고를 뛰어넘어 전국에서 2억 4,000만 달러를 들여 전량(全量)을 수거, 폐기(약 3천만 병, 1억 달러어치)했다. 회사에서는 즉시 사망 원인, 복용한 타이레놀 병 번호, 제조 년 월 일, 구입처, 유통경로 등 관련 정보수집에 착수하였다. 또 정부와 긴밀히 협조하면서 단계별 조사과정을 모두 공개하면서, "사건 원인이 규명되기 전에는 타이레놀 제품을 복용하지 말라"고 소비자들에게 대대적으로 홍보했다. 존슨 & 존슨은 우리의 신조라는 원칙에 충실한 윤리적 태도에 소비자들은 신뢰를 갖게 되었고, 사건 직후 35%였던 시장점유율은 7%까지 떨어졌으나, 3년 만에 제자리를 회복했다. 게다가 4년 후 비슷한 사건이 재발하자, 1억 5,000만 달러를 들여 캡슐에서 알약 형태로 교체했다. 이 엄청난 경제적 손실의 위기를 통하여 '소비자의 신뢰'라는 더 큰 자산을 얻은 존슨 & 존슨은 윤리경영을 더욱 강화하여 1999년, 2000년 연속으로 「월스트리트저널」이 선정하는 '미국의 선망받는 기업 1위'에 꼽히기도 했고, 현재에도 세계에서 연간 15억 달러의 매출과 미국의 해열진통제 시장점유율 1위를 유지하는 견고한 발판이 되었다.

존슨 & 존슨에는 "우리의 신조"와 함께 정책 결정 과정에서 통과해야 할 과정이 한 가지 더 있다. "빨간 얼굴 테스트(Red Face Test)"라 불리는 불문율이 바로 그것이다. 자신이 내린 결정이나 행동을 자신의 가족에게 얼굴을 붉히지 않고 설명할 수 있을 만큼 윤리적이었는지 자문하는 것이다. 또 윤리경영의 상징으로 여겨지는 존슨 & 존슨은 "인류의 고통을 경감시키고 고객을 최우선으로 생각한다"는 원칙을 지킴으로써 고객의 신뢰를 확보하고 있다. 또한 윤리경영의 확고한 실천을 위한 정교하고 구체적인 실천지침을 갖추어 놓고 조직 구성원들의 적극적인 참여를 유도하고 있다. 선물 증여 항목에서부터 고객에 대한 접대, 종업원 안전보장까지 업무와 직간접적으로 관련된 사항을 모두 매뉴얼에 담고 있다. 이들이 갖고 있는 윤리헌장과 매뉴얼은 오랜 시간 동안 시행착오를 겪으면서 종업원들과 경영진의 활발한 커뮤니케이션을 통해 완성된 것이다. 당시 워싱턴포스트지는 "이 사건을 통해 존슨 & 존슨은 비용이 들더라도 옳은 일이라면 반드시 한다는 기업 이미지를 소비자에게 심어주는 데 성공했다"고 보도했다. 자칫 근시안적 응변으로 그칠 뻔한 윤리강령이 존슨 & 존슨 기업경쟁력의 핵심요인으로 떠오른 것은 '타이레놀 사건'이 그 계기가 된 셈이다.

존슨 & 존슨의 커리 부사장은 "당시 다른 꼼수를 생각했다면 존슨 & 존슨은 시장에서 신뢰를 잃고 기업의 존립 자체가 위태로웠을 겁니다. 신조가 우리를 살린 거죠"라고 자랑스럽게 설명한다. 당시 타이레놀 사건과 존슨 & 존슨의 대응은 기업윤리가 이름뿐이 아닌 위기대처 능력의 결정적 요소로 부각된 것으로 미국 경제계나 학계에 큰 파문을 일으켰다.

존슨 & 존슨의 기업윤리 관련 업무는 별도의 조직이 없이 인사담당 임원이 총괄하고 있으나 실질적으로는 CEO로부터 전 직원이 윤리담당자라 할 수 있다. 존슨 & 존슨의 인사부에서는 'Credo Action Team'을 구성하여 2년마다 한 번씩 우리의 신조가 실천되고 있는지를 조사하고 사원들의 의식변화를 촉구한다. 업무 실행위원회 러셀 디요 위원은 "우리의 신조(Our Credo)는 가장 효과적인 '경영의 도구'로서, 소비자, 직원, 지역 사회, 주주 등 윤리강령의 우선순위에 따라 정책을 결정한다는 우리의 신조에 맞추어 프로그램을 개발해 끊임없이 교육하고 있다"고 강조한다.

또 존슨 & 존슨의 'Our Credo'에 관한 구체적인 사항은 Johnson &

Johnson Policy on business conduct에 규정되어 있으며, 존슨 & 존슨의 구성원들은 윤리경영을 실천하는 기술이나 조직은 다른 기업이 모방할 수 있으나 사원의 신념, 도덕성은 다른 기업이 모방할 수 없다는 자부심을 갖고 있다. 요즘처럼 '생각의 속도'로 돌아가는 시대에 윤리성을 고려함으로써 의사결정이 늦어져 기업 경쟁력이 차질이 생기지 않을까 하는 고민에 대하여 존슨 & 존슨의 매뉴얼은 "윤리적 문제를 고려할 만큼 중요한 사항을 결정해야 할 때가 바로 속도를 늦추어야 할 때"라고 답한다.[137]

iii) 3M(Minnesota Mining and Manufacturing Company, 미국)

3M은 미국 미네소타 주 세인트폴에 본부를 둔 의료기기 및 문구를 제조하는 초국적, 초우량 기업으로서, 1902년에 의사, 변호사, 정육점 상인, 철도 사업자 등 5명의 출자에 의해 Minnesota Mining and Manufacturing Company라는 이름으로 출발하였다. 1997년에 150억 7백만 달러의 매출과 순수익 1억 6천3백만 달러를 달성하였고, 전 세계 종업원 수는 75,636명, 총제품 수만 해도 6만여 가지나 되 는 초우량기업으로 성장하였다. 3M의 직원들은 회사의 가장 가치 있는 자원이기 때문에 직원들의 존엄성과 개개인의 가치를 존중하고, 각 근로자의 진취성을 북돋운다. 직원들에게는 똑같은 기회가 부여되고, 신분, 인종, 종교, 국적, 성 등 상태에 관계없이 그 다양성에 따라 모든 사람이 참여할 권리가 존중된다.

3M의 사원들이 창의력을 잘 발휘할 수 있도록 하는 기업의 문화와 제도에 대하여 중점적으로 조사한 결과, 3M사는 1994년에 선정한 미국 기업 랭킹에서는 매출 규모로는 31위, 수익 면에서는 19위를 차지

---

137) (주)신세계. 선진윤리경영 모범기업 시찰보고서. 2003. 9. 24.

하였고, 또 "가장 명망받는 기업" 랭킹에서는 8위에 올라 있다. 세계의 주요 경제가 저성장기에 접어든 가운데 3M사가 매년 계속적으로 성장을 이어온 원동력은 타의 추종을 불허하는 혁신적인 신제품 개발력에 있다. 특히 3M은 윤리규정의 제정을 통하여 법률에 어긋나는 대외적 문제에 대응하는 법보다 강한 윤리로서 뉴 비즈니스를 만드는 동시에 내부적으로는 기업윤리를 통해 법에 저촉될 가능성을 미연에 방지한다. 이 회사 제임스 맥너니 사장은 세계적으로 신뢰받는 기업들이 추구하는 정신은 정직과 신뢰를 바탕으로 사업을 선도하는 것이라고 말했다. 3M의 맥너니 사장처럼 최고의 기업 CEO들은 기업의 생존 조건이 돈 잘 버는 기업이 아니고 존경받는 기업임을 천명하고 있다.

3M은 세계 200여 개국에 진출하여 64개 자회사를 두고, 어디서건 까다로운 윤리기준을 엄정히 적용하기로 유명한 기업이다. "3M은 절대 타협은 없습니다. 현지상황이 뒷받침이 되지 않으면 차라리 사업을 포기하죠." 담당자의 말에서 법보다 강한 윤리가 뉴 비즈니스를 만든다는 것을 알 수 있다. 3M의 법률부서에는 약 35명의 변호사로 구성된 법률 팀(General Counsel Office)이 기업윤리 매뉴얼을 만들고 감독 및 교육을 맡고 있으며, 법률에 어긋나는 대외적인 문제에 대응하는 동시에, 내부적으로 기업윤리를 통하여 법에 저촉될 분분을 미리 막는 기능을 담당하고 있다. 이는 사건 발생 이후 법률적 대처보다는 기업윤리를 통한 예방이 비용 면에서도 절감효과가 있다는 것이다.[138]

3M의 윤리기준은 미국 기업들 중에서도 가장 정교한 매뉴얼을 갖춘 것으로 유명하다. 3M의 기업윤리 규정집은 '선물증여'항목에서 "사업과 관련해 상대방에게 연간 50달러 이상의 금품이나 향응은 제공할 수 없다. 여기에 커피와 도넛은 제외된다"는 식으로 기업 활동 전 분

---

138) 김기찬, 기업윤리 평가 모형의 개발, 2003.

야에 대한 기업윤리 실천방법을 구체적인 수치로 상세히 규정하고 있다. "업무와 관련된 것은 모조리 매뉴얼로 만든다."는 3M다운 접근방법이다. 또한 법보다 강한 윤리가 뉴 비즈니스를 만든다는 신념으로 윤리규정의 제정을 통하여 법률에 어긋난 대외적 문제에 대응하는 동시에 내부적으로는 기업윤리를 통하여 법에 저촉될 가능성을 미연에 방지하고 있다. 이처럼 법 이상을 요구하는 원칙은 새로운 기업 경쟁력의 원천이 되고 있다. 환경문제가 불거지고 각종 입법화가 추진되기에 앞서 3M은 1975년 3P(Pollution Prevent Pays)로 대표되는 '법 이상의 무엇' 프로그램을 가동시켰다

이와 관련한 유명한 사례가 있다. 북아프리카 사막 모랫길, 한 미국인이 차를 몰고 가던 중 경관 2명이 손짓해 차를 세워 "과속을 했다"며 운전자에게 노골적으로 '촌지'를 요구했으나 미국인은 "과속하지 않았다. 절대 못 준다. 판사에게 가자"고 대답했고, 대화하던 중 그 운전자의 신분이 3M 지사장임이 밝혀지자 또 다른 경관이 "3M이라고? 그냥 보내버려. 걔들한테는 안 통해."라는 일화가 전해 온다. 3M 윤리강령의 선물에 관한 까다로운 항목도 미국 정부가 공무원에게 적용하는 엄격한 규정에 대처하기 위해 만들어진 것이다. 사회와 정부의 높은 윤리기준(System)이 기업의 윤리수준을 끌어올린 셈이다.

ⅳ) GE(General Electric Company, 미국)

발명왕 에디슨이 1878년에 설립한 「에디슨 전기」로부터 시작된 GE는 매출규모 1,000억 달러가 넘는 초일류 기업으로 성장하였다. 제너럴 일렉트릭(GE)은 미국 「포춘」지에 의해 5년 연속 '존경받는 기업(America's Most Admired Company) 1위'에 선정되었고, 2002년 파

이넨셜 타임스 선정 '세계에서 가장 존경받는 기업 1위'이다. GE는 성공적이고 존경받는 기업은 곧 사회적 책임감이 높은 기업이라는 경영철학을 갖고 있다. 따라서 GE의 '가치헌장'에는 "우리는 항상 도덕성을 제1의 가치로 여긴다."라는 말이 있다.[139] 또 GE는 1896년 다우존스(Dow Jones) 산업지수가 발표한 미국의 12개 우량기업 중 현재까지 생존하고 있는 유일한 기업이지만, 이에 만족하지 않고 고객들에게 가장 우수한 기술, 최고 품질의 제품과 서비스를 제공하기 위해 전 세계 34만여 명의 GE 가족 한 사람 한 사람이 최고를 추구하며 또 다른 새로운 도약을 목표로 도전을 계속한다. 또 GE의 구성원들은 준법의 생활화뿐 아니라 "우리가 보호해야 할 가장 소중한 자산은 우리의 명성(Reputation)이다"라는 위대하고 튼튼한 가치를 가지고 있음을 자부한다.

도덕성에 관련한 GE의 편집자의 각서를 보면 "정신과 서간문(Spirit & The Letter)"은 GE의 도덕정책이며, 각각의 GE종업원은 그들이 회사에 입사할 때 도덕 정책을 지키기 위하여 서약서에 서명을 한다고 되어 있다. GE는 이해관계 및 진취적 여부에 관계없이 단지 합법적이고 윤리적인 방법으로 기업을 운영한다. 기업의 어느 분야이건 고객이나 공급자들과 거래를 할 때 "우리의 의무를 도덕성과 타협하지 않는다."라고 설명한다. 또 GE는 기업거래 행위와 행동에서 "말과 행동이 같다(Walks the talk)"라는 말을 실천한다. 이를 위하여 정직과 신용관계가 일관되도록 하고 다른 사람들이 신용할 수 있는 환경을 조성하고 있다.[140] 특히 GE 직원들은 'GE가 변한다는 사실'

---

139) 마누엘 벨라스케스, 기업윤리(Business Ethics), 한국 기업윤리경영연구원 역. 매일경제신문사, 2002.
140) 한한수. 기업윤리경영이 생산성에 미치는 영향. 한국생산성학회. 생산성논집, 제17권, No.3, 2003, p3.

과 '윤리경영'을 GE에서 절대 변하지 않는 두 가지라고 말한다.

GE는 임직원이 뇌물을 주고받으면 이는 결국 원가상승으로 이어져 제품 경쟁력의 하락을 가져오며, 회계 조작, 불량원자재 사용, 제품하자 은폐 등 거짓을 일상화하면 결국에는 엄청난 대가를 치른다는 것을 알고 있기 때문에 비도덕적인 사건이 발생되었을 경우, 그 부서의 책임자까지 해고할 정도로 윤리경영을 기업 경쟁력의 핵심으로 보고 있다.

또 기업의 하드웨어인 사업 분야와 경영 조직을 획기적으로 재구축한 GE는 80년대 후반에 들어와 기업의 '소프트웨어'라고도 할 수 있는 기업문화의 개혁에 착수하여 가히 혁명적이라 할 만큼 적극적으로 추진해 왔으며, 지금도 새로운 개혁 목표를 향해 끊임없는 스스로의 변화를 추구하고 있다. 또한 외부적으로는 조합과 이사회가 자유롭고 활기차게 자신들의 입장을 건설적으로 피력할 수 있는데 이 또한 이들의 의견이 일치하지 않을 때에도 회사의 이러한 정직과 신뢰성에 대한 원칙에 대해서는 항상 그 생각을 함께하고 있다.

윤리경영 관련 GE 경영자의 실천과제는 기업윤리의 생활화, 끊임없는 변화, 인재중시 등의 문화를 가진 초일류 기업으로서 GE에서 가장 우선시되는 가치는 문자적으로 준법을 생활화할 뿐 아니라 그 정신을 지키는 것을 의미한다. 또 준법의 차원을 넘어 이 정신은 GE 내에 존재하는 모든 관계에 핵심적으로 작용하고, 내부적으로는, GE의 가치가 실제로 작용하는 인간관계에 있어 가장 중요한 신뢰를 형성하며, GE의 직원들은 이 신뢰를 바탕으로 실패를 두려워하지 않고 도전적으로 일하고 있다. GE의 변천사는 변화의 시기들로 채워질 것이며, 우리의 가치들 중 일부는 미래의 시대에 맞게 변형될 것이나, 한 가지 항상 옳은 길을 택하고자 하는 정직과 신뢰성에 대한 GE의 신념은 결코 변치 않을 것이다. 잭 웰치 GE 전 회장은 "변하지 않았고, 결코 변하지 않을 것은 GE의 핵심적 가치인 정직과 신뢰(confidence)성의 중요성이다. 우리의 전 세계적인 모든 사업 활동들에 있어서, 정직과 신뢰성은 우리가 하는 모든 것들의 기본으로 지속되어야 할 것이다. 이것이 우리가 세계에서 가장 존경받는 회사인 주된 이유이다"라고 말했다. 그는 또 "GE에서 내가 날마다 강조하는 것이 한 가지 있다면, 그것은 바로 도덕성이었다. 그것은 우리의 최우선 가치로서 어떤 경우에도 양보할 수 없는 것이었다. 내 모든 연설은 언제나 도덕성을 강조하는 것으로 끝을 맺었다. 탁월함과 경쟁력은 도덕성과 양립할 수 있다. 나는 요즘에도 모든 경쟁에 있어 도덕성이 기초가 되어야 한다는 것을 절실히 느끼고 있다."라고 강조하였다.

또한 '경영의 달인'으로 칭송받는 잭 웰치는 자서전에서 기업이 장기적 번영을 추구하려면 도덕성을 제1의 가치로 둬야 한다고 밝혔다. 도덕이나 윤리는 단지 법규를 잘 지키는 것만을 의미하지 않는다. 그것을 넘어 '언제나 옳은 일을 하고, 또한 옳다고 믿는 것을 위해 투쟁하는' 수준까지 향상돼야 한다는 것이 잭 웰치의 생각이다.

잭 웰치의 후임CEO인 제프리 이멜트(Jeffrey R. Immelt) 현 GE회장(Chairman of the Board & Chief Executive Officer)은 "사람들은 '정직과 신뢰(confidence)성'이 있는 직장에서 일하기 원하며, 또한 '정직과 신뢰성'이 있는 사람들과 일하기를 원합니다"(GE코리아. 2003)라고 설명한다. 그리고 100년 이상 GE가 성공하는 데 기초가 되었던 "완전하고도 견고한 정직과 신뢰성에 대한 GE의 공약을 우리의 뒤를 이을 사람들을 위하여 보존하고 공고히 하는 것이 우리 세대의 사명이 되었다."라고 강조한다. 또 제프리 이멜트 회장은 "윤리경영이라는 명성보다 가치 있는 건 없다"고 말할 정도다.[141]

또 GE Capital의 CGF 최고 준법 관리자인 제인 웩스톤은 "정직과 신뢰성에 관한 GE의 많은 일화들은 우리가 하는 모든 일이 고객 중심적이고, 투명하며 공정하다는 것과 함께 '옳은 일은 하는 것'에 대한 우리의 끊임없는 노력을 입증해 주고 있다"고 설명한다.[142] GE 본사 기업·증권 윤리담당관(카운셀)인 토머스 킴은 "GE는 사업 군이 복잡해 엔론보다 더 위험한 회사일 수도 있다"며, 그래서 "잘못된 것은 반드시 보고하도록 윤리규정을 만들었다"고 말한다. 그러다 보니 GE에서는 단 한 번의 '부적절한 식사'도 해고 사유가 될 수 있다(매일경제, 2006. 03. 29).

GE는 위험관리를 위한 통제 시스템으로 교육(Training), 평가(Testing), 검토(Tracking)의 '3Ts' 과정을 시행하고 있다. 교육(Training)은 매년 전 사원과 신입사원들에게 1단계 교육을 실시하고 매년 특정 사원들을 대상으로 특별 위험관리 2단계 교육을 실시하며, 매년 정직과 신뢰성 개인 서약과 이해관계의 충돌에 대하여 서명한다. 또 평가(Testing)는 준법정책 준수 모델(COM)을 이용한 설문을 실시하고, 연간업무, 법무, 재무 설문 및 자기 평가 설문을 실시한다. 그리고 검토(Tracking)는 사내 감사제도(CAS), 매월 준법정책 준수 검토 위원회(CRB), COM Framework이 핵심인 연간 정책 준수점검절차(Session D), 연중 Six Sigma를 이용한 준법정책 준수 효율성 향상 절차를 시행 그리고 임원의 당해연도 달성목표에 상기 Compliance 수준을 포함한다. 기업의 하드웨어인 사업 분야와 경영 조직을 획기적으로 재구축한 GE는 80년대 후반에 들어와 기업의 '소프트웨어'라고도 할 수 있는 기업문

---

141) 매일경제, 2006. 03. 29.
142) GE코리아, 위험관리전략으로서의 윤리경영과 과제(GE사례를 중심으로), 전경련 기업윤리학교 발표자료, 2003. 4. 29.

화(Corporate Culture)의 개혁에 착수하여 가히 혁명적이라고 할 만큼 적극적으로 이를 추진해 왔으며 지금도 새로운 개혁 목표를 향해 끊임없는 스스로의 변화를 추구하고 있다.[143]

2003년 GE가 항상 존중하는 세 가지 가치는 타협하지 않는 정직성(Integrity), 성과지향(Performance), 변화추구(Change)이고, 2004년 GE의 핵심가치 체계는 8 Values 4 Actions로 정비하였으며, 4 Actions의 기저에는 정직성(Integrity)의 가치가 항상 존재하고, 무엇을 해야 하는가(What we do)를 8 Values는 어떻게 행동할 것인가를 제시한다.

또한 GE의 사회공헌활동은 GE재단과 엘펀(Elfun)을 중심으로 운영하고 있다. GE재단은 교육, 문화, 환경, 사회단체 등에 연간 10억 달러 정도의 자금을 지원하고 있다. 또 1928년부터 시작한 엘펀(Elfun)은 GE의 임직원 및 퇴직자들로 구성된 세계 최대 규모의 자원봉사 단체로서, 장애인, 소년소녀 가장, 노인 등 소외계층에 대한 봉사활동과 자연보호, 문맹교육, 마약퇴치, 적십자 활동 등을 수행하고 있으며, 2003년 말 현재 46개 국가에서 145개 지부와 5만 3040여 명의 회원을 보유하고 있다.

GE 임직원이 주요 직위에 오르려면 자원봉사 경력을 가져야 한다는 것은 이 회사의 불문율로 통하기 때문에 1980년대 이래 엘펀(Elfun)은 GE의 간부들에게 필수 코스가 되었다. 이처럼 초일류기업 밑바탕에는 내부에서 엄격해야 외부 평가가 올바르고, 이는 곧 고객이 믿고 찾을 수 있다는 '자신에게 매우 엄격한 윤리적 잣대'가 있다. 윤리경영 없이는 온갖 사회공헌활동도 단순한 기업 홍보에 불과하다는 인식이다. GE는 철저한 윤리경영을 바탕으로 사회공헌활동을 펼치고, 이를 바탕으로 경영의 궁극 목표인 '수익 창출'을 꾀하고 있다. 직속

---

143) 대한상공회의소, 글로벌 기업의 윤리경영현황과 경영성과 연구, 2004. 2.

상사나 인사담당자, 준법감시관(compliance officer), 옴부즈퍼슨(GE 에서는 남녀 차별을 의식해 옴부즈맨이라 부르지 않음)이 있다. 일선 에 있는 직원끼리는 솔직한 대화가 어려울 수 있어 2차, 3차적 내부 고발 장치를 둔 것이다. 어떻게 보면 GE 직원 개개인이 서로 감시자 역할을 하는 셈이다.144)

ⅴ) 월마트(Wal-Mart, 미국)

월마트는 1962년 아칸사소주 로저스에 고객의 시간과 돈을 아낀다 는 슈퍼센터의 개념으로 월마트 스토어 1호점 개점한 이래 "언제나 좋은 가격"이라는 월마트 철학을 근거로 독특한 쇼핑체험을 제공한다. 2006년 현재 월마트는 전 세계 16개국 6,500여 개의 점포에서 170만여 명이 일하고 있는 세계 최대의 유통 업체입니다. 2002년에는 총매출 2,445억 불, 2003년에는 총매출 2,563억 불, 2004년에는 총매출 2,852억 불을 기록했으며, 2003년, 2004년 두 해 연속 미국의 유력 비즈니스 잡지인 포천지에 의해 미국에서 가장 존경받는 기업으로 선정되었다. 월마트 홈페이지에 따르면 월마트는 전 세계에서 매주 1억 3천8백만 여 명이 월마트에서 쇼핑을 하고 있고, 전 세계 월마트를 통해 매년 32억 불 이상 지역 사회봉사활동에 사용되고 있으며, 매년 50,000여 개 이상의 각종 지역 단체를 지원하고 있다. 전 세계 월마트의 하루 매출액이 약 14억 달러를 넘어섰으며, Everyday Low Price를 통해 매년 100억 불에 달하는 전 세계 소비자들의 돈을 절약시켜 주고 있 고 있다(http://www.walmartkorea.com/compinfoculture).

수년 전에, 샘 월튼은 그가 "적극적인 응대"라고 부르는 것을 실천

---

144) 매일경제, 2006. 03. 29.

하기 위해 "가장 친절하며 우리 매장을 방문함으로써 우리에게 이익을 주는 모든 사람들에게 환영과 협조의 미소 그리고 고객이 기대하는 것 이상의 더 나은 서비스를 제공하십시오."라고 강조하였다.

세계 최대의 소매 유통업체인 월마트에서 매주 쇼핑하는 고객의 숫자는 1억 3,800만 명이다. 남한 인구의 세 배다. 미국 아칸소 주(州)에 있는 소도시로 인구가 3만 명인 벤턴빌의 월마트 본사는 창고를 사무실로 개조해 사용하고 있었다. 최고경영자(CEO)인 리 스콧 등 모든 임원들이 공동 사무실을 사용하고 있는 것도 눈에 띄었다. 임원 1명당 공간은 3평을 넘지 않으며, 리 스콧은 폴크스바겐의 소형차인 뉴비틀(미국 판매가격 2만 3190달러)을 운전사를 두지 않고 직접 운전한다.

월마트의 2002년 총매출은 2445억 달러(한화 293조 4000억 원)로 세계 1위이며, 신문과 잡지들이 "가장 존경받는 기업(America's Most Admired Company)"으로 선정한 기업이다. 그런데 덩치에 걸맞지 않게 "짠돌이 경영"을 한다. 고객관계 담당인 바버라 부라운 부사장은 "월마트의 철학은 고객에게 1센트라도 더 싸게 물건을 공급하는 것이며, 이를 실천하기 위해 회사의 비용을 한 푼이라도 줄이는 것이 월마트의 존재이유"라며, "고객들이 없으면 우리는 존재할 수 없습니다. 우리가 월급을 받는 것도, 회사가 매출을 올리는 것도, 고객들이 있기 때문입니다. 고객들의 신뢰(confidence)를 잃어 이들이 우리를 외면하는 순간 우리는 끝입니다." 월마트 슈퍼센터 1호점의 점포매니저 매트의 말이다. '고객 중심'의 원칙이 실제로 월마트 경영철학의 중심이라는 점을 곳곳에서 느낄 수 있다. 모든 월마트 점포에는 "우리는 더 싸게 팝니다(We Sell For Less)"라는 문구가 큼지막하게 적혀 있다. 고객에게 조금이라도 값싼 물건을 공급해야 한다는 철학이다.

또 월마트 본사에는 구매담당자가 납품업체를 만나도록 마련된 면담실이 50여 개 있다. 눈길을 끄는 것은 사무실마다 회사 창립자인 샘 월튼의 사진과 함께 "우리는 납품업체로부터 아무리 작은 것이라도 선물을 받지 않는다."라는 게시판이 붙어 있다는 점이다. 월마트는 직원들이 납품업자로부터 커피 한 잔도 못 얻어 마시게 규제하고 어길 경우 즉각 파면하는 엄격한 윤리규정을 시행하고 있으며, 이 회사의 홍보담당자인 애미 와이어트는 납품업체로부터 선물을 받거나 향응을 받을 경우 제품가격의 상승으로 이어져 결국 소비자에게 돌아가는 혜택이 적어지기 때문이라고 설명했다.

월마트는 매장 곳곳에 "우리 삶들은 뭔가 다른 것을 창출해 내지요(Our people Make a Difference)"라는 문구를 접할 수 있는데, 이는 구성원들에 대한 신뢰를 보여 주는 대목이며, 또 구성원들에게 끝없는 열정을 항상 보여 준다(Have fun‒Show enthusiasm, always). 그리고 문제가 발생하였을 때 강한 동료의식에 기반을 두고 모든 문제를 공동으로 해결해 나감으로써 서로 간에 믿음이 형성된다.

오로지 "고객만족을 위하여 최선을 다한다"라는 경영전략으로 미국 월마트에서는 "신속한 시장정보(QMI, Quick Market Intelligence): Wal Mart 방식의 아이디어"로 사업부의 CEO뿐만 아니라 마케팅, 판매, 생산 부문의 관리자들도 제품출하, 가격 혹은 제품의 품질문제 등과 관련하여 신속한 대응을 하기 위하여 현장 판매팀과 주기적으로 접촉하여 높은 성과를 창출한다.

대표적인 사회적 자본인 신뢰에 기반을 두고 공동으로 목표를 향해 가는 월마트도 강력한 재무적 성과를 요구하지만, 신뢰를 기반으로 하는 강력한 성과주의는 구성원들에게 아무 거부감 없이 받아들여지는 월마트의 오늘을 있게 한 원동력이다.

vi) 페덱스(FedEx, Federal Express, 미국)

예일대학교 경제학과에 다니던 프레더릭 스미스(Frederick W. Smith)는 우편배달 시간을 획기적으로 개선할 수 있는 효율적인 허브 시스템으로 레포트로 제출하였으나, 담당 교수에게 D학점을 받고 자신의 주장을 입증하기 위해 화물 비행기회사를 설립하여 성공한 회사가 지금의 페덱스가 되었다. 페덱스(FedEx)는 1971년 미국 테네시주의 멤피스에서 설립되었고, 현재는 24－48시간 내에 Door－to－Door 서비스로 하루에 320만 개 이상의 화물을 전 세계 220개국 138,000명이 일일 평균 3백2십만 개의 패키지 서비스를 제공하며, 화물운송을 위하여 항공기 671대(세계 제2의 최다 항공기 보유, 일일 1만2천 톤의 적재중량)와 화물차 41,000여 대의 차량으로 이루어진 FedEx의 네트워크 파워－바로 그 파워가 FedEx Ship Manager 등의 첨단 네트워크를 통해 백만 명 이상의 고객과 긴밀한 관계를 유지하는 세계 최대 특급 운송 회사이다(http://www.fedex.com/kr/about/facts.html?link＝4).

Federal Express에는 주소가 잘못 기재돼 배달이 제대로 안 됐다는 연락을 받고, 직원이 주말에 직접 차를 몰아 300km나 떨어진 곳에 살고 있는 고객에게 배달했다거나, 2001년 9 · 11테러가 발생하자 위험을 무릅쓰고 24시간 안에 수백 톤에 이르는 구급약 등을 현장에 배달했다는 등 고객을 위해서라면 물불을 가리지 않는 '영웅담'들이 많이 알려져 있다.

세계적인 택배 서비스 기업인 Federal Express는 "사람－서비스－이익"이라는 경영 철학을 갖고 있다. 이러한 경영 철학은 기업의 목적이 단순히 단기적인 이익을 추구하는 데만 있지 않고 사람과 지역 공동체에 대한 가치 증대에 있음을 보여 준다.

Federal Express는 이 세 가지 항목에 대한 종합적인 평가와 피드백을 통해 구성원들이 윤리적인 판단과 행동을 하도록 독려하고 있다.

Federal Express에서는 "공정한 대우 보장제도(GFT: Guaranteed Fair Treat -ment)"를 운영한다. 이 제도는 구성원이 자신의 감독자와 갈등이 있을 때, 그 감독자의 상사에게 이의를 제기하도록 격려하는 것이다. 이러한 이의심사에는 최종적으로 경영층까지 참여하지만, 심사 과정의 투명성을 높이기 위해 이의를 제기한 구성원이 동료 구성원을 심사위원으로 선정하는 특별한 방법을 사용한다. 비록 이의 제기자의 동료가 심사위원 역할을 할지라도, 이의 심사가 항상 이의를 제기한 사람에게 유리한 방향으로 진행되지는 않는다.

일반적으로 구성원 각각이 프로정신에 따라 공정한 판결을 하기 때문이다. GFT를 통해 이의심사에 동료 구성원이 참여함으로써, 이의 제기자는 이의가 기각되더라도 심사의 공정성을 수긍하여 결과를 수용한다. 이렇게 투명한 이의심사를 실시함으로써, Federal Express에서는 기업에 대한 구성원들의 신뢰가 매우 높다.

vii) 네슬레(Nestl'e, 스위스)

네스카페, 초이스커피, 로레알 화장품으로 유명한 네슬레는 130년 전통의 스위스 소재 회사로서 종업원 23만 명이 세계 50여 개국에서 활동하는 다국적 기업이다. 2002년 판매액을 기준으로 전 세계에서 가장 큰 식품회사로 58여 개국에서 운영되고 있으며 전 세계적으로 약 508여 개의 생산시설을 두고 있으며, 약 254,199여 명의 직원을 고용하고 있다.

네슬레는 1866년 앙리 네슬레가 설립한 식품회사로 추구하는 전략은 어디서나 언제나 어떤 식으로든 소비자를 찾아간다는 "wherever whenever however"라는 한마디로 요약할 수 있다. 또 "네슬레는 사업을 하고 있는 해당 국가의 비즈니스 및 문화, 종교, 관습을 따른다."와 "네슬레 제품을 사용하거나 네슬레에 대한 관심이 있는 모든 고객들을 위해서 투명한 경영을 할 것이다."라는 사업원칙을 따른다. 네슬레의 비즈니스 목적은 네슬레가 사업을 하고 있는 국가 혹은 지역 경제의 가치를 높이는 데 있으며, 회사의 성공은 직원들의 의식과 행동에 의해서 이루어진다고 믿고 있다.

창업자 '앙리 네슬레'는 1867년 영양실조로 죽어 가는 아기를 살리기 위해 세계최초로 분유를 개발했으며, 그 후로 네슬레는 모든 연령층의 소비자가 필요한 영양과 식품 선호도를 만족시켜 왔다. 1960년대 개발도상국·후진국에서 자사제품인 분유가 아이들의 질병의 원인이 됨을 알고 즉시 축소마케팅 전략을 추진하였다(불결한 상수도, 분유절약을 위한 과다희석 등이 원인). 또 네슬레는 윤리적이어야 기업이 성공한다는 경영철학과 기업에 있어서 이익이 중요하지만 이익 자체가 기업을 움직이는 엔진이 아니라 윤리와 투명성을 기업을 움직이는 엔진으로 인식하였다.

기업이 때때로 이익만 추구하다 이미지가 나빠지면 매출이 떨어지고 만일 신뢰를 잃으면 주주도 금융계도 등을 돌리며 따라서 기업경영에 있어서 윤리와 투명성은 핵심적 요소일 수밖에 없다고 판단하여, 기업의 윤리성을 이끄는 것은 사람이 아니라 잘 만들어진 제도와 원칙이라는 사고방식, 즉 시스템적으로 비윤리적인 행위를 한 경우에는 반드시 그로 인한 불이익을 제도화하는 것이 필요하다고 강조하였다. 네슬레는 모든 판단을 장기적 관점에서 행하기 때문에 한 번 진출한 지역에선 신뢰성의 보호를 위하여 철수하지 않는 것을 원칙으로 한다.

기업에게 이익이 중요하지만 이익 자체가 기업을 움직이는 엔진이 아니라 윤리와 투명성을 기업을 움직이는 엔진으로 인식하기 때문에 이익만 추구하다 이미지가 나빠지면 매출이 떨어지고, 만일 신뢰를 잃으면 주주도 금융계도 등을 돌리게 된다. 따라서 기업경영에 있어서 윤리와 투명성은 핵심적 요소일 수밖에 없으니 기업이 윤리적이어야 성공할 수 있다고 판단한다. 또한 기업의 윤리성을 이끄는 것은 사람이 아니라 잘 만들어진 제도와 원칙이라는 사고방식, 즉 시스템적으로 비윤리적인 행위를 한 경우에는 반드시 그로 인한 불이익을 제도화하는 것이 필요하기 때문에 윤리경영의 성공요건은 시스템이라고 인식한다.

2) 기업윤리 실패사례

ⅰ) 엔론(Enron, 미국)

2003년 초 미국은 '회계부정(Accounting Fraud)과의 전쟁'이었다. 한때 최고의 기업 투명성을 자랑하던 미국이었지만, 2001년 말 터진 엔론 사태는 미국 기업을 바라보는 시선 자체를 바꿔놓았다. 엔론에 이어 월드콤 등 회계부정은 줄을 이었고, 감사를 맡았던 회계법인 아더앤더슨도 파산 대열에 끼었다. 루슨트테크놀러지 등 신경제를 주도했던 대표적인 정보기술(IT) 기업들도 분식회계 의혹을 사고 있다. 엔론의 사업은 크게 두 가지로 나눠져 있는데 엔론이 생산한 에너지 자원과 원자재를 판매하는 회사 자산 사업과, 제3의 기업들이 생산한 자원과 자재를 고객 기업에게 공급해 주는 중개 사업이 있었다. 엔론은 1985년 휴스턴 내추럴 가스(Houston Natural Gas)와 인터노스(InterNorth) 사의 합병으로 탄생한 천연가스 공급회사이며, 석유, 전기, 펄프, 플라스틱, 금속, 금융, 고속 인터넷 등의 분야로 진출하면서 미국 최대 규모의 에너지 자원 및 원자재 판매회사로 성장하였다.

미국 최대의 에너지 업체로, 2001년 포춘 500대 기업 중 16위를 차지했고, 포춘지가 조사한 세계에서 가장 존경받는 기업들 중 25위에 선정되었으며, CEO 레이(Lay)도 언론, 투자자들로부터 매우 호의적인 평가를 받았던 초우량 기업 엔론(Enron)이 파산을 통하여 기업 투명성과 도덕적 가치의 심각성을 통감하였다.

엔론사는 포춘지가 선정하는 '미국에서 가장 존경받는 기업(America's Most Admired Company)' 에너지 부문에서 1999년, 2000년 연속 1위 기업의 빛나는 명성을 가지고 있었고, 2000년 포춘지 기업순위 7위 기업으로 선정한 굴지의 에너지 회사였던 엔론이 2002년에는 가장 존경받지 못하는 기업으로 전락하면서 파산한 것은 시장의 신뢰(confidence)가 한 번 무너진 기업은 회생이 불가능함을 보여 준 대표적 사례이다. 엔론은 불과 15년 사이에 1,700%가 넘는 초고속 성장을 해 왔고, 증권사와 경제전문가들도 엔론에 대한 우호적인 평가를 지속했기 때문에 투자자들은 일말의 의심도 없이 엔론의 주식을 사들였다. 그러나 엔론사 내부에서는 분식회계가 공공연히 자행되고 있었고, 이를 통해 손실은 수익으로 탈바꿈해 투자자를 현혹하고 있었다.

엔론 사태의 원인은 수익성을 무시한 무리한 확장, 관련 당사자들의 이해상충과 내부 견제장치의 미작동, 금융시스템의 감시기능 소홀, 부실회계 관행, 즉 정경유착, 감독기능 마비, 도덕적 해이 등 미국 경영시스템 전반의 문제점이 복합적으로 작용한 결과이다. 엔론은 실적부진과 내부자 거래를 통한 편법으로 자금을 조달하고, 순이익은 부풀리고 부채는 줄이는 방식으로 회계부정을 자행하는 등 그동안 감추어진

부실 경영이 속속 드러나면서 시장에서의 투자자들의 신뢰를 완전히 잃게 되었고, 결과적으로 주가 폭락과 함께 기업실적에 문제가 있다는 사실이 공표된 지 2개월도 안되어 2001년 12월 파산(破散)하였다.[145]

한때 80달러까지 치솟았던 엔론의 신뢰상실은 주가 폭락과 신용등급 하락을 초래하고 자본시장에서 회생 불능의 판정을 받아 결국 파산하고 주식은 휴지조각으로 변하고 말았다. 미국 금융권의 명쾌한 분석은 경영진들이 월가의 애널리스트가 내놓는 단기수익 전망을 맞추기 위해 회계부정을 저질렀다는 것이다.

1990년대 후반부터 엔론은 중개 사업에 주력하기 시작했으며, 1999년엔 엔론 온라인(Enron Online)을 설립, 인터넷으로 중개 사업의 효율성을 극대화하였고, 인터넷이 발달한 이후 모든 제품의 가격이 투명하게 공개된다는 점을 효과적으로 활용하였다. 엔론은 자사의 웹사이트에 기반한 비즈니스 모델을 "마켓 운영체계(Market Operating System: MOS)"라고 부르며 초고속 인터넷, 금융 사업 등 다양한 분야로 적용하여 "인터넷 시대의 시장 개척자"라는 명성을 얻게 되었다.

조그마했던 회사를 15년 만에 거대 기업으로 만들기 위해 타고난 부지런함에다 저돌적인 로비스트형 사업가였던 최고경영자(CEO) 켄 레이는 상상을 초월하는 로비 활동과 거짓말을 위해 회계 조작에 대한 책임을 지게 된 그의 성장 배경에는 일에 미치다시피 한 열정과 천부적 로비 감각이 있었다. 그러나 룰이 없는 운동경기는 스포츠가 아니고 난장판이듯이 뛰어난 능력과 야망은 있었지만 돈과 사업에 대한 윤리적 원칙이 서 있지를 않았던 것이다. 엔론 사태는 윤리적이지 못한 경영활동은 결국 경영자만 망하게 하는 것이 아니라 사회의 다른 구성원들에게도 심각한 피해를 준다. 따라서 윤리경영은 경영자는

---

145) 이춘근, 진정한 商道, LG경제연구원 주간경제 666호, 2002. 03. 13.

물론이고, 전 사원이 관심을 가질 필요가 있다.

레이 회장과 측근들도 다른 사람, 다른 기업이야 어떻게 되든 말든 상관하지 않고 거짓말해서 부풀려진 주가를 틈타, 가지고 있던 Enron 주식을 처분하며 개인의 천문학적 부를 쌓아간 것이다. 이 사건은 정경유착, 감독기능 마비, 경영자의 도덕적 해이라는 후진국에서나 있을 법한 문제들이 미국 최고 기업에서 복합적으로 나타났다는 사실은 시장 규율을 근간으로 하는 미국의 기업 지배구조 시스템과 경영 시스템이 결코 완벽하지 않다는 것을 보여 준다. 엔론의 파산은 기업에 대한 투자자들의 불신을 확산시켜 주가 하락, 기업신용등급 하락 등으로 이어지고 결국 자본시장을 위축시켜 기업의 연쇄도산을 불러일으키고 있다. 문제가 발생했을 때에도 즉각적인 부실처리와 청문회를 통한 진상규명, 제도 개혁 등의 절차를 신속하게 취함으로써 시스템의 학습 및 자정능력이 건재함을 과시했다.

정치권과의 유착과 엔론의 회계감사를 맡고 있던 아더 앤더슨의 이해할 수 없는 행동, 또한 월가의 책임론과 내부자거래의혹 그리고 회계감사를 맡고 있던 회사가 경영컨설팅도 실행하는 등의 문제점을 안고 있던 세계 최대의 에너지 기업인 엔론의 파산은 경영진의 부주의와 태만이 초래한 단순한 경영실패를 넘어 「투명한 자본주의와 공정한 법치」를 표방해 온 미국식경영시스템의 총체적위기를 보여 준 사례이다.

비윤리적인 경영활동은 결국 기업에 대한 시장의 신뢰를 무너뜨리고 위기에 빠뜨리며, 윤리적인 기업만이 지속적으로 성장이 가능하다는 진리가 그들의 욕심에 가려 있어 인지하지 못했던 것이다.

ii) 유끼지루시 유업(雪印乳業, 일본)

유끼지루시 유업(雪印乳業)은 1925년 홋카이도 농민들이 모여 창업한 우유, 유제품, 아이스크림, 유지, 주류, 육아품 등을 주력 상품으로 연 매출 5,600억 엔의 종합식품 그룹이며, 일본 최대의 유제품업체로서 일본인의 식생활을 서구화시킨 최대 공로회사로 청결과 건강을 상징하는 흰눈송이 모양의 상표(snow Brand)는 오랫동안 일본국민의 절대적 신뢰(confidence)를 받아 왔다. 2000년 6월 29일, '유키지루시 저지방우유'를 먹은 오사카 지역의 1백45명이 설사와 구토를 하고, 1만 명이 넘는 집단식중독 환자가 발생한 사건으로 일본 내 부도덕한 기업 몰락의 상징이 된 '집단식중독 사건'으로 기록되고 있다. 우유끼지루시 유업(雪印乳業)은 사건 직후 기자회견장에서 "행정대응도 문제가 있다"는 입장표명과 "원인이 밝혀지지 않아 잘못을 인정할 단계는 아니다"라고 발표했으며, 식중독 피해자가 147명에서 3,572명으로 급증하자, 회사는 사원들에게 환자를 방문토록 조치하였다. 이러한 최고경영층의 계속된 문제의 발언과 후속대책들은 비상식적인 기업이미지를 증폭시켰다. 급기야 오사카시와 관련단체의 조사결과 유키지루시 오사카공장의 제조라인에서 황색 포도상구균과 셀레우스균이 발견됐는데, 원유저장 탱크의 파이프 밸브 부분을 제대로 세정하지 않은 것이 직접적 원인으로 밝혀졌다. 회사 공장장이 "제조라인 세정(洗淨)의 불충분"을 인정한 후 비로소 회사의 잘못을 인정했으나, 사장이 "나는 자고 있지 않았다"며 회견을 중단하고 엘리베이터를 타는 모습이 대중매체에 집중 노출되면서 사회적 반감이 극대화되었다. 또 오사카공장이 사건발생 후에도 사용이 금지된 저지방우유를 다시 개봉, 가공유 원료로 재활용한 사실이 밝혀지면서 소비자들의 분노는 극에 달했으며, 오사카공장은 소비자단체의 압력 속에 문을 닫고 말았다. 또 유키지루시는 과거 1955년에도 유키지루시 우유를 먹은 1천9백 명이 식중독을 일으킨 식중독 사건의 '전과'를 갖고 있었다. 당시 원인균도 이번 사건을 일으킨 것과 같은 황색 포도상구균이었다. 소비자들은 "두 번이나 썩은 우유를 팔 만큼 정신없는 회사의 제품은 다시는 사먹지 않겠다"며 분노했다. 45년 만에 똑같은 실수를 반복할 정도로 위기관리 능력이 허술하다는 비난이 쏟아졌고, 더구나 임원들은 사건이 발생한 후 한 번도 공장을 찾지 않았다는 것이다. 그들은 "한 번 실패로 깨닫지 못하는 기업에는 두 번의 기회가 오지 않는다" 교훈을 바르게 소화하지 못했던 것이다.

또한 유키지루시 자회사로 한때, 당시 최대 육가공업체였던 유끼지루시 식품은 햄과 소시지 등의 일본 내 시장점유율이 80%가 넘었으나 2001년 말 일본에서 광우병 파동이 발생하면서 호주산 쇠고기 13.8t을 일본산 가운데서 값이 비싼 지역 이름의 쇠고기로 위장한 "수입쇠고기 위장사건"이 발생하였다. 또한 유끼지루시 식품은 오사카에서 생산하는 저지방 우유에 이물질이 들어가 1천여 명의 식중독 환자가 발생하는 대형 식중독 사건이 발생했을 때 생산라인에 문제가 없다는 등 사실은폐와 허위조작으로 잘못을 덮으려다 더 큰 위기를 맞게 되었다. 소비자들의 비난과 철저한 외면으로 결국 유통업체에서는 유키지루시 쇠고기를 철수시켰고, 유키지루시는 결국 한 달 만에 파산하면서 2백40억 엔(약 2천4백억 원)의 손실이 발생하였다. 이 사건은 효고(兵庫)의 창고회사 니시노미야(西宮)사장이 위장매각사실을 고발했으며, 2001년 10월 – 11월에 수입쇠고기 30톤을 자국(自國)산으로 위장하여 정부기관에 매각한 것이 밝혀졌고, 그 후 유사한 사건이 재발했지만 회사는 "개인 차원의 비리로 회사나 조직이 관여한 사실이 없다"고 비리축소로 대처하였다.

조사결과 집단 식중독 사건의 유키지루시의 오사카공장에서 제조된 '저지방유' 속에 공장의 정전, 공기오염으로 발생한 '황색 포도구균'이 들어간 것이 식중독의 원인으로 밝혀졌다. 유키지루시의 자만과 은폐 등 잇따른 불상사에 대하여 적절치 못하게 대응하던 조직적 방어가 대형사고를 만들었고, 그 와중에도 900만 엔의 시세차익을 얻으려는 비윤리적(원산지 허위) 사건으로 그룹이 해체될 위험에 처해 있으며, 유키지루시 식품은 파산되고, 회사 간부는 형사처벌되었다. 이 사건으로 국민 브랜드로 인지되었던 유키지루시에 대한 사회적 반감이 확산되고 도덕성을 상실한 기업이라는 나쁜 이미지가 각인되어 '유키지루시(雪印, snow Brand)'가 붙은 전제품의 구매거부로 확대되었다. 또한 모(母)기업인 유끼지루시 유업(雪印乳業)의 브랜드 이미지악화와 손실누적 그리고 주가하락 등 악재를 극복하기 위한 기업 간 제휴와 기업재건 및 기업이미지쇄신 계획을 추진하던 중 연이은 자(子)회사 유키지루시 식품의 악재로 재건 계획이 무산되어 유키지루시그룹은 이제 매각의 수순을 밟고 유키지루시(雪印, snow Brand)라는 브랜드 자체가 사라질 위기에 봉착했다. 이로써 유끼지루시 식품의 사례는 거짓말과 사실은폐로 수십 년간 쌓아 온 공장폐쇄에 이어 파산함으로써 기업 윤리경영의 대표적인 실패사례로 윤리경영의 중요성을 일깨워 준다.

iii) 세이부 Group(西武그룹, 일본)

세이부 라이온즈 야구단으로 친숙한 세이부그룹은 상장기업인 세이부 철도가 모 회사인 고쿠도의 보유주식 비율을 축소하는 등 허위보고를 해 온 것이 드러나 나락으로 떨어졌다. 일본은 대주주가 한 회사 전체주식의 80%를 1년 이상 보유할 수 없는데도 80% 이상을 보유하면서도 이를 임직원 명의로 분산보유, 64%라고 허위보고를 일삼아 왔다(서울경제, 2005. 2. 23). 또 상장 주력업체 세이부 철도의 원활한 주총(株總) 진행을 위해 2001년 1월부터 10월까지 총회꾼에게 시세보다 낮은 가격으로 토지를 매각하는 방식으로 이익을 공여했다. 이 총회꾼은 이를 통해 약 1억 4000만 엔 정도의 부당이득을 얻었다. 이 사건으로 올해 4월 쓰쓰미(堤義明) 세이부 철도 회장과 도다(戶田博之) 사장이 사임했고, 윤리위원회와 업무개혁위원회도 발족했다.146)

또 2004년 10월에는 세이부 철도가 대주주 지분을 5년 넘게 축소 보고했다는 사실이 알려지며, 주가가 1개월 만에 62.5% 가까이 추락하는 사태까지 발생했다. 일본 토교 증권거래소는 대주주 10개사 보유 지분 합계가 발행주식의 80%를 초과할 경우 1년 이내 낮추지 못하면 상장 폐지하도록 규정하고 있다. 세이부 철도는 계열사인 프린스호텔이 가지고 있던 1억 주를 그동안 개인명의 주식인 것처럼 속여 실제 88%가 넘는 계열사 지분을 63%로 속여 왔다. 당시 거래관계가 있는 40여 개 기업들에게 세이부 철도 주식 매입을 강요한 것이다. 이 중 프린스호텔에 샴푸를 납품하고 있는 시세이도, TV의 마쓰시타, 음료수의 산토리 등이 작게는 10만 주로부터 260만 주까지 매입했으며, 이는 구입요청 거절 시 납품차질을 우려한 거래처들의 선택이었다.

결국 도쿄 증권거래소는 11월 11일 증권시장의 신뢰(confidence) 훼손을 기업의 사회적 책임을 물어 세이부 철도를 상장폐지하기로 결정했다. 세이부 철도 상장폐지로 지주회사인 고쿠토의 유동성위기와 일부 계열사와 자산의 매각이 불가피한 상황이다. 이러한 사건들로 신뢰

---

146) 구본관, 삼성경제연구소, '세이부그룹 위기와 배경', 2004. 11. 16.

를 잃은 고쿠토그룹은 그룹의 발상지인 하코네 프린스호텔과 야구단 세이부 라이온즈를 매각할 방침이다.

투명경영의 교훈을 "세이부그룹의 사례는 증권시장의 룰을 준수하지 못하는 기업은 시장에서 도태될 수 있다는 것을 시사한다."며 "기업이 룰(rules)에 따라 투명경영을 하고 적극적인 IR을 통해 기업의 가치가 제고될 수 있도록 해야 한다"고 강조한다. 또한 삼성경제 연구소의 구본관 연구원은 "세이부그룹은 기업 스스로 투명경영을 실현, 시장의 신뢰를 얻지 못하면 기업가치 제고도 요원하다는 교훈을 주고 있다. 특히 이 과정에서 사내감사 기능을 강화, 부정이나 비리를 원천 봉쇄해야 한다"고 강조했다.

결국 비상장 지주회사인 고쿠도를 모 회사로 철도·택배·부동산개발·호텔·경륜장·프로야구·골프장·스키장 등 100여 개의 기업을 거느린 일본 세이부(西武)그룹은 주식허위기재로 몰락의 길을 걷게 될 위기에 있다. 한때 직원 3만 명을 호령하며, 보유자산이 3조 엔으로 세계 제1의 갑부로 평가되었던 쓰쓰미 요시아키(堤義明) 그룹회장은 이에 대한 책임을 지고 그룹 내 모든 직책을 내놓았지만 사법처리를 걱정해야 할 신세가 됐다.

2005년 2월 20일 검찰조사를 받던 세이부 철도의 고야나기(小柳) 전 사장이 모든 책임을 안고 자살했지만 사법처리는 시간문제다. 이처럼 '쓰쓰미 왕국'의 몰락은 투명경영과 지배구조개선이 얼마나 중요한가를 말해 준다. 보유주식 소유주의 독단경영, 무분별한 사업, 불법 탈법적인 재산상속 등과 같은 구태가 일본 최대 기업집단인 세이부그룹을 몰락으로 몰고 간 것이다. 이 사건은 기업이 규범(rules)에 따라 투명경영과 지배구조 개선만이 국제 경쟁력에서 생존할 수 있음을 시사한다.

3. 한국의 분야별 부패 현황

최근 부패와 관련하여 우리 사회에서 발생한 각 분야별 사건들을 살펴본다.

1) 정치(政治) 분야

매년 12월 9일은 유엔이 정한 반부패의 날이다. 국제투명성기구가 세계 69개국을 대상으로 실시한 2005년 부정부패조사에서 전 세계적으로 부패가 가장 심한 분야는 정당과 정치 부패이고, 정치인이 가장 썩었다는 결과를 발표하였다(조선일보, 2005. 12. 10). 정치는 관료부패의 가장 큰 진원지이며, 정치구조의 취약성 때문에 그 확산효과가 크다. 과거 30년 동안 독재 권력과 일부 재벌 기업들은 특혜와 비자금을 주고받는 정경유착관계를 형성하고, 이를 정권과의 이권유지(利權維持) 기반으로 이용한 것과 관련이 깊다. 이들이 힘의 논리로 국민경제를 유린하고 사익을 추구하는 부도덕한 지배집단으로 위치에 있게 됨으로써 국부(國富)가 특정집단에 집중되고 막상 일반국민은 부당한 지배를 받는 피해자로 전락해 버렸다.

한나라당은 2002년 12월 대통령 선거 기간 동안 삼성, LG, 현대자동차로부터 약 400억 원을 받았다는 보도는 정말 경악할 만한 일이다. LG가 150억 원을 실은 트럭째로 한나라당에 제공했다는 진술은 이를 옮기기 위해서 커다란 차량을 동원해야 할 만큼 엄청난 규모였다는 점에서 사회적으로 큰 충격을 불러일으켰다.[147]

---

147) Korea Times. 2003년 12월 12일.

　정치부패는 그 자체만으로 독립적으로 발생하는 현상이 아니라 우리 사회의 종합적 부패구조가 빚어내는 여러 현상들 가운데 하나라 할 것이다. 정치부패는 그 자체만으로 독립적으로 발생하는 현상이 아니라 우리 사회의 종합적 부패구조가 빚어내는 여러 현상들 가운데 하나이다. 또한 주요 재벌기업들은 겉으로는 윤리경영을 내세우면서, 뒤로는 정치권에 거액의 불법자금을 제공했다. 2002년 대통령 선거 때, 한나라당 이회창 후보에게 건넨 돈만 삼성 152억 원, LG 150억 원, SK와 현대차 각각 100억 원, 한진, 롯데, 한화 모두 합해 20억−50억 원이다. 다른 대선 후보를 포함해 기업이 정치권에 준 불법 정치자금의 전체 규모가 얼마나 되는지는 현재로선 짐작조차 할 수 없다. 이 돈은 대부분 회계장부를 허위로 작성해 만든 비자금일 수밖에 없다(Economy21 180호, 2003. 12. 26). 이러한 정치부패는 그 자체만으로 독립적으로 발생하는 현상이 아니라 우리 사회의 종합적 부패구조가 빚어내는 여러 현상들 가운데 하나이다. 특히 기업들의 부정과 비리와 함께 연계되어 있기 때문에 '정경유착(政經癒着)'이야말로 정치부패의 정확한 이름이라고 할 수 있다.

　노태우 정권 때는 '일상감사제'와 '기관장 연대책임제'가 시행되었고, 김영삼 정권은 공직자 재산 등록에서 한발 더 나아가 이를 공개하도록 공직자 윤리법을 개정하였다. 또 2002년 1월 25일(김대중 정권) 이후 지금까지 '부패방지법'이 시행되고 동법에 따라 정부의 반부패 정책을 전담하는 기구인 '부패방지 위원회'가 설치되었다. 부패방지법에는 공무원의 청렴에 대한 행동강령의 제정, 공익 제보자 보호 및 보상금 지급제도, 시민 감사청구제도 등이 포함되어 있다. 공직자들의 경조사와 관련된 조항은 2003년 5월 이후 모든 국가기관에서 부패방지법 8조에 규정된 '공무원의 행동강령'이 시행되고 있다. 또한 IMF 외환위기 이후 한국 기업의 경영투명성과 책임경영체제 강화를 위한 법규가 도입되었고, 기업의 지배구조 개선책이 추진되었으며, OECD뇌물 방지협약에 따라 외국 공무원에 대한 뇌물 방지법(1999. 2. 15)을 제정 시행하고 있다. 지난 2003년에 UN이 정한 반부패협약에 서명했지만 협약의 실행을 위한 법률은 아직 마련하지 못하고 있다. 2005년 정부는 윤리준법 강화를 위한 정책으로 정부·정치권·경제계·시민단체 등이 주체가 되어 '반부패 투명사회협약[148]'을 체결하였다. 이처럼 한국 윤리경영의 제정 배경과 선포는 타의적 선언적인 측면이 있고, 기업에게 자율적 의무로 이해되는 면이 강하여 상법상 책임을 묻거나 형사법에 따라 처벌받는 경우는 흔치않은 실정이다. 또한 높은 품질의 상품을 만드는 데 쓰여야 할 돈을 상품 이외의 거래에 씀으로써 국제기구에서 부패한 기업으로 낙인찍히고, 외국기업과의 경쟁력을 상실하는 경우가 발생하기도 하였다.

또 최근 한국의 부패와 관련한 사건들을 각 정권별로 살펴보면, 지난 반세기 동안 매 정권마다 출범 초기에 '서정쇄신'이니 '정의사회 구현', '윗물 맑기 운동' 또는 '부패척결' 등의 구호들을 내걸고 그 구현 방법으로 제시했던 것이 바로 대규모 사정과 엄격한 처벌이라는 고단위 처방이었으나 시간이 경과하면서 초기의 기세는 슬그머니 사라지고, 오히려 정권의 핵심이 부패현상을 반복하면서 정부 초기부터 열거하기 힘들 만큼의 부패와 비리사건들이 있었다. 역대 정부의 반부패 정책의 내용과 특성 등 역대 정부의 반부패정책에 대한 자세한 내용은 윤태범(1998)의 연구를 참고할 수 있다.

---

148) 협약 내용: 정치자금 운용 투명화(정치), 지속 가능한 반부패 시스템 구축(공공 부문), 윤리경영 정착과 투명경영 제고(기업), 협력과 참여 의 부패 감시망 구축(시민사회) 등이다.

198

[표 4-3] 역대 정부의 반부패 정책의 내용과 특성[149)

역대 정부	정책 내용	특 성
박정희 정부	·공직부패 특별 조사반 설치 ·감사원 확대 ·서정쇄신운동 ·계열연대책임제 ·서정쇄신 상벌 기록부 작성	·혁명의 공약으로 부패척결 제시 ·숙정의 일반화 및 정치화 ·정책의 광범위 ·청와대 주도의 정책 ·임시조직의 활용 및 득세
전두환 정부	·사회정화운동 ·사회정화위원회 설치 ·공무원윤리헌장, 공직자윤리법 제정 ·청렴도 측정 ·공직자재산등록제의 실시	·사회정화위원회의 활동 ·청와대 비서실의 강화 ·공직자 무사안일의 만연 ·사회통제의 강화
노태우 정부	·새 질서, 새 생활 운동 ·정부합동 특감반 설치	·운동, 구호중심의 정책 ·교화적 수단에 치중
김영삼 정부	·윗물맑기운동 ·공직자윤리법 개정 ·금융실명제, 동산실명제 실시 ·공직선거 및 선거부정방지법 제정 ·부정방지대책위원회 설치	·국정의 최우선과제로 인식 ·대통령 중심(상층부)의 개혁 ·법, 제도 중심의 반부패정책 ·과거 부패에 대한 사정 ·복지부동의 출현

또 한국에서는 역대 정부들마다 대통령 취임사에서 언급할 정도로 우리의 부패가 만연되어 왔다. 물론 반부패 천명은 정당성이 약한 정권입장에서는 국민으로부터 사후적 정당성을 획득하는 방법의 하나라는 점에서 필요하기도 했다.

5대 박정희 대통령 취임사(1963. 12. 17)에서는 "5월 혁명으로 부패와 부정을 배격함으로써, 불의와의 타협을 배격하며, 부정부패의 소인

---

149) 역대 정부의 반부패정책에 대한 보다 자세한 내용은 윤태범(1998)을 참고.

을 국민스스로가 절개 청산해야 하겠습니다." 6대 박정희 대통령 취임
사(1967. 7. 1)에서는 "부정부패는 인간이 양심과 친화력을 마비 저해
하는 것이며, 빈곤과 부패를 추방한 복지사회의 건설과 경제건설 없이
는 부정부패의 온상이 되는 실업과 무직을 추방할 수 없기 때문"이며
등 산업화와 민주화 초기 과정에 따르는 사회 일부의 부조리 현상을
새로운 결의로 시정해 나갈 것을 밝혔다. 10대 최규하 대통령 취임사
(1979. 12. 21)에서 "정치권력의 남용과 부패의 발생을 사전에 방지할
수 있는 장치를 마련해야 되겠습니다."라고 부패방지를 강조하였다.
또 13대 노태우 대통령은 취임사(1988. 2. 25)에서 "사회정의의 실현
을 가로막고 갈등을 심화시키는 어떠한 형태의 특권이나 부정부패도
단호히 배격하겠습니다." 부패방지를 강조하였다. 또한 14대 김영삼
대통령 취임사(1993. 2. 25)에서 "첫째는 부정부패의 척결입니다." "우
리 사회의 부정부패는 안으로 나라를 좀먹는 가장 무서운 적입니다.
부정부패의 척결에는 성역이 있을 수 없습니다" 등 취임사에서부터
반부패를 제기한 역대 대통령들은 취임 초기에는 나름대로 반부패와
관련된 정책들을 추진하였다. 또 15대 김대중 대통령 취임사(1998. 2.
25)에서 "무엇보다 정치개혁이 선행되어야 국정이 투명하고 부정부패
도 사라집니다. 민주주의와 시장경제가 조화를 이루면서 함께 발전하
게 되면 부정부패는 일어날 수 없습니다." "부패방지법의 제정도 차질
없이 추진될 것입니다. 법 제정에 앞서 반부패특별위원회를 구성하겠
습니다. 부패의 척결 없이 국정의 개혁은 없습니다. 깨끗한 나라, 정의
의 사회를 만드는 데 앞장서겠습니다." 이처럼 국민의 정부도 출범 초
기부터 반부패에 대한 의지를 나타냈고, 취임 1년 반 만에 있었던 광
복절 축사에서 반부패 문제를 더욱 강하게 제기하였다. 광복절 김대중
대통령 축사에서(1999. 8. 15) "부정부패의 척결에 전력을 다하겠습니

다.”라고 강조하였다.

그러나 최근 민주화운동을 통해 당선된 우리나라 김영삼 대통령과 김대중 대통령 집안의 역사는 유사한(동일한) 사건들이 반복되고 있다. 그들은 전(前) 정권의 부정부패를 척결하기 위해 개혁을 국정 우선과제로 삼았다는 점에서 서로 공통점을 갖고 있으면서, 결국 최악·최대의 부패가 그들의 임기를 가득 채우고 말았다는 점도 서로 통한다. 게다가 양 김(金) 모두 아들이 부패 스캔들의 한복판에 빠져 있다. ‘제2의 건국’ 차원에서 부정부패 척결에 대한 결연한 의지로써 부정·비리에 대한 성역 없는 수사와 가족을 포함한 측근의 강도 높은 관리를 통해 ‘깨끗한 나라’, ‘신뢰받는 정부’를 구현하겠다던 강도 높은 다짐이 무너졌다. 특히 최근 문민정부시절에는 윗물맑기운동, 부정방지대책 위원회설치 등을 내세웠지만 1994년 청구그룹 회장이 대구방송 설립인가 관련 로비사건, 한보 특혜대출 사건, 각종 이권과 뇌물로 얼룩진 황태자 김현철 사건이 있었다.

다음 정부인 국민의 정부에서는 제2건국국민운동, 반부패특별위원회와 부패방지 위원회를 설치하였으나, 옷 로비 사건, 진승현, 정현준, 이용호, 윤태식, 최규선 게이트까지 일명 5대 게이트가 있었다. 이러한 김대중 정부 반부패정책의 가장 큰 문제점은 권력이 사유화되고, 국가의 감시와 통제시스템이 제대로 가동되지 않았다는 점이며, 오히려 감시시스템에 있어야 할 국가정보원, 경찰, 검찰 등의 책임자가 부패에 연루되거나 부패의 공범이 되었다는 점이다(이상수, 2002). 그리고 참여정부 개막과 관련한 선거에서 발생한 한나라당 차떼기 사건, 참여정부 대통령 측근들의 다양한 비리 등 굵직한 사건들이 있었다.

참여정부 들어 양평 TPC골프장 자금 수백억 원을 횡령하였고, 2002년 대선 직후 노무현 대통령 측에 95억 원의 당선 축하금을 줬다는 의혹을 받은 썬앤문그룹 문병욱 회장의 비자금 의혹은 검찰과 특검 수사를 통해 이광재 전 의원 등 대통령 측근들에게 1억 5천여만 원의 불법 정치자금을 제공한 사실을 확인한 채 마무리되었다. 또한 노무현 정권 최대의 비리사건으로 주목받고 있는 희대의 브로커 윤상림 씨 사건은 수사 초기 '단군 이래 최대 브로커' '희대의 거악' 등으로 불렸으나 결국 윤 씨는 단순 사기꾼으로 결론 났다(매일경제신문, 2006. 04. 25). 또 철도공사의 러시아 유전개발의혹 사건은 2004년 7월 러시아 유전업체 페트로사흐 인수를 추진하는 과정에서 철도공사의 투자까지 유치하게 된 이면에 열린우리당 이광재 의원과 노무현 대통령의 후원회장을 지낸 이기명 씨가 영향력을 행사했다는 것이 사건의 핵심이었다. 이어서 한국도로공사가 지난해 행담도 개발을 위해 수백억 원대의 보증을 서 준 투자회사의 실질적 소유주가 싱가포르 투자회사가 아닌 김재복 행담도 개발(주) 사장인 것으로 밝혀지며 행담도 개발 의혹이 눈 덩이처럼 불어났다. 문제의 자본투자협약이란 EKI가 2009년 1~12월 사이 행담도 개발 지분인수를 요구하면, 도공이 1억 500만 달러에 인수해 준다는 이른바 '풋백옵션 계약'으로, EKI가 외부에서 자금을 끌어오되 그 상환에 대한 책임은 도공이 진다는 것이 골자다. 이처럼 꼬리를 물던 수많은 의혹들에 이어 2006년 8월에는 사행성 성인오락기 '바다 이야기'의 인허가 여권인사 개입설과 노무현 대통령의 조카 노지원 씨가 관련업체에서 이사로 재직한 사실까지 드러났다(경향신문, 2006. 08. 19). 이 사건의 본질은 문화관광부 산하 기관인 영상물등급위원회가 2004년 12월 심의에서 바다이야기의 사행성을 눈감고 통과시켜 주었고, 문화부가 2004년 12월부터 작년 7월에 걸쳐 성인오락게임 경품 규모가 대폭 늘어나도록 제도를 바꾸었으며, 경품권 발행업체들을 무분별하게 선정한 점이다(조선일보, 2006. 8. 22). 이 사건과 관련하여 손학규 전 경기지사는 자신의 홈페이지에 올린 글을 통해 "성스러운 삼일절에 관련업자와 골프를 치고 며칠 뒤에 업체 지정을 해 주는 뻔뻔함은 이 정권의 도덕이 어디까지 갔는지 웅변으로 말해 주고 있다"며, 바다이야기 파문과 관련해 "현 정부는 서민들 팔아 정권을 잡고 그 불쌍한 서민들 피를 빨아 나라를 거덜 내는 패륜아들"이라며 노무현 대통령과 현 정부 인사들을 직설적으로 비난했다. 또 "박정희 전두환 군사독재 때도 서민들 호주머니를 이런 식으로 긁어내지는 않았다"며 "절망에 빠진 서민들을 도박장으로 유인하고, 그것도 모자라 나라가 나서서 상품권이다 경품권이다, 도박을 제도화했다"며 현 정권을 거듭 비난했다(노컷뉴스, 2006. 08. 27).

이와 같이 권력 핵심부가 외부로 사회정의나 정의사회 구현 또는 부패와의 전쟁 등의 구호를 외치면서도 그들 스스로 부패에 연루됨으로써 한국사회가 부패에 광범위하게 오염되어 국민 삶의 질을 저하시키고 있다. 이러한 다양하고 구조적인 부패 상황에서, 한국에서의 부패를 해결하는 본질적인 방법은 수직적 획일적인 의사결정 과정을 분권화시켜, 관료 개개인의 모든 행동이 서로 연관되고 영향을 미쳐 정책결정이 이루어지는 다원주의(多元主義)가 정착되어 정부가 독점적으로 가지고 있던 권력이 효율적으로 분산되는 방안이라 할 수 있다. 이에 따라 최근 추진되고 있는 반부패 국가개혁 시스템의 궁극적인 목표는 부패방지에도 시스템적 전략이 요구된다는 인식에 기초하여 '고위험(high risk,)' '저수익(low return)'의 범죄행위라는 것을 보여 주는 것이다.

2) 사법(司法) 분야

역대 법조 비리 사건을 가운데 1997 – 1998년 발생한 의정부 법조비리는 판·검사 출신 변호사들이 현직 법관이나 검사에게 금품을 건넸다가 의정부 지원 판사 15명이 변호사로부터 떡값 수수의혹으로 8명이 사표를 낸 것으로 종결된 전형적인 전관 개입 사건이었다. 또 1999년 초 대전 법조비리 사건은 판사 2명, 검사 6명이 사표를 내고 전 현직 검찰 직원 6명이 구속되었다. 2003년 용산 법조비리 사건은 검사 3명이 징계되었고, 2004년 춘천 판사 성(性)접대 사건은 판사 1명 사표, 2명은 인사조치와 서면경고를 받았다. 2005년 브로커 윤상림 사건에서 윤 씨와 돈 거래를 한 판사 3명이 사표를 냈다(조선일보. 2006. 07. 14).

또 2006년 초에는 법조 브로커로부터 부장판사 시절 금품 수수혐의로 하 모 변호사가 구속된 사건에 이어, 최근 현직 고등법원 부장판사의 금품수수 의혹 등 대형 법조비리 수사가 시작되면서 그동안 법조계의 고질적 병폐로 지적돼 온 전관예우(前官禮遇)와 법조인 사조직화 문제가 또 다시 도마 위에 올랐다(연합뉴스. 2006. 7. 17). '김홍수 게이트'라고 일컬어지는 이번 사건은 현직 판사와 검사, 경찰서장 등이 광범위한 법조인 인맥을 구축한 카펫 수입업자이며, 브로커인 김홍수 씨의 사건 청탁을 들어주고 돈과 고급 카펫 등을 받은 혐의로 수사를 받고 있는 사건이다(연합뉴스. 2006. 7. 17). 서울중앙지검 특수 1부는 8월 7일 법조브로커 김홍수(58) 씨에게서 거액 현금·카펫 등을 받고 민·형사 사건에 개입한 혐의(특가법 알선수재)로 차관급의 고법 조관행 부장판사가 '최악의 법조비리'로 사표를 내고 경찰총경과 함께 영장이 청구되었다.[150] 이번 사건으로 대한민국 헌정사상 처음

---

150) 한겨레신문. 최악의 법조비리' 전 고법 부장판사 영장. 2006. 8. 8.

으로 2006년 8월 9일 차관급인 부장판사가 비리혐의로 구속되는 초유의 사태를 맞게 되었다. 검찰은 "브로커 김홍수는 돈을 준 대상과 액수, 장소, 시간, 목격자를 장부에 꼼꼼히 적어 놓았고, 브로커의 부탁 중 90%가 이뤄졌다"고 설명한다(조선일보. 2006. 07. 17). 이번 차관급 부장판사와 검사, 경찰수뇌부가 구속된 '김홍수 게이트'를 계기로 국민들의 '사법 불신'이 극에 달한 것으로 조사됐다. 이에 따라 이용훈 대법원장이 2005년 12월 판사 등의 부조리를 전담하는 윤리감사관실을 신설한 것을 비롯해 법원이 그동안 자체 정화대책을 내놓았으나, 땜질식 처방이라는 비판을 받고 있다. 특히 현직 고법 부장판사의 금품수수 의혹이 터지는 등 법관 비리가 잇따르면서 재발방지책 마련이 시급하다는 여론이 높아지고 있다. 대법원이 2006년 3월 법관을 포함한 법원 공무원의 부당한 지시 금지, 인사 청탁·이권개입 금지, 금품·향응 수수 금지 등을 명문화한 '법관 및 법원공무원 행동강령'을 마련해 시행에 들어갔지만, 이 제도는 '검은 세력'과 공생하려는 일부 법관들에게 무용지물이었음이 불과 4개월 만에 확인된 셈이다(연합뉴스 2006. 07. 16).

대법원은 이번 법조비리의 파문이 일파만파로 확산되자 사법부의 권위와 신뢰가 실추될 것을 우려하며 '발등에 떨어진 불'을 진화하면서 법관과 법원공무원의 비위에 제동을 걸 수 있는 아이디어를 실·국별로 모집하는 등 자정기능 강화 방안 마련에 나섰다. 그 결과 징계 과정의 외부 공개, 독립된 감시기구 설치, 윤리감사관실 조직 확대 등을 통해 판사·법원공무원의 비위 여부를 상시적·세부적으로 감시해야 한다는 의견이 몇몇 부서에서 제시된 상태다. 현직 법관이 구속된 것은 1950년 국가시스템이 사실상 마비된 부산 피란정부 시절 '국민방위군' 사건으로 현직 판·검사 4명이 구속됐다가 풀려난 사례를 제외하면 차관급 고위 법관이 후배 판사들 앞에서 개인 비리에 대해 재판을 받는 첫 번째 사례이다. 1971년 '사법파동' 때도 판사 2명에 대해 비리혐의로 영장이 청구됐으나, 이는 반공법 위반 피의자들에게 잇달아 무죄를 선고한 사법부에 대한 탄압 성격이 강했다(조선일보. 2006. 07. 17).

이번 사태에 대하여 대법원은 2006년 8월 16일 대법원 청사에서 전국법원장회의를 열고 이 같은 법조비리 근절대책을 발표했다. 대법원은 대법원공직자윤리위원회에 판사 징계와 감찰 기능을 주기로 했고, 비리로 기소된 판사는 최장 1년간 재판을 할 수 없게 했다. 또 '전관예우(前官禮遇)' 등 정실(情實)에 의한 재판 논란을 막기 위해 재판부 구성원과 친분이 있는 변호사가 선임되는 등 재판 불신 요인이 있을 때는 재판장이 사건 재배당을 요구할 수 있게 했다. 이날 회의에서 이용훈(李容勳) 대법원장은 법조비리 사태와 관련 "전국의 모든 법관들과 더불어 국민 여러분께 죄송하다는 사죄의 말씀을 드린다"며 국민들에게 사과했다. 법조비리로 인한 대법원장의 대국민 사과는 1995년 인천지법 집달관 비리 사건에 이어 두 번째다. 이 대법원장은 "각별한 믿음을 아끼지 않으셨던 국민이 받았을 실망감과 마음의 상처를 생각하면 송구스러운 마음을 금할 길이 없다"면서 강도 높은 법조비리 근절 대책을 수립하겠다고 밝혔다(조선일보 2006. 8. 17). 과거 다른 공직자는 비리혐의가 있으면 즉각 검찰에 소환되고, 압수수색과 계좌추적이 뒤따른다. 그러나 판·검사 비리는 내부 '진상조사'만 슬쩍 거친 뒤 은밀히 사표를 내는 것으로 덮어 버리는 게 그동안 이 나라 관행이었다.

최근 우리 사회가 전반적으로 맑아지고 있는 데 반해 법관들의 윤리의식은 좀처럼 개선될 조짐을 보이지 않는 것은, 법원이 화이트칼라 범죄 엄단을 공언하면서도 정작 내부 비위에는 관대하기 때문에 판사들에게 "사표 내고 변호사 하면 그만이지"라는 '도덕 불감증'을 심어준 것도 한 요인으로 꼽힌다. 이에 대하여 일선 법원의 한 판사는 "자정기능 강화책을 마련한다고 해도 남들의 눈을 피해 나쁜 짓을 하는 것을 막을 수는 없다. 적발될 때마다 강하게 처벌해 경각심을 심어 줘야 한다."고 말했다(연합뉴스 2006. 07. 16). 최근 피고인 동생과 골프를 했다는 군산지원 판사들이 피고인 소유의 고급아파트에 공짜로 살았다는 의혹이 사실이라면 법의식이 아예 마비돼 버린 상태였다는 말이다. 하지만 대법원은 당사자 말만 듣는 걸로 진상조사를 마치고 사표 제출로 사건을 닫아 버렸다. 또 대법원은 문제의 판사가 구속 적부심에서 그 피고인을 풀어 줬고, 그 판사가 참여한 1심 재판부가 집행유예 선고를 해 줬다는 데도 그 속을 들여다볼 생각도 하지 않았다(조선일보. 2006. 07. 14). 이들은 골프 접대와 공짜 아파트 사용 의혹으로 사법 비리 논란 끝에 판사직을 물러났던 군산 지역 판사 모두가 변호사 개업에 '성공'했다. 판사 세 명은 이 의혹이 공식으로 문제된 지난 6월 일제히 사표를 냈고, 법원은 기다렸다는 듯이 사표를 수리하고, 검찰 역시 그에 맞춰 진상 조사 작업을 포기했다. 물러난 판사 2명은 즉시 변호사 등록 신청을 했고 변호사회도 두말없이 등록을 접수했다. 법·검·변의 손발이 척척 맞아떨어진 것이다(조선일보, 2006. 8. 22). 이같이 상황에서 사법부의 판사 징계위원회의 위원 중에 외부 사람은 하나도 없고, 모두 자기 식구들로만 구성되어 있다 보니 1995년부터 10년 동안 비리 등으로 징계받은 판사가 7명, 검사가 19명밖에 안 된다는 사법개혁위 조사 결과는 사법부와 검찰의 자정(自淨)기능이 완전히 고장 났음을 의미하는 것이다(조선일보. 2006. 07. 14). 법을 해석하고 적용하는 판·검사들의 재량권이 크기 때문에 '사건 왜곡'이 발생한다면 검찰과 사법부 내부의 부단한 자정노력이 재발 방지의 지름길이 될 수 있다. 그러나 이번 비리에 연루된 상당수 판·검사들이 사표를 내면서 중징계를 피한 사례에서 보듯이 내부 개혁만으로는 법조비리가 근절될 수 없다는 목소리도 높다. 이에 따라 징계 관련법 개정이나 '공직부패 수사처' 신설 등 외부적 제도 개선으로 검찰과 법원을 견제해야 한다는 지적이 설득력을 얻고 있다(연합뉴스. 2006. 7. 17).

투명사회실천협의회와 한겨레신문이 지난달 2006년 7월 28일부터 31일까지 여론조사 전문기관 '리서치플러스'에 의뢰해 전국 20세 이상 성인 남녀 1천 명을 대상으로 벌인 전화 여론조사 결과, '법과 정의가 제대로 집행되고 있는가'에 대한 질문에 응답자의 63.2%가 '그렇지 않다'고 답했다. 또 법조 분야 종사자들의 윤리의식을 묻는 질문에 응답자의 56.1%는 '윤리의식이 없다'고 답했다. 사법개혁에 대한 평가에 대해서도 63%의 응답자는 '개혁의 성과가 없다'고 답했고, 이용훈 대법원장의 화이트칼라 범죄 단속 발언으로 법집행이 공정하게 이루어졌냐는 질문에는 응답자의 56.9%가 '그렇지 않다'고 답했다(뷰스앤뉴스, 2006. 8. 8). 법조비리 발생 원인에 대해서는 응답자의 33%가 '법조인들의 전문성과 우월의식에 기초한 폐쇄성'을 꼽았고, 이어 부패통제시스템 결여(20.3%), 법조계의 개혁의지 부족(16%), 판·검사의 지나친 자유재량(14.1%) 순이었다. 또 이 여론조사에서 72%에 달하는 절대다수의 국민들은 '유전무죄 무전유죄'에 대해 공감했고, 송사와 관련해 '판·검사에게 청탁을 하거나 청탁 사실을 들은 적이 있다'고 응답한 국민들 중 무려 73.4%는 "청탁이 효과가 있었다"고 답했다(뷰스앤뉴스, 2006. 8. 8).

3) 공직(公職), 지방 자치(地方自治) 분야

우리나라 공직부패의 특성은 정경유착과 같은 권력적·정치적 연계성이 강하고, 불가피하게 연루되는 구조적·문화적 속성이 뿌리 깊으며, 부패의 수준이 복수의 안정적 균형 가운데 다자간 죄수들의 갈등(multi-person prisoners' dilemmas)게임 상황에서 대다수가 사익을 위해 공익의 잠식에 귀착되어 있다. 이에 대하여 박재완(2001)은 반부패 전략으로 전방위전략과 선출고위직 중심의 고강도 전략, 낮은 길 전략 그리고 약속과 믿을 수 있는 위협전략 및 개방과 경합의 전략을 제시하고 있다. 그러나 실제 구조적인 부패로부터 자유로운 공직자를 발견하기는 힘들며, 과거의 잘못을 처벌할 경우 승복하기보다는 단지 불운했다거나 표적 사정논리를 들어 반박할 것이다. 따라서 과거의 잘못에 대한 고해성사를 전제로 구조적인 부패에 대한 제한적인 면책은 불가피한 차선의 해결책이라고 할 수 있다. 만일 부패한 대리인이 계속 부패행위에 관련되어 장래에 면죄부(免罪符)를 다시 받을 수 있을 것으로 기대를 하게 되면, 결국 면책이라는 수단은 오히려 부패를 증대시킬 수 있으므로 면책의 전제조건으로 이번 기회가 마지막 면책기회라는 확신을 심어주는 것이 필수적일 것이다(박재완, 1997, 111-112).

공직자란 국민이 내는 세금으로 생활을 보장받는 대신 전적으로 국민(공공)을 위하여 일하도록 지위와 책임을 부여받은 사람들이다. 따라서 그들의 공적인 지위나 권한은 사적인 이익을 위하여 사용해서는 안 된다. 그러나 2002년 1월 25일 부패방지법에 따라 비위 공직자에 대한 취업제한조치가 발효되었고, 공직자윤리법 제17조에 퇴직공직자는 유관 사(私)기업체 등에 2년간 취업제한을 받도록 규정되어 있다(대한매일, 2002. 9. 23). 특히 재직 중 직무와 관련된 부패행위로 당연 퇴직, 파면이나 해임된 비위 면직자에게 5년간의 취업제한은 공직자들의 잠재적 부패가능성을 제어하고, 부패의 고리를 끊기 위한 장치이다. 그러나 대검찰청에 따르면, 뇌물죄로 처벌받은 공무원들로부터 추징되는 돈이 2000년에는 72억 원, 2001년에는 최고액인 141억 5천만 원, 2002년에는 108억 5천만 원이 각각 선고되었고, 2003년 한 해 동안 뇌물죄로 처벌된 공무원들에게 선고된 추징 액수가 82억 6천만 원인 것으로 집계되어 한해 평균 100억 원에 육박한다는 통계가 나왔다(SBS TV, 2004. 8. 31).

또 2004년 1월 19일 부패방지위원회가 발표한 2003년 청렴도 측정 결과에 따르면 정부부처와 공공기관을 찾은 국민들 가운데 3.5%가 업무를 처리하기 위해 뇌물을 제공한 것으로 나타났다. 부처별로는 건설교통부가 가장 부패한 부처로 꼽혔으며, 이어 농림, 국방, 환경, 노동부 등의 순으로 청렴도가 낮았고, 청 단위로는 국세청과 검찰청이 부패도가 높은 것으로 조사되었다. 또 2005년 6월 29일 내부 고발자 보호 강화를 골자로 한 부패방지법(이하 부방법) 개정안이 국회를 통과했으나 부방법이 취급하는 '부패 행위'의 대상이 공공기관에만 국한되는 '반쪽'이라는 한계가 있다. 7월부터 시행되는 개정된 부방법 시행령은 부패 신고에 대한 보상금을 2억 원에서 20억 원으로 늘리고 환수된 돈이 없더라도 공익 기여가 현저할 경우 내부 고발자에게 포상금을 주며, 내부 고발자에게 보복행위를 하거나 그의 신분을 누설한 사람을 형사처벌할 수 있도록 했다(주간동아 493호. 2005. 7. 12). 그러나 이 같은 법의 보호는 공직자와 관련된 부패 사실을 신고한 사람만이 누릴 수 있는 것이다.

2005년 한 해 국무조정실 정부합동점검반이 금품수수·향응이나 기강해이 등으로 적발한 비위 공무원이 중앙부처 50명, 지자체 68명 등

143명으로 사상 최고치를 기록했다 한다. 이는 참여정부 출범 원년인 2003년 69명과, 2004년 120명에 비해 크게 늘어난 것이다. 비위 유형은 금품수수와 향응이 전체의 84%로 거의 대부분을 차지했다. 공직자 윤리법, 부패방지법 등 법과 제도가 완비돼 있는 데도 공직사회의 의식구조와 오랜 관행은 달라진 게 없다(세계일보, 2006. 8. 15). 또한 1999년 1/4분기 국가 차원의 윤리성 정도를 450명의 현지파견 주재원을 대상으로 조사한 홍콩의 PERC(Political & Economic Risk Consultancy) 평가 결과 한국은 부패지수 8.20으로 아시아 12개국 중 8위를, 세계 85개국 가운데 43위로 나타나 부패 정도가 상대적으로 높은 것(부패 정도가 낮음 0, 부패 정도가 가장 심함을 10으로 표시)으로 나타났다. 특히 중요한 것은, 1995년 4.00, 1996년 5.16, 1997년 7.71, 1998년 7.12, 1999년 8.20으로 점차 부패 정도가 심각해지는 흐름을 보인다.[151] 가장 시급한 일은 기업을 움츠리게 만들고 있는 우리 사회의 불투명성을 제거하고, 기업 애로사항을 풀어줌으로써 정치적·사회적 혼란을 수습하여 예측 가능한 기업 환경을 만들어줘야 국가경쟁력이 살아날 수 있다.

지방 자치 분야를 살펴보면, 2004년 8월 말 안상수 인천시장이 굴비 상자 속에 넣어 전달된 현찰 2억 원을 시청 내 클린센터에 신고했다. 부재중에 거액의 돈을 놓고 간 익명의 전달자는 이 돈을 미끼로 나중에 큼직한 청탁을 하려고 했을 것이고, 이는 수단과 방법을 가리지 않는 우리 사회의 뿌리 깊은 뇌물문화를 보여 준 단적인 사례이다(경향신문 2004. 9. 1).

또 울산지검 특수부는 2003년 11월 20일 공사업체로부터 수억 원의 뇌물을 받은 혐의로 전 울산시 종합 건설본부 6급 공무원인 건축계장 노 모(46) 씨 등 공무원 4명을 구속하고 7급 공무원 김 모(41) 씨에

---

151) 박영렬. 윤리지수의 국제간 비교. 1999. 10.

대해서는 구속영장을 청구했다. 노 씨는 1998년 9월부터 울산시 종합 건설본부와 상수도사업본부에 근무하면서 이들 본부에서 발주한 공사와 관련 업체들로부터 100여 회에 걸쳐 1억 2,300만 원의 뇌물을 받은 혐의다. 노 씨는 종합 건설본부 재직 당시 월 평균 2,000만 원 정도의 뇌물을 받았으며, 현금 재산만 4억 4,000만 원에 달하는 것으로 나타났다.[152]

또한 지방 자치단체에 대한 2006년 감사원의 종합 감사 결과 발표와 관련 민병두(비례) 의원이 지방 자치단체와 공직자의 불법 부패 비리 근절하고 투명성을 강화하기 위해 제도적 개선방안을 마련하기 위한 "지방 자치단체의 불법 부패 비리 근절 4대 입법을 추진하겠다."고 밝혔다(강원일보 2006. 02. 11). 이에 따른 세부 입법 추진 방향으로는 현 지자체의 자체 감사기구가 기관장의 직속 기관으로 설치돼 독립성과 전문성에 한계가 있으며, 시민이 참여하는 시민감사관제도 형식에 그치고 있다고 보고, 감사기구장의 임기제 및 광역자치단체의 경우 개방형 감사관 임용제, 시민이 참여하는 감사위원회제 등의 도입을 위한 '공공기관의 감사에 관한 법률'을 발의하기로 했다. 또한 이러한 각종 비리연루 사건들에 대하여 주민소환제 법안이 2006년 4월 27일 국회 행정자치위원회를 통과했다(중앙일보 2006. 04. 28). 주민소환제란 광역자치단체장과 기초자치단체장 등 지방 자치단체의 선출직 공무원이 비리를 저지를 경우 주민들의 투표로 해당 공무원을 해임시킬 수 있도록 하는 선출직 전횡 견제 장치제도다. 일단 단체장에 뽑히면 과도한 선심 행정이나 정책 실패, 인사 전횡의 큰 물의가 일어도 제재하지 못했던 '소통령'들에 대한 견제 장치가 생긴 것이다. 최근 한 시민단체의 여론조사에 따르면 국민의 93%가 소환제 도입에 찬성하고 있다. 법안

---

152) 한국일보. 2003. 11. 23.

은 주민소환 대상을 지방 자치단체장과 비례대표를 제외한 지방 의회 의원으로 규정했다. 소환 사유가 발생할 경우 도지사는 유권자 10% 이상, 기초단체장은 유권자 15% 이상, 지방 의원은 유권자 20% 이상의 찬성으로 주민소환 투표를 청구할 수 있도록 했다. 청구 사유에는 별도의 제한이 없다. 또 전체 유권자 3분의 1 이상이 투표에 참여해 과반수가 찬성하면 소환 대상자는 즉시 자리에서 물러나야 한다. 다만 주민소환제의 오·남용을 방지하기 위해 자치단체장과 지방 의원이 취임한 후 1년 이내와 임기 말 1년 이내에는 주민소환을 청구할 수 없도록 했다. 이처럼 지방 자치단체의 비리를 막을 수 있는 보다 근본적인 대책으로 2006년 5월 2일 국회를 통과한 주민소환제법은 지방 자치단체 선출직 공무원이 돈을 주고 공천을 받거나 업무와 관련 금품을 수수하는 등 비리를 저지를 경우 주민들의 투표로 해임시킴으로써 지방자치 비리와 지방 권력의 부패를 원천봉쇄하자는 것이다. 도지사의 경우 유권자의 10% 이상, 기초단체장은 15% 이상, 지방 의원(비례대표 제외)은 20% 이상의 찬성으로 주민소환 투표를 청구할 수 있다. 청구 사유에는 특별한 제한이 없고, 내년 7월부터 전체 유권자의 3분의 1 이상이 투표에 참여해 과반수가 찬성하면 비리부패 지자체장이나 지방 의원들을 임기도중에 하차시킬 수 있다. 자칫 주민소환제가 정략에 이용될 경우 지방 자치행정이 뿌리째 흔들릴 수 있지만 지난 대선공약이기도 하고, 국민의 90% 이상이 주민소환제를 찬성하며, 선출직의 비리와 전횡을 견제하는 장치이다(내일신문, 2006. 5. 3).

또 경향신문이 시민단체 '함께하는 시민행동'과 함께 2006년 09월 13일 현직 공무원들이 자신들의 예산낭비와 비리에 대하여 공무원 비리실태 고발 워크숍을 가졌다. 공무원들은 "너무 비리가 만연해 공기처럼 느끼지 못한다"고 고백했다. 가장 비리가 심각한 부분은 건설 분야 공무원들은 "공무원 비리의 80%는 건설공사 수의계약에서 시작된다"고 입을 모았다. 전남 완도의 가학리 방파제 공사는 최초 9천만 원짜리 계약이 수십억 원대로 부풀려졌고, 2003년 2월 18일, 태풍 루사로 인한 피해복구 공사와 방파제 공사를 연계한다는 이유로 방파제 공사 177m, 도로공사 145m를 이 건설사와 다시 수의 계약하는 등 최초 9천만 원짜리 공사는 이런 과정을 거쳐 31억 5천여만 원으로 공사비가 증액되었고 이 공사는 ㄷ건설사가 독식했다(경향신문, 2006. 09. 19). 중앙정부에서 내려오는 재해복구비는 '눈먼 돈'이라는 게 공무원들의 공통된 인식이다. 재해복구는 사안의 긴박성 때문에 공개입찰하지 않고 수의 계약할 수 있다. 경기도 공무원 유 모 씨는 "수해복구에서 큰 몫을 차지하는 게 제방공사인데 이 공사는 하자보수 기간이란 게 없어 엉터리 공사를 해도 아무도 책임지지 않는다"고 고백했다(경향신문, 2006. 09. 19). 또 인사비리는 지방 선거 때문에 더 극심해졌다는 증언이 나왔다. 군수나 시장이 선거 때 자기를 도와준 공무원들을 승진시키는 것, 경상남도는 최근 임기가 1-3년 이상 남아 있는 경남발전연구원장 등 출자기관장들에게 일괄 사표를 요구한 뒤 도지사의 정무특보와 선거특보단 간사 등으로 임명했다가 공무원노조로부터 고발당했다.

4) 언론(言論) 분야

전통적으로 국가권력으로부터의 언론의 자유를 확보하기 위해서는 독립성이 우선되어야 함을 말한다. 언론의 독립성이란 언론이 공중의 이해와 상반되는 권력을 가진 집단으로부터 부당한 영향을 받지 않는 것을 말하며 취재, 편집, 보도과정에서 외부 압력으로부터 자유롭다는 것을 말한다. 즉 언론인들은 어떠한 외부 압력으로부터도 독립적이어야 한다. 그러나 언론인들은 특정 취재원의 이익이나 기자 자신, 언론사 조직 또는 지역 공동체이익과 같은 대중의 알권리와 관계없이 이해가 상충하는 상황에 직면하게 되는 경우가 많다. 이러한 이해상충(利害相衝) 상황에서 언론인들이 공중의 알권리보다 자신이나 소속 언론사의 경제적 이익을 앞세울 경우, 언론의 독립성이란 확보될 수 없으며, 비윤리적인 결정이 이루어질 수밖에 없다. 또한 국가권력이 세무조사 등의 방법으로 언론을 통제할 경우에는 설사 그것이 정당한 법집행 절차라고 하더라도 언론의 자유를 침해할 소지가 크다. 더 나아가 언론사가 세무조사의 영향을 받아 진실보도를 외면하고 정권과 야합했다면 언론의 자유가 침해되었다거나 혹은 언론의 자유를 방기했다고 볼 수 있다(한겨레, 2001. 02. 16).

언론부패는 4월 혁명 직후에 군소신문들이 우후죽순 격으로 늘어나면서 사이비언론이 사회문제화했으며, 쿠데타로 집권한 군사정권의 언론통폐합 빌미를 제공하기도 했다. 이후 들어선 정통성 없는 군사정권들은 정권홍보를 위해 언론을 장악하고, 언론사와 언론인들에게 각종 특혜를 제공하고 돈으로 매수하거나 관직을 제공함으로써 언론인들을 타락시켰다. 이러한 언론부패는 촌지나 향응 무료해외여행 등 전통적인 유형이 아직도 존재하며, 최근 들어서는 골프접대나 주식 및 부동산 투기 등 새로운 형태의 비리가 등장하고 있다. 물론 기자단을 통해 제공되는 촌지는 줄어들고, 촌지를 거부하거나 되돌려 주는 기자들도 있지만 아직도 은밀하게 이뤄지고 규모도 커지고 있다. 특히 일부 지방신문 기자들은 극심한 경영난으로 월급도 제대로 받지 못해 '뜯어먹고 사는' 구조를 만들어 놓았다. 이러한 문제는 언론인들이 일상적으로 접하는 각종 '촌지'를 대수롭지 않게 여기는 데서 비롯한다. 문제는 청와대에서도 촌지를 돌린다는 데서 단적으로 드러난다. 한 신문사 부장은 청와대 수석실에 들렀다가 100만 원이 든 돈 봉투를 건네받았다가 그 자리에서 돌려주었지만 "영 기분이 찜찜했다"고 한다. 재정경제부 금융감독 위원회 건설교통부 등 경제부처의 촌지도 달라진 게 없다. 이 부처들의 산하기관들은 각종 세미나를 명목상으로 열며 토론자도 아닌 기자들에게까지 '회의 참석비'란 이름으로 20만-30만 원씩 건넨다. 또 일부 재벌총수들은 일부 언론사 경제부장들과 비공식적으로 만나 향응을 제공한 뒤 100만 원이 든 돈 봉투를 건넨다. 한 생명보험사가 기업 지배구조 변화와 관련된 기자 브리핑 보도자료 봉투와 다른 은행이 주최한 세미나 자료가 담긴 봉투에는 각각 30만 원의 상품권과 현금이 들어 있었다. 은행 측은 기자들에게 '고스톱 자금'이라 했다고 한다. 언론재단은 '외유성 취재 지원'이라는 안팎의 비판에도 불구하고 올해도 여러 차례 해외취재를 지원했다. 특히 국제부장단 18명이 동행한 지난 7월 6일~12일 하와이에서 열린 '한미관계와 언론' 세미나는 출장비용의 90%를 주한 미 대사관이 부담하고 언론재단이 나머지 10%를 지원해 "친미 언론인 양성코스가 아니냐"는 비난을 받기도 했다. 또 KBS의 경우 가족동반 해외출장으로 물의를 빚은 PD를 해임하면서 3만 원 이상의 향응과 공무로 생긴 항공 마일리지의 개인 사용 등을 금지하는 내용을 담은 윤리강령을 선포하고, 윤리위원회를 구성했다(미디어오늘 2004. 01. 07). MBC도 지난 7월 7일 언론사로는 유일하게 기업 등에서 지원하는 공짜 해외출장 · 연수 · 취재를 전면 금지하기로 해 눈길을 끌었다. 또 정부부처나 산하기관, 기업체 등 각종 출입처가 제공하는 선심성 외유 관행이 누구보다도 공정하고 객관적인 기사를 써야 하는 기자들에게 심리적인 부담을 주는 것은 물론 불편부당한 자세를 견지해야 하는 언론사와 언론인의 자긍심에 부정적인 영향을 미친다고 판단했다(미디어오늘, 2005. 05. 24).

반부패 국민연대의 2003년 공공기관, 기업, 시민단체 투명성인식 설문조사에 따르면 한국 국민들은 부패한 집단 가운데 언론의 부패가 정치부패 다음으로 심각한 것으로 인식하고 있고, 부패를 감시해야 할 언론기관들조차도 부패의 한 축을 담당하고 있는 것으로 평가하고 있다. 한국 언론은 1957년 한국 신문편집인 협회가 '한국 신문 윤리강령'을 제정한 것을 시작으로 각종 언론윤리강령이 제정·공포되어 왔다. 이후 1961년에는 '신문윤리 실천요강'을 제정하여 내용을 구체화하였으며, 1996년에는 이 강령과 요강을 현실에 맞게 새롭게 개정해 시행하고 있다. 주 내용은 언론의 자유와 책임, 보도와 평론의 태도, 독립성, 타인의 명예와 자유, 언론인의 품격 등을 규정하고 있다.

1988년 개별 언론사로는 처음 윤리강령을 제정한 한겨레신문이 이에 덧붙여 반론권 보장이나 사내 민주주의의 확립과 같은 내용을 규정하고 있다. 이후 1991년에는 '보사부 출입 기자단 촌지 사건'이 터진 시기를 전후해 동아일보, 부산일보, 대전일보, 경향신문 등 많은 신문사들이 언론인의 취재활동과 관련한 강령들을 제정·공포하였다. 조선일보는 윤리강령 대신 '취재준칙'이라는 것을 정해 회사의 취재비용 부담, 출장취재 제한, 금품수수 금지 등의 사항을 규율하고 있다. 최근에는 삼성에서 독립을 선언한 중앙일보가 재벌로부터 독립한 것을 상징하기 위해 강령을 제정해 실시하고 있으며, 연합뉴스가 윤리헌장을 제정하고 이에 근거하여 윤리위원회를 설치하였다. 그러나 오히려 언론윤리강령이 새롭게 개정·공포되거나, 개별 언론사들이 윤리강령을 제정, 선언하는 것은 윤리강령의 제정과 관계없이 언론윤리 문제가 끊임없이 제기되어 왔다는 것을 뜻한다.

방송의 경우도 KBS가 1989년 '방송 기술인 윤리요강'을 제정한 것을 시작으로 1990년 '방송강령'을 발표했으며, 1998년에는 'KBS 방송 제작 가이드라인'을 정해 발표하였다. MBC 역시 PD 수사, 협찬상품 논란 등 방송인에 대한 비판이 거세지면서 이에 대응하기 위해 강령을 제정하였다. SBS도 방송 강령을 제정했으며, 1998년에는 업무와 윤리에 관해 개정된 가이드라인을 만들었다.

또 홍보에 기자를 이용하려는 기업체와 정부기관과 공기업 등은 기자들의 향응 관행을 적극 활용하고 있다. 특히 요즘 들어 경기가 다소 나아지면서 기업체의 외유행사도 크게 늘어나는 추세다. 일부 기업체의 외유지원은 항공료와 숙박비에 그치지 않고 거액의 '용돈'까지 주는 경우도 있다. 총리실 기자단의 중동 외유 때에는 한 재벌그룹이 일부 기자들에게 1천 달러씩 여비를 챙겨 주기도 했다.

재계에서는 김우중 전 대우그룹 회장과 김선홍 전 기아그룹 회장이 언론인관리를 잘하는 대표적인 인물로 꼽힌다. 언론마케팅 분야에서도 뛰어난 김우중 대우그룹 회장은 78년에는 거액의 사재를 들여 언론재단을 발족시켰고, 80년 전두환 정권에 의해 쫓겨난 해직언론인 10여 명을 과감하게 고용했다. 언론은 김 회장에게 '샐러리맨의 우상', '1년 중 해외출장이 가장 많은 재벌총수', '파이낸싱의 귀재', '일밖에 모르는 총수', '가장 짧은 시간에 재벌을 일군 인물' 등의 찬사를 보내며 대단한 인물로 평가했다. 수십 명의 대우 출입기자와 금융전문기자가 있었지만 일본 노무라증권이 낸 대우그룹 자금악화설이 외신으로 전해졌을 때에도 언론은 '음모'라는 김 회장의 해명을 중계하는 역할을 했을 뿐, 파산 직전에 이르기까지 대우의 자금문제를 제대로 파헤친 기자는 없었다. 이 같은 언론의 보호 속에 대우그룹은 자산보다 훨씬 많은 거의 100조 원에 이르는 부채규모 가졌지만 어느 언론도 대우의 실체를 정확하게 보도한 적이 없었고, 김 회장은 결국 희대의 금융파산 기록을

세울 수 있었다. 또한 IMF사태 직전 기아가 파산에 직면하면서 IMF 구제금융을 받게 된 직접적인 원인이 되었지만 언론은 기아를 '국민기업'이라며 기아 살리기 캠페인을 대대적으로 펼쳤다. 김선홍 회장 역시 언론인들과 친밀한 관계를 유지했으며, 일부 기자들은 김 회장과 유착해 언론계에는 '기아 장학생'이 존재하고 있음을 확인되었다.

특히 언론계 비리 폭로 관련 보도에 각별한 관심을 보이는 미디어오늘은 1995년 5월 17일 출발하였다. 언론과 언론인이 '관행'과 '미덕'의 이름을 빌어 고질적 행태와 비리를 저질러 왔고, 언론인이 정치권이나 재계 등 불가근불가원의 원칙을 지켜야 할 취재원으로부터 촌지를 받는 등의 행태에 대해서는 비판해 왔다. 특히 1997년 대통령 선거를 앞두고 한나라당이 국세청을 동원해 23개 기업들로부터 166억 3,000만 원의 불법 대선자금을 모금한 '세풍'자금 가운데 일부를 동아일보 정치부장이 받았다는 보도(동아 정치부장 '세풍자금' 받았다 1999. 7. 8)는 언론계를 발칵 뒤집어 놓았다. 언론은 권력을 견제하고 감시하며, 부정과 비리를 들추어내 사회에 고발함으로써 국가와 사회발전에 기여하고 있다. 이러한 막중한 힘이 정당화되기 위해서는 그러한 힘에 상응하는 높은 직업윤리가 뒤따라야 하는데 그렇지 못할 경우 타인의 권리 프라이버시를 침해할 위험성이 더욱 높아지게 되지만 언론은 구체적 실천에서 미흡하다는 평가를 받고 있다(한국방송협회, http://www.radiotv.or.kr). 또한 '보도와 논평'에서 올바른 태도를 견지하고, '타인의 명예와 자유'를 충분히 존중하며, 또 잘못된 보도를 바로잡는 일이나 프라이버시 존중과 반론권 보장에 노력해야 함에도, 출처를 밝히지 않은 인용과 전재 또는 기사의 표절이 여전히 횡행하고 있다(관훈클럽, http://kwanhun.com). 또한 2001년 2월 언론사에 대한 세무조사가 시작된 이후 국세청은 1996년부터 2000년까지 5년

동안 23개 중앙언론사의 탈루 소득액이 1조 원에 이르는 것으로 밝혀
내고 언론사에 대해 5,056억 원의 세금을 추징했다. 2002년에 국세청
이 언론사와 그 사주들을 탈세 혐의로 고발하였고, 검찰은 고발된 언
론사와 사주에 대한 세무비리 수사를 벌여 국민일보 조희준 전 회장,
동아일보 김병관 명예회장, 조선일보 방상훈 사장 등 3명을 구속했다.
이들은 증여세와 상속세 등 수십억 원의 세금을 포탈한 것으로 드러
났으며, 수십억 원의 회사자금을 빼돌려 개인용도로 사용함으로써 횡
령죄가 추가됐다. 최고의 도덕성을 갖춰야 할 언론사들이 권력화되어
이를 무기로 엄청난 비리를 저지른 것이다. 이로써 언론사주들이 언론
을 개인의 이익을 추구하기 위한 수단으로 활용했음이 드러남에 따라
온 국민들은 천문학적인 탈세규모에 경악했으며, 언론에 대한 신뢰는
땅에 떨어졌다.

　현재 언론윤리강령들에는 기사, 프로그램 내용과 관련하여 공정성과
독립성의 유지, 이를 유지하기 위한 제반 행동 준칙들을 규정하고 있
다. 단지 신문윤리강령은 추상적인 어구(語句)나마 신문에 대해 "그
공공성에 비추어 마땅히 높은 품격과 긍지가 요구되며 특히 저급한
행동이나 그 유인이 되는 행동은 일절 용납되지 않는다."는 규정을 통
해 보도와 직접 관련이 없더라도 신문의 신뢰를 위해 품격을 유지할
것을 요구하고 있다. 이처럼 언론인들이 전문직 종사자로서 전문직의
윤리를 만들어 내고 준수하겠다는 자세를 가지고 있다면 그것은 전문
직으로서 자신들의 직업과 그들이 하는 일에 대한 자부심을 지니고
있을 때 가능한 것이다. 따라서 언론윤리강령과 실천요강 등에 언론인
으로서 지켜야 할 기본 윤리를 충실하게 명시하고 이를 지키기 위한
노력도 필요하겠지만, 언론인들의 독립적이고 공정한 활동을 보장할
수 있는 여건을 만들어 나가는 것이 더욱 필요하다. 언론부패를 해결

하기 위해서는 기업의 경영투명성을 확보하고 윤리강령이나 윤리헌장을 제정하고 도덕적으로 이를 강제하는 것이다. 이와 관련하여 SBS, 경향신문, 국민일보, 동아일보, 조선일보, 중앙일보, 연합뉴스, 매일경제, 한국경제, 스포츠조선, 부산일보, 대전일보 등 대다수 언론사들이 윤리강령이나 기자준칙을 마련해 놓고 있지만 실효성과 강제력 면에서 유명무실하다는 지적을 받고 있다.

5) 교육(敎育) 분야

교육 분야 현장에서의 '촌지' 관행이나 부정입학, 교수 임용과 관련한 비리, 사학재단의 각종 부정, 연구비 착복 등의 부정부패가 간간이 드러나고 있다. 심지어는 지난 몇 년 동안 충청남도, 충청북도, 경기도 등 교육감들이 각종 부패에 연루되어 구속되고 물러나는 경우도 있었다. 2004년 초에는 제주도에서 교육감 선거에 나온 후보자들이 학교운영위원들에게 돈 봉투를 돌렸다가 구속되었다. 이는 교육감이란 직위가 일부 이권을 노리는 자들에 의해 좌우되고 있음을 의미한다. 따라서 교육을 담당하는 교육기관에 대한 감사 결과는 교육 분야 부패 실태를 가늠할 수 있는 중요한 자료이다. 교육청과 학교 현장에 대한 외부(감사원 및 교육부) 감사 또는 시도교육청의 자체 감사 자료에 나타난 부패 실태 가운데, 눈에 띄는 특징은 지적사항의 절반 이상이 시설공사(20.7%)와 예산과 회계 관리(16.7%) 그리고 물품 구매(13.1%)에 집중되어 있어 금전거래가 있는 곳에 부패 발생의 가능성이 크다는 사실을 반영한다. 앞에서 나타난 것과는 대조적으로 사립학교 교직원 채용에 관련된 비리의 적발이 의외로 적은 것은 감사 제도를 통한 사학 관련 부패의 근절이 어려움을 시사한다고 할 수 있다. 처분 결과 총 198건 중 75건(37.8%)이

'주의'를 받았는데, 이는 감사를 통한 위법의 적발이 큰 위력을 지니지 못함을 말한다. 예산·회계 관련 분야에서 '주의'의 비율이 특히 높은 (54.5%) 이유는 상대적으로 복잡한 규정의 숙지미숙으로 인한 실수가 많음을 보여 주는 것으로서, 현행 규정의 불필요한 규제적 특성을 말해 준다고 할 수 있다. 시설공사 분야는 지적 건수도 가장 많을 뿐만 아니라 처분 결과에서도 상대적으로 무거운 처분을 많이 받고 있다.

최근 감사원이 2006년 6월 22일 발표한 '사학비리 특별감사 결과'에 따르면, 본 감사 대상 124곳 가운데 문제점이 드러난 곳이 100여 곳에 달해 상당수 사학 비리에 연루돼 있는 것으로 파악돼 방만한 사학운영 실태가 심각한 수준인 것으로 나타났다. 특히 이사장 등 사학 소유주가 재단자금을 제 멋대로 끌어다 쓰거나 개인 호주머니로 챙긴 사례에서부터 신입생 편·입학 관련 금품수수, 비리사학의 관리를 책임져야 할 관선이사가 직무를 소홀히 한 사례에 이르기까지 다양한 유형들 중 형법상 불법이 적발돼 검찰 고발대상에 오른 학교가 22곳으로 밝혀졌다(연합뉴스 2006. 06. 22). 감사원이 2006년 6월 22일 발표한 '사학지원 등 교육재정 운용실태' 감사 결과를 보면, 감사 대상 사학 124개에서 무려 270건의 지적사항을 적발하고 22개 학교, 48명의 이사장 등을 검찰에 수사 의뢰키로 한 점으로 미뤄, 상당수 사학들이 불법을 저지르고 있으며, 이사장 개인 재산으로서 부적절한 학교 운영을 해 왔음이 간접적으로 입증된 셈이다(헤럴드경제 2006. 06. 22). 감사원이 밝힌 수사 요청 유형을 보면, 이곳이 과연 신성한 학교인지, 아니면 비리로 가득한 악덕기업인지 분간하기 어려울 정도다.

감사원의 감사 결과 가운데 실제 사례를 살펴보면, 경북 소재의 K대는 별도의 장부를 두고 교비를 관리하면서 이사장 개인 명의의 토지를 매입하는 데 교비를 사용한 것으로 드러났다. 특히 이 학교 이사장은 학교 교비를 개인 채무를 변제하는 데에도 사용했다. 공사나 물품구매 등을 핑계로 비자금을 조성한 학교들도 있었다. 이 중 S대의 경우는 특수 관계사에 공사를 발주하고 공사비를 과다하게 지급하며 조세까지 포탈하는 전형적이면서도 과감한 불법행위를 저지른 것으로 드러났다(헤럴드경제 2006. 06. 22).

전북 소재 S대학의 경우 지난 2002~2005년 캠퍼스 신축 공사비로 H건설사에 366억 원을 지급했으나, 여기에는 실제로 시공하지 않은 부지조성 비용 등 65억 원이 '허위'로 포함됐다. H건설은 이 대학 설립자 L 씨의 처와 매제 등이 주주이다. 더욱이 H건설은 수주액 366억 원 중 53억 원만 매출로 신고, 부가가치세 및 법인세 등 150억 원 상당을 포탈, 사학 비리가 또 다른 비리로 이어진 셈이다. H건설 전 사장 P 씨, K 씨는 조사포탈 혐의로 고발됐다(연합뉴스 2006. 06. 22). D학교 법인 역시 학교 공사를 시행하면서 사업을 딴 건설업체로부터 리베이트를 수수하는 등 전형적인 건설 비리를 범하기도 했다. 뿐만 아니라 일부 학교법인은 학교 내실을 키우기보다는 법인 전체의 외형 확장에만 몰두, 교비를 횡령하거나 유용하는 방식으로 법인 산하 다른 학교의 확장에 사용한 것으로 나타났다(헤럴드경제 2006. 06. 22). 또 이사장과 특수 관계에 있는 사람을 교직원으로 변칙 채용하거나 일부 고교의 경우 결원을 이유로 학생들을 수시로 편·입학시키면서 학부모들로부터 학교 발전기금 명목으로 적지 않은 돈을 받거나, 편·입학 요건에 미달되는데도 법인 임원 자녀를 부정 입학시킨 사례도 적발됐다(연합뉴스 2006. 06. 22). 또 다른 고교의 경우 이사장 P 씨의 지시로 물품을 구매하거나 공사를 한 것처럼 허위 지출 결의서를 작성, 총 236회에 걸쳐 6억 9천여만 원을 불법 인출해 이사장 개인의 채무 변제에 사용됐다. 다른 고교에서도 행정실장 L 씨가 있지도 않은 화장실 공사 등을 발주하는 것처럼 허위계약서를 작성, 4억여 원을 횡령했다.

또 이번 감사에서는 비리사학을 철저히 관리해야 할 관선이사의 '도덕적 해이' 사례도 드러났다. 또 전임 학장의 횡령(194억 원) 사건을 계기로 파견된 모 사학의 임시 이사장은 사후조치를 소홀히 한 탓에 전임 학장이 횡령한 재산을 담보로 대출을 받아 개인 채무상환 등에 사용하도록 방치하다가 적발된 사례도 있다(연합뉴스 2006. 06. 22). 또한 모 대학 창업보육센터에 근무하는 P 씨는 지난 2004년 중소기업청 등의 보조금 3천785만 원을 무단으로 인출, 개인카드 결제 등에 쓴 혐의(횡령)로 고발됐다. 또 모 고교 회계담당 직원 L 씨는 교비 6억 4천만 원을 50여 차례에 걸쳐 수시로 빼돌리고 이 중 5억 3천300만 원을 착복한 것으로 밝혀졌다. 또 교비 6억 4천만 원을 50여 차례에 걸쳐 수시로 빼돌리고, 이 중 5억 3천300만 원을 착복한 '간 큰' 회계담당 직원도 적발됐다. 감사원은 총 7개 학교에서 임직원이 교비회계나 법인회계 자금을 유용하거나 횡령한 사실을 확인, 관련자들에 대해 중징계 조치를 요청할 방침이다(연합뉴스 2006. 06. 22).

또한 2006년 7월 교육계의 수장으로 임명된 김병준 교육부총리가 교수 시절 논문 부조리(표절, 중복게재, 연구비 이중 수령 등) 혐의로 초래된 자질 시비가 대학교수 사회의 도덕적 기반이 침몰하는 위기를 맞는 사건이 발생하였다. 이는 대학사회에 만연한 윤리의식의 부재로 인한 교수의 '권위'가 전락한 안타까운 사태이다. 우리사회는 유교사상의 한 축으로 순백의 청렴성·고결성·탈정치성을 핵심 덕목으로 삼는 조선 시대의 선비정신을 고루하다며 배척됐고, 서구학문의 전문성은 윤리의식이 증발된 기능적 전문성만으로 대학을 점령한 셈이다(한겨레, 2006. 8. 22). 더구나 김병준 전 교육부총리가 "논문의 중복 게재는 관행"이라고 변명하다가 이 발언을 놓고 국민대가 벌집 쑤셔 놓은 듯 시끄럽다(동아일보, 2006. 08. 09). 국민대교수협은 지난 7일 '김 전 부총리 사태와 관련해 교수님께 드리는 글'을 전체 교수들에게 이메일로 보내 "동일한 논문을 외부와 교내 학술지에 중복 게재하는 것이 관행이었다는 김 전 부총리의 발언은 학문적인 윤리를 엄격하게 지켜 온 대다수 교수의 명예와 자존심에 심대한 상처를 입혔다"며 "전체 교수에게 사과하라"고 주장하였다(중앙일보, 2006. 08. 07). 부총리가 자신의 과거 허물을 진솔하게 인정하는 모습을 국민에게 보여주었더라면 표절 혐의를 윤리기준을 잘 몰랐기 때문이라고 선의로 해석할 수도 있었을 것인데 표절 혐의를 부정하기 위해 끝까지 남들을 탓하거나 궤변으로 일관하던 그의 모습은 교육부총리로서 준수해야 할 학문윤리뿐만 아니라 교육의 본질조차 이해하지 못하는 수준인 셈이다.

6) 기업 정경유착(政經癒着) 분야

우리 사회는 지금 과거의 부패 관행을 단절하고 투명사회를 이룩하기 위해 여러 분야에서 진통을 겪고 있다. 특히 지난 2002년 대통령 선거운동 과정에서 이른바 '차떼기', '책 떼기' 등으로 대표되는 불법적 선거자금을 받은 사실들이 조금씩 밝혀지고 있다. 그 맞은편에는 당연히 회계부정과 비자금이라는 또 다른 불법이 자리 잡고 있다. 이들 사이에 불법적 정치자금에 상응하는 온갖 특권의 부여나 기득권 유지라는 대가를 치를 때 그 모든 피해는 고스란히 국민들의 몫이 되는 셈이다. 특히 한국의 부패는 일과성, 일회성, 전시성 특성을 갖는다. 한국사회에서 그동안 일반화되어 왔던 성금과 떡값이라는 관행과 문화는 관료사회와 금융기관을 매개로 한 재벌과 정치권력 간의 '정경유착

(政經癒着)'이라는 구조적인 부패를 키워 왔다. 정치권력과 재벌 간의 비리는 정치권력에 의하여 저질러진 권력형 비리로서 이러한 정경유착(政經癒着) 부패는 그동안 우리나라 경제성장 구조의 필연적 산물로서 구조적인 성격을 강하게 띠고 있다. 또 이 같은 부패구조는 60년대 이래 정부주도 경제발전 전략과 포괄적 규제체제 안에서 상당한 정도 발생의 필연성을 가진 부산물로 형성되었다.[153] 이러한 부패의 원인으로는 선거 및 경조사비 등 고비용 정치구조, 부패의식의 만연, 불투명한 행정행태와 과도한 정부규제 및 정부주도의 국가발전 전략 그리고 낮은 보수와 부패에 대한 미약한 처벌 등을 들 수 있다.[154]

지난 1997년 한국에서 'IMF 외환위기'를 초래한 배경도 '정경유착(政經癒着)'으로 대변되는 권력과 재벌의 결탁에서 찾을 수 있다. 재벌은 이런 부정을 통해 조성되는 자금의 일부를 뇌물과 불법적 정치자금으로 제공하고, 권력은 이러한 비리를 알선 또는 비호해 주는 부패의 네트워크가 존재하고 있었던 것이다. 이처럼 정경유착(政經癒着)이 가능했던 것은 유명한 대기업들이 분식회계를 통해 비자금을 조성해 온 기업의 불법 관행이 자리 잡고 있었기 때문이며, 기업의 거버넌스 개선 없는 반부패 투쟁이란 공허한 구호가 될 뿐이다. 국제투명성기구 창립 10주년을 맞이하여 2003년 5월 서울에서 개최된 연차총회의 환영사에서 고건 국무총리는 "동전이 양면을 지닌 것처럼 부패도 역시 뇌물을 주는 쪽과 받는 쪽 양면으로 이루어져 있다"고 강조했다. 이러한 기업구조 속에서 한국의 기업들은 지배주주와 그 가족들에 의하여 운영되고, 감시는 제대로 이루어 지지 못하는 '가족지배형' 기업

---

153) 이윤호. 경제적 관점에서 본 우리나라 부패구조와 대책. 한국부패학회 부패학연구 제2집. 1998.
154) 서원석. 한국과 중국의 반부패정책에 대한 비교연구. 한국행정학회. 2001.

구조이다. 이러한 구조의 폐해는 대우그룹이 경영난과 자금난을 타개하겠다고 추진한 분식회계와 사기성 대출에 잘 나타나 있다(매일경제, 2001. 2. 3). 대우그룹 5개 계열사는 회장의 지시에 따라 1997년과 1998년 사이 40조 원 이상을 분식회계로 처리하여 9조 5000억 원대의 사기대출을 받았다. 이는 한국기업의 재무구조에 대한 국내외 불신이 한층 증폭되었다(매일경제 2001. 2. 2). 또한 대우 경영진들은 1997년 기업경영을 위한 차입이 어려워지고 상환압력을 받게 되자 분식회계를 통한 불법대출, 허위 수입서류에 의한 불법송금 등 다양한 탈법행위를 저질렀다.[155] 이 사건을 맡은 재판장은 판결문에서 "피고인 대부분이 전(前) 회장의 지시에 따라 수동적으로 행동했을 뿐이라고 항변하고 있지만 최고경영자로서 총수의 전횡을 막지 못함으로써 투자자의 피해를 확산시켰고, 결국 정부의 공적자금 투입으로 국민과 국가경제에 막대한 부담을 안긴 사실은 마땅히 비난받아야 마땅하다."며 경영자의 비윤리적 행위와 책임에 대하여 중형을 선고함으로써 차후 더 이상 방관하지 않을 것임을 분명히 하였다(박헌준·이종건, 2002).

또 참여연대는 한겨레신문과 공동으로 입법과제 대토론회를 개최, 부패방지법 1백만 서명운동을 착수하는 동시에 국회의원 과반수의 서명을 확보하고 1996년 12월 국회에 "부패방지법안"을 입법청원하였다. 이후 민주당의 "반부패기본법안", 한나라당의 "부정부패방지법안", 민주노동당의 "부패방지법안", "부패방지제도 입법 시민연대"의 "부패방지법안" 등이 제출되었으며, 이 법안들에 대하여 여야 정치권, 정부 관련기관, 시민단체, 학계 등의 오랜 논의 끝에 2001. 6. 28. 국회 법사위원회 대안이 국회에서 부패방지법을 의결되었고(한국경제, 2001 6.

---

155) 박헌준 외. 기업윤리와 기업성과. 한국기업윤리학회 기업윤리연구 3집. 2001.

30), 2001. 7. 24. 법률 제6494호로 공포되었다. 시행 시기는 공포 후 6월이 경과한 날부터 시행하도록 규정하고 있어 2002년 1월 25일부터 시행하게 되었으며, 부패방지법은 대통령 직속의 부패방지위원회 설치, 내부 고발자 보호, 공공기관 비리에 대한 국민감사청구제도 도입 등을 주요내용으로 하고 있다.

위와 같이 정경유착의 포괄적인 오염상태에 젖어 있는 한국사회는 2005년 3월 정경유착에 따른 대형 스캔들로 인하여 국제적으로 부패공화국이라는 오명을 뒤집어썼던 우리나라가 투명사회 협약을 통하여 환골탈퇴를 시도하고 있다(한국경제, 2005. 3. 10). 또 투명사회 협약은 한국사회의 고질병으로 인식됐던 부패의 근절을 위하여 지난 2005년 1월부터 공공, 정치, 경제, 시민사회 등 4개 주체가 함께 추진해 온 것으로 협약안에는 불법정치자금은 국고로 환수하고 비위로 면직된 공무원은 유관기관에 취업하는 것을 제한하는 등의 내용이 포함되어 있다(조선일보, 2005. 3. 9). 투명사회 협약의 산파역을 맡았던 한국투명성기구 사무총장은 "투명사회 협약은 미래지향적인 과거청산을 의미하는 것"이라고 말했다(한국경제 2005. 3. 10).

7) 일반사회 분야

우리 사회 전반에는 위에서 살펴본 다양한 부패 사례뿐만 아니라 일반인들에 의하여 별 생각 없이 저질러지고 우리들 스스로를 실망시키는 비리와 부패 사건이 다양하게 발생하고 있다. 뉴욕타임즈(NYT)는 2006년 6월 25일(현지시간) 사회 내 빈부격차가 확대되면 의료비용 증가, 부패만연, 부자들에 편향된 경제정책, 심리적인 박탈감 등으로 자원배분이 왜곡되고 생산성이 떨어지면서 경제 성장률이 하락할 수 있다고 보도했다(서울경제, 2006. 06. 26). 빈부격차는 가난한 계층의 질병 양산과 의료비용 부담가중으로 이어져 저축과 투자를 위축시키고, 저임금 근로자들의 노동생산성을 떨어뜨려 사회부패를 조장한다는 의미이다. 워싱턴대학의 산지브 카그램 공공정책학 교수는 "부와 정치권력의 변화가 심한 민주주의 사회에서는 빈부격차가 심할수록 계층상승에 대한 욕구가 높아지면서 부패가 만연해진다."고 지적했다. 부정부패로 인한 해악은 무엇보다도 국민의 정부에 대한 불신, 비능률, 공공자금의 낭비, 기업의욕의 상실, 정치적 불안정 등을 열거해 볼 수 있다(서울경제, 2006. 06. 26).

최근 한국투명성기구 대구본부가 2006년 4월 15일부터 5월 10일까지 지역에 소재한 고교 학생 685명을 대상으로 '부패인식 설문조사'를 실시한 결과 우리사회의 부패 정도에 대해 전체 학생의 86.6%가 한국사회에 부패가 만연해 있다고 응답했다. 법을 위반하는 사건들이 계속되는 이유에 대해서는 65.3%가 '법을 어겨도 처벌받지 않거나 가벼운 처벌밖에 안 받기 때문'이라고 응답했고, 23%는 '법을 지키면 나만 손해를 보기 때문'이라고 응답해 전체의 88.3%가 법의 처벌 정도가 미약한 것이 부패를 조장시키는 요인이라고 생각하는 것으로 분석됐다(조선일보, 2006. 05. 23).

또 대학가 커닝 추방을 목표로 내걸고 결성된 '전국 대학생 커닝추방운동 본부'(경향신문, 2005. 4. 28) 소속 대학생 70여 명은 25일 서울 한양대 학생회관 앞에서 출범식을 갖고 "커닝은 대학 공동체의식을 파괴하고 사회 부패의 주요 원인"이라며 "학업 부정행위에 눈감고 타협하는 우리 자신을 반성하고 양심회복운동과 제도적 보완책 마련을 위해 적극 활동하겠다"고 다짐했다. 이들은 출범식을 마친 뒤 피켓을 든 채 구호를 외치면서 학생들에게 커닝 추방에 동참해 줄 것을 호소했으며, '커닝 안하기 양심 서명운동'도 전개했다(경향신문, 2005. 05. 25).

또 2005년 1월 19일 언론을 통해 알려진 기아자동차 광주공장의 채용비리는 비정규직 채용과정에 노조간부가 개입, 금품을 수수한 것이 확인되면서 박홍귀 기아자동차 노조 집행부가 도의적 책임을 스스로 인정하고 총사퇴했다. 기아차노조의 채용비리 충격이 가시기도 전 3월에는 부산항운노조 간부의 횡령과 리베이트 수수사건이 터져 나왔고, 5월과 6월 불거진 현대자동차 취업비리와 관련해서는 현대자동차 노조 전·현직 노조간부가 입사추천을 해 주고 돈을 받은 사실이 확인됐다. 이처럼 노조간부의 금품수수, 채용비리로 이어지는 노조의 도덕성 시비로 인해 노동운동의 위기 논쟁으로까지 비화됐으며 노조 상급간부들에 의해 벌어진 비리사태는 사회부패의 감시자로서 노조의 위상을 심각하게 손상받았다(레이버투데이, 2005. 12. 30). 기아차노조가 '노동조합발전 특위위원회'를 구성하고, 현대자동차노조도 '혁신위원회'를 통해 자체 정화 및 재발방지를 위한 대안을 내놓았다.

또 재건축 아파트 시공사 선정 대가로 조합 간부들에게 수억 원을 제공한 대형 건설사 임원 등이 검찰에 무더기 적발됐다. 검찰이 재건축 재개발 사업 비리에 대한 대대적인 수사를 벌인 결과 전국에서 127명이 적발됐다. 이 가운데 37명이 구속 기소되고 82명이 불구속 기소됐다. 심의에서부터 시공사와 협력업체 선정, 분양, 대출 알선에 이르기까지 사실상 모든 과정에서 비리가 드러난 것이다(매일경제, 2006. 8. 4). 이 사건으로 업체로부터 뇌물을 수수한 조합장 등 조합 임원들만 38명, 건축심의에 관여한 교수, 정비사업 관리자 등도 적발됐다.

또 국내 최대 다단계 업체 제이유그룹(주수도회장, 50)은 100원어치 물건을 구매하면 적립 포인트 50%를 부여해 물건 구매 실적에 연동해 수익을 지급하면서 250원을 돌려주는 방식의 현란한 말로 '소비생활

마케팅 네트워크'를 내세워 다단계 시장의 재벌로 성장하였다. 그러나 급속도로 늘어나는 회원 수에 비해 약속한 수당을 지급하지 못하면서 내리막길에 치달았고, 제이유가 2,000억 원대 비자금 중 100억여 원을 검·경찰과 정·관계에 뿌렸다는 국가정보원 보고서가 공개되면서 희대의 사기극으로 밝혀지게 되었다(이조은뉴스, 2006. 08. 19).

또 식품분야를 살펴보면, 1998년 7월에는 일부 식품업자들이 번데기, 골뱅이, 마늘 등을 원료로 한 통조림을 만들면서 포르말린을 방부제로 사용했다는 '포르말린 사건'이 있었다. 2003년 말 미국에서 광우병 파동이 발생하며 미국산 소고기를 원료로 사용한 국내 식품들의 안전성 논란이 불거졌고, 당시 업체들은 관련제품을 모두 회수해 폐기했다. 2004년 6월 불량만두 사건이 전국을 흔들었고, 불량만두소를 사용한 업체들이 경찰에 대거 적발됐다. 이 과정에서 언론들은 '쓰레기만두' '썩은 무' 등 자극적인 표현을 사용했고, 기자들이 경찰의 '무기한' 엠바고 요청을 받아들여 보도를 하지 않은 사실이 알려지면서 비난이 쇄도했다(미디어오늘, 2005. 10. 20). 이 사건은 얼핏 보면 상품의 '품질'의 문제인 듯하지만 결코 이것은 품질의 문제가 아니라 낮은 가격으로 쉽게 거래처를 확보하고, 높은 이익을 얻고자 했던 기업과 경영자의 '윤리'와 사회에 봉사와 헌신이란 기업의 '사명'을 오로지 '이익추구'라는 기업의 존재목적으로 덮어 버리고 외면한 것이다.

또한 2006년 3월 KBS 2TV 추적60분에서 '과자의 공포, 우리 아이가 위험하다'를 통해 과자가 아토피를 유발한다는 방송이 방영되고 과자 속 유해금속인 알루미늄의 수치가 높게 나왔다. 제작진에 따르면 알루미늄은 알루미늄 산업체 종사자, 신장 투석환자, 영·유아나 노약자 등에게 골연화증, 골다공증, 피부 알레르기, 기억력 감퇴 등을 유발하는 것으로 보고 되어 있다(연합뉴스, 2006. 05. 15). '과자의 공포'로 매출이 급감한 제과업체들이 일부 식품첨가물 사용을 중단하는 등 소비자들의 신뢰를 되찾기 위해 총력을 기울이고 있다. 특히 크라운제과·해태제과·오리온은 이미 아토피 유발 여부로 논란이 일고 있는 7가지 식품첨가물 사용을 중단했으며, 롯데제과 역시 모든 제품에 7개 첨가물의 사용을 중단하기로 결정했다. 농심도 MSG를 제외한 나머지 6개 첨가물은 쓰지 않고 있으며, 올해 안에 MSG 대체 물질 개발을 완료할 계획이다(조선일보, 2006. 04. 25).

또한 2006년 6월 서울·인천·경기 지역 중·고교 20여 곳에서 식중독으로 추정되는 사상 최대 규모의 급식사고가 발생했다. CJ푸드 시스템에서 급식을 받은 이들 학교에서 구토·설사 등의 증상을 보이는 9,000명의 초대형 식중독 사건은 학생들의 급식을 담보로 한 무책임한 관리에서 비롯한 사상 최대의 식중독 사건이었다. 전국 90여 개 초·중·고 9만여 명의 급식이 중단되는 총체적 부실이 부른 집단식중독 사건이 발생했다(매일경제, 2006. 6. 24). 학교 급식은 급식단가가 낮아 급식업체들이 이윤을 내려면 값싸고 신선도가 떨어지는 식재료를 선호할 수밖에 없는 현실 탓에 식중독 사고 위험이 상존하는 것이 사실이다. 이번 사고 또한 당국의 관리·감독·대응에서 총체적인 부실이 빚어낸 인재(人災)라는 지적이다(매일경제, 2006. 6. 24). 이에 대하여 식품의약품안전청은 지난 3월 시·도 및 교육청과 합동으로 전국 학교급식관련업소를 단속했다. 당시 식약청과 교육청의 단속반 260명이 전국 급식관련업소 1357곳을 점검했다(서울신문, 2006. 6. 24). 이번 사태는 교육·보건 당국의 안이한 대처, 기업의 양심 실종, 정쟁에 정신 팔려 '학교급식 법' 개정안 처리를 지연시킨 정치권 등이 만들어 낸 '3대 합작품'이라는 비난이 거세다. 이번 '상한 급식'을 제공해 문제를 일으켰던 CJ푸드 시스템이 26일 급기야 학교 급식 사업에서 철수하는 한편 학교 급식 직영화를 지원하겠고 밝혔다(프레시안, 2006. 06. 27). 이와 관련하여 2003년 10월 한 소규모 급식업체 사장 K 씨는 서울의 한 상업고교에 급식을 제공하는 대가로 이 학교 교직원들로부터 1,000만 원 상당의 금품과 향응, 그리고 1억 2,000만 원 규모의 건물 신축을 요구받았다고 밝혔다(프레시안, 2006. 06. 27). 이에 대하여 김재석 전교조 부위원장은 최근 "학교급식 위탁 업체와 3년간 계약하면 학교장에게 돌아오는 리베이트가 3,000만 원 선이라는 것은 공공연한 사실"이라고 말했다. 이러한 후진국형 사고를 되풀이되는 요인은 업체 단속은 교육청이나 식약청이 맡지만 영업정지나 과태료 부과 등 행정처분은 관할 구청이 맡고 있어, 관내 업체 봐주기식의 관대한 처벌에 그치는 솜방망이 처벌이 중요 원인이다. 또 식품관리·감독을 일원화해야 한다는 지적은 그동안에도 꾸준했다. 특히 지난해 '기생충 알 김치' 파동을 비롯하여 중국산 납 꽃게, 불량만두소, 김치에서의 농약, 중금속, 발암물질 장어, 민물고기에서의 말라카이트 그린 파동 등 우리나라의 식품안전성을 위협하는 각종 사건이 일어나면서 식품관리·감독을 일원화해야 한다는 논의가 본격화됐다. 정부 역시 이 같은 필요성을 느끼고 지난해 '중국산 김치' 파동이 터졌을 때 식품의약품 안전청, 농림부, 해양수산부 등에 흩어져 있는 식품안전관련 업무를 일원화하여 식품안전처를 신설하겠다고 밝힌 바 있고, 이번 학교급식 집단식중독 사태가 불거진 뒤 정부가 2006년 6월 28일 연내 식품안전처 신설, 식품의약품안전청 확대 개편, 식품안전정책위원회 강화 등을 제시했다(서울신문, 2006. 6. 29).

참고문헌

1. 국내 문헌

강윤경, 가장 윤리적인 것이 가장 강하다, 연합뉴스 동북아 센터(2004, 7)
　　　미디어 통권 5호, pp.106-107.

고동수, 기업의 사회적 책임(CSR): 국제 논의 동향 및 우리의 대응방안,
　　　산업연구원 issue paper, 2006-198호.

고재민, 환경친화적 경영으로 기업 가치를 높이자, LG경제연구원 주간경
　　　제 718호, 2003. 03. 12.

곽태운·이동호, 기업부패지수의 개발 및 측정, 한국경제발전학회, 경제발
　　　전 연구, 제9집 2호, 2003, pp.19-45.

구본관, 삼성경제연구소, '세이부그룹 위기와 배경', 2004. 11. 16.

국가 청렴위원회, 공공기관 청렴도 측정결과 발표 자료, 2005. 12. 9.

　　　　　　　　, 기업윤리 브리프스, 17호, 2005. 12. 15.

　　　　　　　　, 기업윤리 브리프스, 2006-4호(2006. 4. 28), 2006-5호
　　　(2006. 5. 30).

국제투명성기구 2006년도 부패인식지수(CPI), 2006. 10. 6.

　　　　　　　　, 2006년도 뇌물공여지수(BPI), 2006. 10. 4.

　　　　　　　　, 부패인식지수 2004 자료 「http://www.transparency.org/
　　　surveys/#cpi」.

국회 윤리특별위원회, 각국의 윤리정책 비교, 2004. 2.

권기대, 환경요인, 성장 단계 및 조직 간 협력전략, 한국 경제통상학회,

경제연구 제24권 2호, 2006. pp.165-196.

권해수, 전자정부를 통한 조달부패의 해결방안 연구, 제10회 국내학술대회발표논문, 한국부패학회, 2000.

김기찬 외, 기업윤리 평가 모형의 개발, 2003.

김기찬, 기업윤리 경영실태 평가지표 개발 및 실태조사에 관한 연구, 산업자원부, 2002, pp.58-60.

김난영, 호텔·관광산업의 조직윤리풍토 인과모형에 관한 연구, 한양대 박사학위논문, 2005, pp.16-18.

_____, 기업윤리의 국제동향과 부패관행에 관한 국제규범화의 동향 분석, 한국기업 윤리학회 기업윤리연구 3집, 2001, 7.

김석희, 조직행동론 강의, 경법사. 서울, 1997, pp.408-409.

김성수, 지식경영사회의 기업경영윤리론, 삼영사, 2000.

_____, 한국기업의 비윤리적 행위에 대한 조사연구, 기업윤리연구 제1권, 1999, pp.221-224.

김영구, 투명성 경영과 마케팅, 한국마케팅 연구원, 마케팅 제39권 제2호 통권 433호, 2005, pp.27-32.

김용찬(a), 기업윤리 요인에 관한 실증적 연구에서 재인용, 숭실대, 1989, pp.8-11.

_____(b), 우리나라 기업의 윤리의식 조사보고, 서강 Harvard Business, 제31호, 1990, 3-4월호, p.78.

_____(c), 우리나라 기업의 기업윤리에 관한 연구, 서원대학교 사회과학연구소, 사회과학연구 제3집, 1990, pp.173-199.

김재영, 기업의 사회적 성과 지각과 친 소비자행동과의 관계에 관한 연구, 서울여대 박사학위논문, 1999.

김종호, 기업 평판(Corporate Reputation), LG경제연구원 주간경제 751호, 2003, 10, 29.

김찬석, 비영리 조직을 통한 기업의 사회공헌활동, 광고학 연구 제17권, 1호, 2006년 봄, pp.133-157.

김태길, 인간의 존엄성과 성실, 삼육출판사, 1986, p.200.

김태정, 한국기업과 미국기업윤리의 비교분석, 한국기업윤리학회 기업윤리연구 제6집, 2003, pp.195-220.

김 택, 반부패제도의 국제적 동향 및 비교연구, 한국 부패학회보, 제9권 1호, 2004, 3.

＿＿＿, 한국사회의 부패유착과 구조, 한국부패학회(KACS) 부패학연구 2집, 1998.

김해천, 한국경영학의 생성, 과제 그리고 발전, 대학교육 제111호, 2001.

김 헌, 사회적 책임성 평가의 필요성, 시민행동 워크샵 제3회, 2004, 8, 13.

김형철, 리더십 유형 및 리더에 대한 신뢰와 조직몰입의 관계, 경남대학교 박사, 2001, p.31.

내일신문, 봉사하는 기업이 살아남는 시대, 2004, 12, 29.

대한상공회의소, 글로벌 기업의 윤리경영현황과 경영성과 연구, 2004, 2, 26.

데이비드 뱃스톤, 영혼이 있는 기업, 신철호역, 거름, 2003.

라인하르트 K. 슈프랭어 저, 위대한 기업의 조건, 배진아 옮김, 더난 출판사, 2004.

마누엘 벨라스케스, 기업윤리(Business Ethics), 한국 기업윤리경영연구원 역, 매일경제신문사, 2002.

＿＿＿＿＿＿＿, 사회 책임경영 시대/제1부 새로 쓰는 기업론, 2004, 7, 11.

매일경제, 친(親)환경·투명기업에 투자 몰린다, 2004, 7, 12.

민병완, 경영관리론, 서울, 무역경영사, 1988. pp.262-263.

박계홍·송광영, 윤리경영과 조직유효성과의 관계에 있어서 신뢰의 역할, 대한경영학회 2004, pp.422-423.

박기찬·강정애, 프랑스 기업의 기업윤리와 사회적 도전과제, 한국기업윤리학회 기업윤리연구 제4집, 2002.

박내회, 신정판 조직행동론, 2002, p.181.

박동준, 기업의 사회적 책임 수행을 위한 기업윤리에 관한 연구, 서울대학교 박사학위논문, 1994, p.81.

박영렬, 윤리지수의 국제 간 비교, 연세대학교 경영연구소 연세경영연구 제36집 2호, 1999, pp.227-238.

236

박영렬·김창도·홍지선, 다국적 기업 한국자회사 경영자와 한국기업 경영자의 윤리 의식 비교연구, 한국기업윤리학회, 기업윤리연구 3집, 2001, pp.97-114.

박영수, 제3세계에서의 부패에 관한 연구, 한국국민경제학회 경제연구 제21권 제1호, 2003, pp.151-182.

박재완, 반부패의 거시적 전략, 한국부패학회, 부패학연구, 제5호, 2001, 1, p.134.

박종안, 첨단산업과 산업단지 조성, 조선대학교 지역 사회 발전연구원, 조선대학교 지역발전연구 제8권 1호, 2003, pp.247-265.

박통희, 신뢰의 개념에 대한 비판적 검토와 재구성, 한국행정학보, 33권(2호), 1999, pp.1-17.

박헌준·권인수, 기업윤리연구의 최근동향과 실증연구 과제, 한국기업윤리 연구학회 기업윤리연구 제8집, 2004

박헌준·이종건·김범성, 왜 기업은 윤리적이어야 하는가? 기업윤리와 기업성과, 기업윤리연구 3집, 2001, 7, pp.115-138.

박헌준·이종건, 한국기업의 윤리경영 1991-2001년: 변화와 실태, 2001, pp.156-160.

박헌준(a), 기업윤리와 기업성과와의 관계, 기업윤리학회, 기업윤리연구, 제5집, 2002.

박헌준(b), 기업의 사회적 성과와 재무적 성과와의 관계, 경실련 경제정의 연구소, 2002.

박헌준·신현한·권인수·정지웅, 기업 환경성과와 재무적 성과의 관계, 한국경영학회 제33권 5호, 2004, pp.1461-1487.

__________________________, 기업 평판과 재무적 성과의 관계, 한국인사조직학회, 제12권 3호, 2004, pp.1-23.

박헌준·이종건, 기부행위와 환경보호활동, 한국기업의 사회공헌활동과 경제적 성과에 관한 실증적 연구, 한국비영리학회 춘계학술대회, 2001.

____________, 한국기업의 윤리경영 1999-2001년 변화와 실태, 한국기

업윤리학회 기업윤리연구 제4집, 2002.

박흥식, 해외 반부패 NGO활동의 의미, 한국 행정학회, 2001.

반부패국민연대 2003 활동백서, 2003. 12.

______, TI 2003년도 CPI(부패인식지수) 보도자료, 2003. 10. 7.

부패방지위원회, 외국 반부패당국 및 국제기구 자료집, 2005.

국제반부패 운동, 반부패국민연대 2004-16호, 2004. 12.

산업자원부, 기업윤리경영실태조사 평가지표 개발 및 실태조사에 관한 연
　　　구, 2002.

산업정책연구원, 기업윤리경영실태조사 평가지표개발 및 실태조사에 관한
　　　연구, 2002, p.3.

삼성경제연구소, 한국 CEO시스템의 진화, CEO Information 제565호,
　　　2006. 8. 9.

서균석·김태형, 경영자 윤리의식이 성과에 있어 정서적 유대감의 매개역
　　　할, 안동대학교 경영연 구소, 경영연구 제3집, 1999, pp.1-23.

서상혁·이 호·이영한·허 규·이주현·문회수, 첨단 벤처기업의 기술
　　　실용화 실태와 촉진 방안 연구, 과학기술정책관리연구소, 정책연
　　　구 2001-1호, 2000, pp.1-145.

신유근, 기업윤리와 경영교육, '한국의 기업윤리: 실상과 과제,' 한국경영
　　　학회, 세경사, 1994, pp.35-39.

______, 한국기업의 특성과 과제, 서울대학교 출판부, 1984, pp.110-116.

______, 한국기업 최고경영자의 행동특성과 리더십 스타일, 인사조직연구
　　　제4권 2호 1996, pp.203-233.

신진교, 조직 성장단계와 구성형태: 환경, 전략, 구조 및 리더십의 역할,
　　　한국인적자원관리학회, 인적자원관리연구, 제12권 4호, 2005. pp.85
　　　-108.

안광호·임병훈, SPSS를 활용한 사회과학조사방법론, 학현사, 2004,
　　　pp.207-216.

안길상, 윤리적 경영과 기업윤리교육의 과제 및 논쟁점, 충북대 산업과
　　　경영 제15권, 제1호, 2002. 8.

238

______, 충북대 산업과 경영 제15권, 제1호, 2002. 8.

오세란, 기업의 윤리 환경이 기업의 사회적 책임 및 경영성과에 미치는 영향에 관한 연구, 창원대학교 박사학위논문, 2004.

원숙연, 신뢰의 개념적·경험적 다차원성: 신뢰연구에 갖는 함의, 한국정책학회보 제10권(3호), 2001.

유영대, 선(善)순환 리더십, 박영사 2004, pp.91-92.

유 철, 윤리경영 왜 필요한가? 한국기업윤리학회 기업윤리연구 제2집, 2000. 12. pp.1-12.

유철종, 리더십 유형에 대한 연구, 서라벌대학 논문집 제17집, 2000, pp.99-116.

윤 각·조재수, 부정적 언론 보도로 인한 위기상황이 해당기업과 브랜드의 명성에 미치는 영향, 홍보학연구, 2005년 제9-2호, pp.196-221.

윤대혁, 중소기업 경영자의 윤리수준과 경영성과의 관련성 연구, 중소기업 학회 중소 기업연구 제26권 4호, 2004, pp.99-139.

______, 우리나라 경영자의 기업가정신의 결정요인에 관한 연구, 외대논총 제18권 3호, 1998, pp.309-336.

윤언철, 기업의 사회적 성과와 경제적 성과가 상호 간에 미치는 영향에 관한 연구, 연세대학교 석사학위논문, 2002.

윤태범, 거버넌스와 부패문제의 인식, 국제학술대회 발표논문, 한국행정학회, 창립45주년 기념 국제학술회의 발표논문, 2001.

이건희, 유한킴벌리의 윤리경영, 한국기업윤리학회 기업윤리연구 제7집, 2003. 12.

이경룡·서창직, 기업윤리지수의 개발 및 측정에 관한 연구, 서강대학교 경영학연구원, 서강 경영논총 vol.13-No2, 2002, pp.173-176.

이경룡·이봉주, 보험회사의 기업윤리 현황과 과제, 한국보험학회, 보험학회지 제64권, 2003, pp.137-159.

이덕훈, 벤처비즈니스와 창업경영, 한남대학교출판부, 2003, pp.180-189.

______, 기업윤리와 사회적 책임, 한남대학교 경영연구소, 산업경영 연구,

2000, pp.299-322.

______, 기업과 환경, 학문사, 1996.

이민호, 윤리경영 도입과 실천에 관한 사례연구, 고려대학교 석사학위논문, 1999.

이병헌, 벤처기업의 성장 단계별 기술 혁신 전략과 정부의 R&D 지원 효과, 벤처 경영 연구 제8권 2호, 2005, pp.127-152.

이상민, 일자리 창출을 위한 기업수준의 노사협약, 산업관계연구, 제15권 제1호, 한국노사관계학회, 2004, 6, pp.27-44.

이상석, 여성기업의 성장 단계별 컨설팅에 관한 연구, 중소기업 연구, 제25집 3호, 2003, pp.129-157.

이서행, 반부패의식과 제도로서 청백리의 규범문화, 한국 부패학 회보, 2000.

이신모, 전통산업 기업의 e-biz화 전환전략, 동덕여대 산업연구소, 산업연구 제6권, 2000, pp.149-170.

이원재, 전략적 윤리경영의 발견, 삼성경제연구소, 2005, 12.

______, 고객만족 연구에 관한 종합적인 고찰, 소비자학 연구, 제11권 제2호, 2000, pp.139-166.

이유재·이청림, 고객만족이 기업의 수익성과 가치에 미치는 영향, 마케팅연구 제21권 제2호, 2006, pp.85-113.

이윤호, 경제적 관점에서 본 우리나라 부패구조와 대책, 한국부패학회 부패학연구 제2집, 1998.

이인석, Big 5 모델의 성격요인 및 윤리적 가치관과 조직성과 간의 관계, 경영학 연구 제32권 제6호, 2003, pp.1593-1621.

______, 윤리적 가치관과 기업성과의 관계, 서강대학교 서강경영논총 제14권 2호, 2004, pp.309-333.

이인석·이형석, 조직 내 신뢰와 조직성과 간의 관계에 관한 연구, 서강대학교 서강경영 논총 제16권 2호, 2006, pp.227-250.

__________, 성과척도로서 기업윤리에 관한 연구, 서강대학교 경영학연구원, 서강 경영논총 제13권 2호, 2002, pp.251-252.

이정훈, 경영성과를 위한 윤리경영의 방향, 한국기업윤리학회 기업윤리연구 제5집, 2002, pp.7-21.

이종영(a), 국제화 시대의 기업윤리의 이론과 실제, 연세대학교 경영연구소 연세경영연구, 제35권 제2호, 1998.

______(b), 기업윤리 이론과 실제, 삼영사, 2006.

이지훈·이종구, 경영자의 사회적 책임성과 윤리적 리더십에 관한 연구, 한국기업윤리학회, 기업윤리연구 5집, 2002. 9.

이춘근, 진정한 商道, LG경제연구원 주간경제 666호, 2002. 03. 13.

이춘우, 벤처기업의 개념 및 특징에 관한 선행 문헌 검토, 관한충북대학교 산업경영연구소, 산업과 경영, 제13집 2호, 2001, pp.1-30.

이학종·이종건, 조직 구성원의 윤리풍토에 대한 지각과 조직 효율성 간의 관계에 관한 실증적 연구, 한국기업윤리학회, 기업윤리연구 2집, 2000, pp.107-129.

임수환, 한국 신흥민주주의에 있어 부패의 문제, 한국 부패학회보, 제5호, 2001.

장경형, 사회적 경제적 가치창출에 관한 연구, 한양대학교 석사학위논문, 1996.

전경련, 기업윤리와 성과, 2004. 01. 30, p.6.

______, 우리기업의 윤리경영 추진 현황과 과제, 2006. 4. 6.

______, 윤리경영 종합 매트릭스의 이해, 2003. 11.

______, 윤리경영과 기업 경쟁력, 전경련 직업윤리학교 사례발표 자료, 2003. 4. 29.

______, 최근 국내기업의 윤리경영 실천사례와 과제, 2004. 11. 30, pp.6-7.

전수일, 부패억제를 위한 행정윤리의 교육 방안에 관한 연구, 한국 부패학회보, 2001.

정대순, 성공적인 윤리경영 정착을 위한 7가지 조건, 전경련, 2004. 6, pp.5-6.

______, CEO의 강력한 실천의지가 중요 전제조건, 전경련 통권 제476호 (2004. 7. 10), pp.64-65.

정충영·최이규, SPSSWIN을 이용한 통계분석(제4판), 무역경영사, 2001.

조선일보, 삼성 8천억 사회 환원, 2006. 2. 10.

조영호, 윤리와 도덕을 찾아야 경쟁력도 산다, 월간 인사관리, 1997, 3.

조영호·박계홍, 92년 춘계학술연구발표논문집, 한국경영학회, 1992.

__________, 종업원의 기업가치관 수용태도에 관한 연구, 한국인사관리학회 인사관리연구 제16권, 1992, pp.201-223.

(주)신세계, 선진윤리경영 모범기업 시찰보고서, 2003, 9, 24.

GE코리아, 위험관리전략으로서의 윤리경영과 과제(GE사례를 중심으로), 전경련 기업 윤리학교 발표자료, 2003, 4, 29.

차민석·배종태, 벤처기업 성장 단계와 지식활동 간의 관계 분석, 벤처경영연구, 제5권 3호, 2002, pp.83-110.

채서일, 사회과학 조사방법론, 3판, 비·앤·엠·북스, 2005, pp.179-396.

최무진, 정보처리에 있어 윤리적 판단에 관한 실증적 연구, 한국경영학회, 경영학연구 제28집 3호, 1999, pp.677-703.

최인철, 윤리경영의 선진사례와 도입방안, CEO Information 351호, 삼성경제 연구소, 2002. 본 자료; 稻垣, 비즈니스윤리학의 형상과 과제 三菱總硏 所報 36호(2000) 및 Ethics Officer Association(2002), 재구성.

최정철, 민관협력 포럼 창립 1주년 심포지움, 제1회 워크샵 자료(2004, 7).

최창명, 윤리경영의 운영과 리더에 대한 신뢰가 조직몰입에 미치는 영향, 경희대학교 박사학위논문, 2005, pp.34-38.

KBS 일요스페셜 팀·정혜원, 대한민국 희망보고서 유한킴벌리, 거름, 2004.

하승호외, 윤리경영이 온다, 동아일보사, 2004.

한국경영학회, 한국의 기업윤리 — 실상과 과제, 세경사, 1992.

한한수, 기업윤리경영이 생산성에 미치는 영향, 한국생산성학회, 생산성논집, 제17권, No.3, 2003, p.3.

홍길표, 새로운 경쟁력, 기업의 사회적 성과, 경실련 사회정의 연구소, 2002.

황영익, 연봉제하에서 리더십 유형이 조직몰입에 미치는 연향에 관한 연구, 한남대 학교 박사학위논문, 2000, pp.33-44.

http://enc.daum.net/dic100/viewContents.do?&m=all&articleID=b23p17 24a 2006. 9. 30.

www.ncsi.or.kr/ncsi/method/ncsiconcept.asp 2006. 8. 14.

감사원의 부정비리신고센터(www.bai.go.kr)

국제투명성기구(TI, Transparency International)(www.transparency.org)

반부패 국민연대(www.ti.or.kr)

부패방지위원회(www.kicac.go.kr)

국가 청렴위원회 디지털 기업윤리센터(www.kicac.go.kr)

부패방지정보센터(info.kicac.go.kr)

전국경제인연합회(www.fki.or.kr)

대한상공회의소(www.korcham.net)

한국 기업윤리학회(www.kaobe.or.kr)

한국부패학회(www.corruptionstudies.org)

한국 행정학회(www.kapa21.or.kr)

흥사단투명사회운동 본부(www.cleankorea.net)

경실련 부정부패추방 운동본부(acc.ccej.or.kr)

인터넷 참여연대(www.peoplepower21.org)

부정부패추방시민연합회(www.badkiller.or.kr)

참여자치21 부정부패고발센터(www.clean.or.kr)

2. 국외 문헌

Addison, John t. & J. B. Chilton(1998), Self-Enforcing Union contracts; Efficient Investment and Employment, *Journal of Business*, Vol.71, No.3. pp.349-369.

ASIAN WALL STREET JOURNAL, 2006. 4. 21.

Austin, R. W.(1968), "Code of Conduct for Executives" Ethics for Executives, *Harvard Business Review*, pp.19−27.

Baumhart, R. C(1961), How Ethics are Business men?, *Harvard Business Review*. Jul−Aug, p.41.

Bass. B. M.(1985), Leadership and performance beyond expectations, New York; free press. pp.54−61.

Beatty, R. W. & Schnier, C. E(1981), "Personnel Administration; An Experimental Skill Building Approach" 2nd ed, Addison−Wesley Publishing Co, pp.392−393.

Beauchamp. T. L. & Bowie N. E.(ED), Ethics Theory & business prentice hall, 1979.

Brenner, S. N. & Molander, E. A(1977). "Is the Ethics of Business changing" Ethics for Executives Part Ⅱ, *Harvard Business Review*. pp.23−37.

Buchanan, B(1974). "Building Organizational Commitment; The Socialization of Manager in Work Organizational" Administrative Science Quarterly, pp.533−546.

Carroll A. B. & Buchholtz. A. K.(2000), Business & Society; *Ethics and Stakeholder Management*, Cincinnati, South Western College Publishing.

Carroll. Archie. B.(1991), The Pyramid of Corporate Social Responsibility: Toward the Moral Management of Organizational Stakeholders, Business Horizons(July−August).

──────────────(1982), Three−dimension Conceptual Model of Corporate Performance, Academy of Management Review, Vol.4, No.4, pp.497−505.

Crane, A & Matten, D(2004), Business ethics. New York; Oxford University Press. p.80.

Cullen J. B. Victor, B. & Bronson., J. W(1993). "The ethics climate

244

questionnaire and assessment of its development and validity", *Psychological Report*, Vol.73, pp.668-669.

De George M(1987), The Status of business, Journal of business ethics april.

De George, Richard R.(1990), 이종영. 기업윤리 이론과 실제. 삼영사. 2003, p.280.

Department of Trade & Industry(2004), Corporate Social Responsibility: A Government Update.

Dickson, Peter R(1997), *Marketing management*, the Dryden Press. p.137.

Don Hellriegel & John W. Slocum(1992), Management, 6th ed(Addison -Wesley), p.146.

Dowling, G. R(2001), Creating Corporate Reputation-identity, image, performance, United States by Oxford University Press Inc, New York.

Drucker. P.(1985), Innovation and Entrepreneurship Practice and Principle(New York, Haper & Row, p.17).

Ducan(2002), IMC Using advertising & promotion to build brand. Prentice Hall.

Eells, Richard(1960), The Meaning of Modern Business.

Eells & Walton(1961), Conceptual Foundation of Business, Homewood: Richard D, Irwin, Inc.

Epstein, E. M(1987), "The Corporate Social Policy Process: Beyond Business Ethics, Corporate Social Responsibility, and Corporate Social Responsiveness", *California Management Review*, vol.29, spring, pp.99-114.

Fiedler. Fred E.(1965), "Engineer the Job to Fit the Manager", Harvard Business Review, 43, No.5, September-October, p.116: and Fred E. Fiedler(1965), "The Contingency Model", in Harold

Proshansky and Bernard Seidenberg(eds.), Basic Studies in Social Psychology(New York: Holt, Rinehart and Winston, pp.538–551).

Fiedler. F. E(1972), "Personality, Motivational Systems and Behavior of High and Low LPC Persons", *Human Relations*, Vol.25, pp.391–412.

Fombrun, Charles J.(1995), Reputation: Realizing value from the corporate image. *Harvard Business School Press:* Boston, Massachusetts. p.72.

Fornell(1992), Claes A National Customer Satisfaction Barometer: The Swedish Experience, *Journal of marketing*, 55. January. pp.1–21.

Fred E. Fiedler & M(1974). Chemers, Leadership and Effective Management(Glenview, Scott, Freshman and Co).

Fred E. Fiedler(1965), "Engineer the Job to Fit the Manager", *Harvard Business Review*, 43, No.5, September–October p.116; and Fred E. Fiedler, "The Contingency Model", in Harold Proshansky and Bernard Seidenberg(eds.), Basic Studies in Social Psychology(New York: Holt, Rinehart and Winston, 1965), pp.538–551.

Furman. F. K(1987), Teaching business: questioning the assumption, seeking new direction, *Journal of Business Ethics*, Vol.6. pp.31–34.

Gandz, J. & Hayes, N(1988), "Teaching Business Ethics", *Journal of Business Ethics*, Vol.17. pp.657–658.

Georgopolous, B. S. & Tannenbaum. A. S(1975). "A Study of Organizational Effectiveness" America Social Review, p.540.

Gilder. G.(1984), The spirit of Entrepreneurship(New York, Simon and Schuster), pp.246–247.

Goldberg, Marvin E. & John Hartwick(1990), The effects of advertiser reputation and extremity of advertising claim on advertising

246

effectiveness. *Journal of Consumer Research,* 17(September), pp.172−179.

Grunig, J. E. & Hunt, T(1984), Managing public relations, NY; Holt, Rinehart & Winston(박기순·박정순·최윤희 공역(1984), 현대 PR의 이론과 실제, 탐구당.

Hannan, M and Freeman(1984), structural Inertia and Organizational Change, American sociological Review, 49, pp.149−164.

Harrigan, K. R.(1988), Joint Ventures and Competitive Strategies, Strategic Management Journal, 9, pp.141−158.

Hennart, J. F.(1988), A Transaction Cost Theory Equity Joint Ventures, Strategic Management Journal, Vol.9, No.4.

Hunt, S. D. & Vitell. S(1986), "A General Theory of Marketing Ethics", *Journal of Macro Marketing,* Spring, pp.5−16.

Igalens, J. et Peretti, J.−M(1997). Le Bilan Social De L Entreprise, Presses Universitaires De France, pp.108−109.

Jacoby, Neil H(1937), Corporate Power and Social Responsibility.

Jerry w. Anderson Jr(1989), Corporate Social Responsibility.

Joseph Fletcher(1966), Situation Ethics; The New Morality(Philadelphia, Pennsylvania, The Westminster Press, pp.127−131.

Kaplan, R. S. & Norton, D. P(1996), The Balanced Scorecard, Boston, Harvard University Press.

Kazanjian. Robert. k(1988), Relation of Dominant problems to stage of Growth in Technology−Based New Venture Academy of Management Journal, 31; 2. pp.257−279.

Keith Davis(1960), Can Business Afford to Ignore Social Responsibilities? California Management Review, Spring, P.70.

Killing, J. P.(1982), Mow to make a Global Joint Venture Work , Harvard Business Review , May−June.

Koontz, H. & Donnell, C. O'(1968), Principles of Management(McGraw−Hill), pp.612－614.

Korea Times. 2003년 12월 12일.

Ladenson, R. R(1996), Ethics in the American Work lace; Policies and Decisions, Horsham, PA; LRP Publications.

Lee, Chong－Yeong & Hideki Yoshiara(1997), Business Ethics of Korea and Japanese Managers. *Journal of Business Ethics*. Vol.16, Jan, pp.7－21.

Levit The Ordore(1958), The Danger of Social Responsibility, Harvard Business Review, sep－oct, pp.941－949

Lewis. P. V. "Defining Business(1985), Like Nailing Jello to a wall", *Journal of Business Ethics(JBE)*, 4, pp.370－383.

Mark Pastin(1986), "Lessons from High－Ethics Companies; An Agenda for Managerial Action"; in Hoffman－Michael－Moore, *Business Ethics*. New York, McGrow－Hill Publishing Co. 1990. pp.624－628.

Mayer, R. C, J. H. & Schoorman, F. D(1995), p.718.

McGuire(1963), Business and society, McGraw－Hill.

Michael D. Reagan(1963), The Managed Economy, pp.981－983.

Miller and P. H. Friesen(1984), A Longitudinal Study of the Corporate Life Cycle Management Science, 30, pp.1161－1183.

Murray. K. B & Montanari, J. R(1986), strategic Management of the Socially Responsible Firm; Integrating Management and Marketing Theory, Academy of Management Review, Vol.11, No.4, pp.815－827.

Newell, Stephen J. and Ronald Goldsmith(2001), The development of a scale to measure perceived corporate credibility. *Journal of Business Research*, 52, pp.235－247.

Orlitzky, M. L. Schmidt & Rynes(2003), Corporate social and financial performance; A mate－analysis, Organization Studies.

Pava, M. L. & J. Krausz(1996), "The Association between Corporate Social-Responsibility and Financial Performance: the paradox of Social Cost", *Journal of Business Ethics*, p.15.

Pfeffer. J(1981). "Management as Symbolic Action: Creation and Maintenance of Organizational Paradigms" *Research in Organizational Behavior*, vol.3(JAI Press), p.7.

Posner, B. Z. and Schmidt, W. H(1984), "Values and the American Manager: An Update", *California Management Review*, spring, p.212.

Reidenbach R. E. & Robin, D. P(1991), "A Conceptional Model of Corporate Moral Development", *Journal of Business Ethics*, April.

Robert C. Solomon, Morality & the Good Life(McGraw-Hill, 1984), p.3; William H. Shaw, *Business Ethics*(Wadsworth Pub. 1991), p.5

Roberts, Peter W & Grahame R. Dowling(2002), Corporate reputation and sustained superior financial performance. Strategic Management Journal, 23(September), pp.1077-1093.

Rosducher, Jorg(1997) Arbeitsplatzsicherheit durch Tarifvertrag. Rainer Hampp Verlag. 재인용.

Schermerhorn, J. R. Jr(1982), Management for Productivity, N. Y.: John Wiley & Sons, pp.662-663.

Sethi. S. P. A(1979), Conceptual Framework for Environmental Analysis Social Issue and Evaluation of Business Response Patterns. *Academy of Management Review*, Vol.4. pp.63-65.

Stanwick, P. A. and Stanwick, S. D.(1988), "The Relationship Between Corporate Social Performance and Organization Size, Financial Performance, and Environmental Performance: An Empirical Examination", *Journal of Business Ethics*, vol.17, pp.195-204.

Stephen. R. Covey, 원칙 중심의 리더십(Principle-Centered Leadership).

김영사 2002.

Trevino, L. K(1986), Ethics Decision Making in Organization: A Person
    -Situation Interaction Model *The Academy of Management
    Review.* pp.603-606.

Useem, M(1998), Patterns of Corporate Contribution, *California
    Management Review,* vol.30, pp.355-362.

Weiss, A. hf., E. Anderson and D. J. MacInnis(1999), Reputation
    management as a motivation for sales structure decisions,
    Journal of Marketing, 63, pp.74-89.

Westphal, J. D.(1999), Collaboration in the Board room: Behavioral and
    Performance Consequences of CEO-Board Social Ties,
    Academy of Management Journal, vol.42, pp.7-24.

· 저자 ·

유성은 **· 약 력 ·**
(庾聖銀) 한남대학교 경상대학 경영학과 졸업
한남대학교 경영대학원(마케팅전공) 경영학석사
한남대학교 대학원 경영학과 경영학박사

· 주요논저 ·
「자전거 이용증대를 위한 마케팅전략」
「국내 스포츠마케팅의 활성화에 관한 연구」
「e-biz기업 경영자들의 윤리경영에 관한 연구」
「중소 제조기업의 환경경영 관행(EMS), 애로점과 정부지원에 관한 탐색적 연구」
「기업 윤리수준 결정요인에 관한 연구」
「기업의 윤리수준이 경영성과에 미치는 영향에 관한 연구」
외 다수

기업 윤리와 경영성과

· 초판 인쇄	2007년 10월 31일
· 초판 발행	2007년 10월 31일
· 지 은 이	유성은
· 펴 낸 이	채종준
· 펴 낸 곳	한국학술정보㈜
	경기도 파주시 교하읍 문발리 526-2
	파주출판문화정보산업단지
	전화 031) 908-3181(대표) · 팩스 031) 908-3189
	홈페이지 http://www.kstudy.com
	e-mail(출판사업부) publish@kstudy.com
· 등 록	제일산-115호(2000. 6. 19)
· 가 격	26,000원

ISBN 978-89-534-7719-3 93320 (Paper Book)
      978-89-534-7720-9 98320 (e-Book)